ANATOMIE DE L'ESPRIT

CAROLINE MYSS

ANATOMIE
DE L'ESPRIT

Les sept étapes pour retrouver son pouvoir de guérison

TRADUIT DE L'AMÉRICAIN
PAR MARGO LACROIX

J'AI LU

Collection dirigée
par Ahmed Djouder

Titre original :

ANATOMY OF THE SPIRIT, the seven stages of power and healing
Harmony Books, a division of Crown Publishers,
New York.
Tous droits réservés.

C'est avec un amour et une reconnaissance infinis
que je dédie cet ouvrage aux trois anges
qui peuplent ma vie, car sans eux il m'eût été
impossible de survivre aux moments sombres de
mon existence : à ma mère, source intarissable
de force ; à mon frère Edward, source inépuisable
d'affection et d'optimisme ; et à ma belle-sœur Amy,
qui est devenue un des joyaux inestimables
de notre famille.

Table des matières

AVANT-PROPOS

Il est de ces occasions uniques où la chance nous est donnée de rencontrer une personne si extraordinaire que notre perception du monde et de nous-même s'en trouve radicalement changée. Vous êtes sur le point de connaître une telle personne : l'écrivaine et intuitive médicale Caroline Myss. Ses vues sur la spiritualité et sur la responsabilité individuelle en matière de santé vous intrigueront, vous provoqueront et vous inspireront. Certains aspects du travail qu'elle a effectué vous sembleront tellement aller de soi que vous vous demanderez pourquoi vous n'avez jamais envisagé les choses de cette façon auparavant. D'autres idées toucheront avec tant de justesse votre fibre affective et psychologique qu'elles vous inciteront à remettre en question la voie spirituelle sur laquelle vous vous êtes engagé.

Douze ans se sont écoulés depuis le moment où j'ai pris connaissance pour la première fois de la philosophie de Caroline Myss. Le message qu'elle nous communique est simple mais puissant : un devoir spirituel nous est confié dès la naissance, un contrat sacré qui nous engage à savoir mettre en œuvre notre pouvoir individuel de manière responsable, dans la sagesse et dans l'amour. Depuis des milliers d'années, nos sociétés sont dominées par la notion selon laquelle le pouvoir corrompt, et le pouvoir absolu corrompt absolument. L'autorité et le contrôle, l'argent

11

et le sexe sont des symboles artificiels de pouvoir. Un article récent sur John F. Kennedy Jr soulignait que ce dernier avait obtenu tout l'argent et le sexe qu'il pouvait souhaiter mais qu'il n'avait aucun pouvoir ; l'auteur laissant entendre, tout en banalisant cette notion, qu'il pourrait en acquérir en devenant éditeur d'un magazine pour le jet-set, conception qui va tout à fait dans le sens de l'illusion populaire. Si ceci correspond à l'idée que vous vous faites du pouvoir, attendez-vous à la voir remise en question dans cet ouvrage ; Caroline Myss nous propose une vision autrement plus profonde, celle du pouvoir dont est investi l'esprit humain.

À travers les siècles, nombre de mystiques et d'intuitifs doués ont pressenti l'existence de foyers de pouvoir dans le corps humain. Alice Bailey, Charles W. Leadbetter et Rudolf Steiner ont tous écrit sur ce sujet, mais aucun d'entre eux n'a cependant réussi à analyser de manière aussi éloquente que Caroline Myss les éléments qui composent la structure spirituelle électromagnétique. Jamais jusqu'à maintenant l'anatomie de l'âme n'a-t-elle fait l'objet d'une révélation d'une telle force. Voici enfin présentés dans cet ouvrage les fondements de la médecine du XXIᵉ siècle.

Quel est le sens de l'existence ? Voilà la question que les êtres humains n'ont cessé de se poser tout au cours de l'histoire, et Caroline Myss y répond d'une manière simple et pénétrante. Chacun doit, selon elle, vivre sa vie en accord avec ses idéaux spirituels, suivre la règle d'or en tout temps et faire de chaque pensée une prière sacrée. Maximes en apparence simples, mais pourtant bien difficiles à mettre en pratique !

Imaginez un instant que vous pénétrez dans une pièce bondée et que vous vous sentez très mal à l'aise dès le premier instant. Imaginez que vous pouvez lire dans le subconscient de chaque personne présente, que vous « captez » l'énergie et l'état de santé de chacune d'entre elles. Qui plus est, vous vous connaissez en profondeur et vous avez identifié les facteurs qui drainent votre énergie et votre potentiel intellectuel, physique et affectif. De même, les sages enseignements contenus dans cet ouvrage vous offrent la possibilité d'acquérir les outils permettant de percevoir votre propre énergie et celle d'autrui.

Les physiciens en mécanique quantique ont confirmé l'existence d'une essence vibratoire fondamentale et vitale, laquelle peut être perçue par les personnes intuitives. L'ADN humain vibre à une fréquence allant de 52 à 78 gigahertz (milliards de cycles par seconde). Il n'existe encore aucun instrument scientifique capable de mesurer la fréquence spécifique émise par un individu ou les blocages qui pourraient entraver le flux de cette énergie. Cependant deux faits sont incontournables : d'une part, l'énergie vitale n'est pas un phénomène statique mais cinétique ; d'autre part, les intuitifs doués tels que Caroline Myss peuvent témoigner de l'existence de ce phénomène, alors qu'il n'est pas encore possible de mesurer physiquement et avec précision ni l'intelligence humaine ni le système énergétique. En vingt-cinq ans de collaboration avec des intuitifs un peu partout dans le monde, jamais je n'ai rencontré quelqu'un qui puisse faire des bilans intuitifs de manière aussi claire et précise.

Caroline Myss sait se mettre à l'écoute du système énergétique des individus et déchiffrer le langage de leur être électromagnétique. Ses diagnostics relèvent de manière systématique les effets cumulatifs de l'énergie affective sur la santé physique. Elle sait déceler les expériences marquantes ou traumatisantes, les croyances et les attitudes qui altèrent la fréquence des cellules et créent un déséquilibre au sein du système énergétique. Elle peut sonder notre âme, source ultime du pouvoir véritable.

Vous trouverez dans ce livre des renseignements détaillés sur les foyers de pouvoir localisés dans votre corps. Ces centres jouent un rôle critique dans la fonction de régulation du flux de l'énergie vitale. Ce sont des piles biologiques dont la charge est fonction du vécu affectif de l'individu. «Votre biographie devient votre biologie.» Si vous ne deviez retenir qu'une notion à la lecture de cet ouvrage, ce devrait être celle-là, parce qu'elle saura vous être utile. Vous apprendrez également à éviter que les fixations et l'énergie négative des autres ne sapent votre propre énergie et à vous doter d'une conception du moi et de l'honneur qui pourra servir à vous protéger de faux symboles de pouvoir comme l'argent, le sexe et l'autorité extérieure ; enfin, vous pourrez apprendre à développer vos capacités d'intuition.

Anatomie de l'esprit propose au lecteur une nouvelle façon d'aborder la compréhension des sept centres de l'énergie du corps humain grâce à une approche œcuménique stimulante. Les conceptions du pouvoir élaborées au sein du judaïsme, du christianisme, de l'hindouisme et du bouddhisme sont intégrées dans un système unique, duquel découlent sept grandes vérités universelles. «La vérité universelle qui se retrouve dans chacune des quatre grandes religions, c'est que le Divin s'inscrit dans le système biologique au fil des sept étapes vers le pouvoir, chacune d'elles nous rapprochant d'une notion de plus en plus raffinée et transcendantale du pouvoir individuel.»

Vos conceptions seront à jamais transformées par la vision unifiée que présente l'auteur des univers métaphysiques qui sous-tendent les sacrements chrétiens, la Kabbale et les chakras. La connaissance mène au pouvoir et vous accéderez, grâce à ces pages, à la connaissance vous permettant de cultiver votre propre pouvoir individuel.

L'essence de la médecine alternative est exposée

dans cet ouvrage de manière si limpide que vous y puiserez l'inspiration nécessaire pour mettre en pratique vos idéaux spirituels et vous éveiller aux miracles de la guérison de soi. Je suis ravi d'avoir pu suivre de près les étapes de la longue gestation que représente cette contribution originale. Les enseignements qui sont ici offerts ont été pour moi la source d'un enrichissement inespéré. J'ose souhaiter que vous vous sentirez à votre tour honoré d'accueillir ce don de sagesse que nous fait Caroline Myss.

Dr C. Norman Shealy, Ph.D.
Fondateur du Shealy Institute for Comprehensive Health Care
Président-fondateur, American Holistic Association
Professeur clinique et de recherche au Forest Institute of Professional Psychology
Auteur de *Miracles Do Happen*

Que Dieu soit dans ma tête et dans ma compréhension
[*du monde*
Que Dieu soit dans mes yeux et dans mon regard
Que Dieu soit dans ma bouche et dans ma parole
Que Dieu soit sur mes lèvres et dans mes salutations

Que Dieu soit dans mon nez et dans mon sens olfactif
Que Dieu soit dans mes oreilles et dans mon écoute
Que Dieu soit dans mon cou et dans mon humilité
Que Dieu soit dans mes épaules et dans mon allure
Que Dieu soit dans mon dos et dans ma posture

Que Dieu soit dans mes bras et dans mon accueil
Que Dieu soit dans mes mains et dans mon travail
Que Dieu soit dans mes jambes et dans ma démarche
Que Dieu soit dans mes pieds et dans mon équilibre
Que Dieu soit dans mes articulations et dans mes
[*rapports avec autrui*

Que Dieu soit dans mon estomac et dans mes
                                    [sentiments
Que Dieu soit dans mes intestins et dans mon pardon
Que Dieu soit dans mes reins et dans mon mouvement
Que Dieu soit dans mes poumons et dans ma
                                    [respiration
Que Dieu soit dans mon cœur et dans mon amour

Que Dieu soit dans ma peau et dans mon toucher
Que Dieu soit dans ma chair et dans ma douleur et
                                    [dans mes désirs
Que Dieu soit dans mon sang et dans mon quotidien
Que Dieu soit dans mes os et dans mon agonie
Que Dieu soit là au moment ultime et lorsque je
                                    [revivrai

Adapté d'une prière traditionnelle par le révérend
Jim Cotter, publiée dans son livre *Prayer at Night*,
Cairns Publications, Sheffield, Angleterre, 1988.

PRÉFACE

Une intuitive médicale en devenir

À l'automne 1982, après avoir mis fin à ma carrière de journaliste et obtenu une maîtrise en théologie, je mis sur pied, avec l'aide de deux partenaires, une maison d'édition nommée Stillpoint. Les livres que nous avons publiés traitaient de méthodes de guérison en marge du modèle médical dominant. Or, l'intérêt que je portais à ces thérapies alternatives était commercial : je n'éprouvais pas le moindre désir de m'y consacrer personnellement. Rencontrer des guérisseurs ne m'intéressait pas. Je refusais de pratiquer la méditation. L'encens, la musique Nouvel Âge et les discussions portant sur les effets bénéfiques de l'agriculture biologique me donnaient de l'urticaire. Je fumais et je buvais des litres de café, à l'image de la reporter dure à cuire que j'avais été. Rien ne me préparait à une expérience de type mystique.

C'est au cours du même automne que j'ai cependant dû reconnaître que mes facultés de perception avaient augmenté considérablement. Si par exemple un ami me disait qu'une personne de sa connaissance n'allait pas très bien, je me faisais une petite idée sur ce qui n'allait pas. Mes perceptions s'avéraient étonnamment justes, et cela se sut dans la communauté dans laquelle j'habitais. Des gens se mirent à téléphoner à la maison d'édition afin de prendre rendez-vous avec moi pour que je fasse un bilan intuitif de leur état de santé. Lorsque l'automne 1983 s'annonça, j'avais commencé à établir des diagnostics pour des gens aux prises avec toutes sortes de problèmes de santé ou en proie à une crise existentielle, allant de la dépression au cancer.

C'est peu dire que d'affirmer que je me sentais comme dans une espèce de brouillard. Tout cela me troublait et m'effrayait un peu. Je ne comprenais pas comment me venaient ces impressions. Elles prenaient la forme de rêveries impersonnelles, comme c'est d'ailleurs toujours le cas ; celles-ci surgissent aussitôt qu'une personne m'en donne la permission et me révèle son nom et son âge. Le fait que ces impressions ont une qualité impersonnelle, non émotionnelle, est très important : cela m'indique que je ne les fabrique pas, qu'elles ne sont pas le résultat d'une projection. Cette expérience pourrait être comparée à ce qu'on ressent lorsqu'on feuillette un album de photos d'inconnus ; on n'a de lien effectif avec aucune des personnes représentées. Les images sont nettes mais ne suscitent chez vous aucune émotion, ce qui ne serait pas le cas si vous regardiez des photos de membres de votre famille.

À cette époque, lorsque je rencontrais quelqu'un en consultation, je ne savais pas dans quelle mesure mes impressions s'avéreraient justes ; après environ deux mois, je me mis à appréhender chaque rendez-vous, de plus en plus consciente des risques que je prenais.

Durant les six premiers mois, je me disais que mettre en pratique mon intuition médicale n'était en somme qu'une sorte de jeu. J'étais excitée lorsque je « tombais pile » : cela voulait au moins dire que j'étais toujours saine d'esprit. Malgré tout, je me demandais constamment : « Est-ce que ça fonctionnera cette fois-ci ? Et si rien ne me venait ? Que se passerait-il si je me trompais ? Ou si quelqu'un me posait une question à laquelle je ne peux répondre ? Si je disais à quelqu'un qu'il est en parfaite santé, et que j'apprenais plus tard qu'il a une maladie incurable ? Par-dessus tout, qu'est-ce qu'une journaliste-théologienne-étudiante devenue éditrice a à voir avec une occupation aussi marginale ? »

Je me sentais tout à coup responsable d'avoir à expliquer à des tas de gens tristes et effrayés ce que la volonté divine leur imposait, sans avoir jamais reçu quelque formation que ce soit. L'ironie, c'est que plus les gens souhaitaient savoir ce que Dieu voulait d'eux, plus grand était mon désir de savoir ce que Lui voulait de moi. La pression que ces pensées exerçaient sur moi fut telle que je souffris de migraines pendant plusieurs années.

J'aurais voulu poursuivre mes activités en prétendant que cette nouvelle aptitude n'avait rien d'exceptionnel, qu'elle n'était pas différente d'un talent pour la pâtisserie ; je savais cependant qu'il n'en était rien. J'ai reçu une éducation catholique et j'ai étudié la théologie : je savais bien que des facultés transpersonnelles de ce type menaient tout droit au monastère ou à l'asile. J'étais profondément consciente du fait que je touchais là à quelque chose de sacré, et cela me déchirait. D'une part, je craignais d'être réduite à l'incapacité, comme autrefois les mystiques ; d'autre part, je me sentais vouée à une vie durant laquelle je serais critiquée et jugée par les croyants et les sceptiques. Peu importe la façon dont j'entrevoyais mon avenir, je sentais que je m'acheminais tout droit vers une existence difficile.

Pourtant, mes nouvelles facultés de perception me fascinaient, si bien que je ne pus résister au désir de continuer à évaluer l'état de santé des gens. Au début, mes impressions étaient liées principalement à l'état de santé physiologique des personnes, et au stress d'ordre émotionnel ou psychologique qui s'y apparentait. Je pouvais cependant aussi *voir* que le corps était enveloppé d'une énergie communiquant des informations sur la vie de la personne, et que cette énergie était en quelque sorte une extension de son âme. Je pris peu à peu conscience que notre âme fait intégralement partie de notre vie quotidienne, chose qu'on ne nous a jamais apprise sur les bancs d'école ; elle reflète nos émotions de même que nos pensées et emmagasine chacune d'entre elles, de la plus simple à la plus visionnaire. Même si on m'avait plus ou moins appris que notre âme doit « monter » ou « descendre » après la mort, selon la vie que l'on a menée, je comprenais désormais que l'âme, c'était bien plus que cela. Chaque seconde de notre vie y est inscrite. Elle est force consciente et constitue l'essence même de la vie.

Je continuai à faire mes diagnostics de santé, un peu comme une automate, jusqu'au jour où mon ambivalence envers mes facultés se transforma. Je me trouvais en consultation avec une femme atteinte d'un cancer. Il faisait très chaud et j'étais fatiguée. Nous nous faisions face dans mon petit bureau chez Stillpoint. J'avais terminé l'évaluation de son état de santé et j'eus un moment d'hésitation avant de le lui faire connaître. Je redoutais de lui dire que le cancer dont elle souffrait avait envahi tout son organisme. Je savais qu'elle allait me demander pourquoi cette catastrophe lui tombait dessus, et j'étais irritée face à mon devoir de lui répondre. Effectivement, alors que j'allais me mettre à parler, elle se pencha vers moi et me dit : « Caroline, je sais que je suis atteinte d'un cancer grave. N'allez-vous pas me dire pourquoi cela m'arrive à moi ? »

Je m'apprêtais à lui répondre sur un ton brusque, avec toute la force de mon indignation : « Mais qu'est-ce que j'en sais, moi ? », lorsque soudain je fus saisie d'une énergie que je n'avais jamais ressentie auparavant. Elle circula à travers moi comme si elle avait voulu que je lui laisse la place pour qu'elle puisse se servir de mes cordes vocales. Je ne voyais plus la femme assise en face de moi. J'avais l'impression qu'on m'avait réduite à la taille d'un insecte et ordonné de « monter la garde » à l'intérieur de mon propre cerveau.

Une voix s'est adressée à cette dame à travers la mienne : « Donne-moi la main et je te ferai voir ta vie ainsi que chacun des rapports qui l'ont constituée. Laisse-moi te montrer comment les peurs que tu as vécues t'ont contrôlée pendant si longtemps que tu as cessé d'être nourrie par l'énergie qui donne la vie. »

Cette « présence » guida la dame à travers chaque détail de sa vie, et je dis bien *chaque détail*. Elle lui rappela les conversations les plus insignifiantes, les moments de grande solitude où elle avait pleuré, ainsi que tous les gens avec qui elle avait eu des rapports et qui avaient de l'importance pour elle. Elle lui fit sentir que chaque instant de notre existence est connu, qu'il soit constitué d'une activité mentale, émotionnelle, créative, physique ou même de repos, qu'il est archivé en quelque sorte. Tout jugement que nous faisons est pris en note. Toute attitude que nous adoptons est une source potentielle d'énergie négative ou positive, et nous en sommes tenus responsables.

Cette expérience me laissa stupéfaite. Je me mis à prier en silence, à moitié parce que j'étais effrayée et à moitié parce que je me sentais très humble face au projet intime et ultime de l'univers ainsi dévoilé. J'avais toujours cru que nos prières étaient entendues, mais je n'avais jamais vraiment su comment. Ma raison bien humaine ne m'avait jamais non plus aidée à concevoir comment il serait possible qu'un ensemble même divin puisse connaître les besoins de tous, accordant la priorité à une intercession en faveur d'une guérison plutôt qu'à une demande de prêt bancaire, par exemple. Je n'étais pas préparée à assister à ce spectacle sacré, au cours duquel on accorde amoureusement à chaque seconde de la vie une valeur inestimable.

Toujours confinée à mon rôle d'observatrice, je demandai dans ma prière que cette femme ne sache pas que ce n'était pas moi qui lui parlais. Puisque je ne savais pas expliquer pourquoi elle était atteinte de cancer, je n'aurais pas pu lui dire non plus comment je pouvais être au courant de ce qui s'était passé dans sa vie. Au moment d'achever ma prière, je réalisai soudain que je la regardais en face. Ma main était posée sur son genou, tout comme la sienne s'était plus tôt avancée vers moi ; je ne me rappelais toutefois pas avoir fait un tel geste.

Je tremblais de la tête aux pieds, et je retirai ma main. Mon interlocutrice ne prononça que les paroles suivantes : « Merci infiniment. Je sais maintenant que désormais je vais pouvoir accepter tout ce qui m'arrive. » Elle s'arrêta un moment puis reprit : « L'idée même de ma mort ne me fait plus peur. Tout ira bien. »

Elle quitta mon bureau et je fis de même un moment plus tard, profondément ébranlée. Je traversai la prairie magnifique qui entourait Stillpoint, et j'acceptai désormais de coopérer avec cette faculté intuitive, quoi qu'il puisse arriver.

J'ai depuis ce jour d'automne 1983 consacré tous mes efforts au rôle d'intuitive médicale. Cela signifie que je mets en œuvre mes capacités d'intuition pour aider les gens à comprendre les facteurs énergétiques d'ordre émotionnel, psychologique et spirituel qui sont à la racine de la maladie, du mal-être ou de la crise personnelle dont ils souffrent. J'ai acquis la capacité de sentir quel type de maladie s'est développé, souvent bien avant que la personne elle-même soit consciente du fait qu'elle est atteinte. Cependant, les personnes qui viennent me voir aujourd'hui réalisent pour la plupart qu'il y a un déséquilibre dans leur vie et que quelque chose ne va pas.

Il n'y a aucun événement « déclencheur » dans ma vie qui ait véritablement causé l'apparition de ces capacités intuitives. Elles ont tout simplement émergé de façon naturelle, comme si elles avaient toujours été en latence et qu'elles attendaient le moment opportun pour se manifester. Depuis l'enfance, ma capacité d'intuition avait toujours été éveillée ; comme la plupart des gens, j'avais des réactions viscérales face à certaines choses. Il arrive à tout le monde d'évaluer plus ou moins consciemment l'énergie des autres, mais cela se fait généralement avec des personnes que nous connaissons ou que nous avons déjà rencontrées auparavant. Ma capacité d'intuition diffère en ce que je suis capable de lire l'énergie de gens avec lesquels je n'ai jamais été en contact. En fait, je préfère ne pas les connaître du tout, puisque poser mon regard sur un visage où se lit la peur peut avoir des effets négatifs sur mon aptitude à « voir » clairement les choses.

C'est à force de mettre mon intuition à l'épreuve que je suis devenue de plus en plus apte à faire des observations précises. Elle ne me semble plus un phénomène hors du commun, même si la façon dont elle intervient demeurera toujours un peu mystérieuse pour moi. Bien que je puisse vous enseigner dans une certaine mesure à devenir intuitif, je ne pourrais pas dire exactement comment j'ai moi-même développé ce don. Je soupçonne que cela soit associé à la curiosité que j'ai toujours manifestée envers les questions d'ordre spirituel et lié aux frustrations que j'éprouvais lorsque ma vie ne se déroulait pas selon mes désirs. D'autre part, il reste toujours possible que ce soit quelque chose que j'ai avalé qui m'ait donné cette capacité… Voilà qui ne me surprendrait pas du tout, ayant maintenant compris comment les dieux agissent.

Ayant accepté de laisser libre cours à mes capacités intuitives, ce n'allait malgré tout pas être tâche facile que de les perfectionner. Je n'avais accès à aucun modèle ni à aucun professeur, bien que j'aie éventuellement obtenu l'appui et les conseils de collègues du milieu médical. Cependant, au terme de près de quatorze années de travail incessant, j'ai maintenant l'impression d'avoir acquis un sixième sens ; j'en déduis que le temps est venu pour moi d'enseigner aux autres les principes du vocabulaire énergétique et de l'intuition médicale.

En travaillant avec mes intuitions, j'ai pu découvrir quelles étaient les causes affectives et psychologiques de la maladie. Il existe des rapports indiscutables entre les différentes maladies et le stress psychologique ou émotionnel. Beaucoup de recherches ont été effectuées sur le lien qui existe par exemple entre les maladies cardio-vasculaires et l'hypertension et ce qu'on a appelé les personnalités de type A. Mon expérience spécifique m'a amenée à conclure qu'il y a, à la source de toute maladie d'ordre physiologique ou de tout mal-être, des causes liées au stress sur les plans émotionnel *et spirituel*. De plus, certains types de crises émotionnelles et spirituelles sont liés de manière très spécifique à des parties du corps. Par exemple, les personnes que j'ai rencontrées et qui souffraient de troubles cardio-vasculaires ont vécu pour la plupart des expériences qui les ont amenées à rejeter toute forme d'amour ou d'intimité dans leur vie. Les personnes souffrant de douleurs lombaires sont constamment préoccupées par des questions d'argent ; celles qui sont atteintes de cancer ne se sont pas réconciliées avec certains aspects de leur vie passée et ont encore des choses à résoudre du point de vue affectif ; celles qui ont des maladies du sang ont souvent des conflits très sérieux avec leur famille naturelle. C'est en étudiant le système énergétique humain que j'ai réalisé à quel point rien ne se passe dans notre corps ou dans notre vie qui ne soit le fruit du hasard. L'anatomie de ce système – l'anatomie de notre âme – est ce qui peut le mieux nous permettre de saisir les liens entre les stress de nature émotionnelle et spirituelle, et les différentes maladies ; ce concept est au cœur des enseignements que je livre partout aux États-Unis et dans plusieurs pays, et il constitue le sujet de ce livre.

Pratiquer l'intuition médicale ne m'a pas seulement permis de découvrir quelles étaient les causes énergétiques de la maladie, mais aussi de réfléchir au problème de la guérison. « Guérir » ne se traduit pas toujours nécessairement par une guérison du corps physique ; cette constatation a été pour moi de la plus haute importance. Guérir peut aussi vouloir dire que l'esprit s'est enfin délesté des peurs et des pensées négatives envers soi et envers autrui qu'il entretient depuis longtemps. Ce type de libération et de guérison sur le plan spirituel peut survenir même lorsque le corps physique approche de la mort.

Apprendre le vocabulaire du système énergétique humain ouvre la voie à la connaissance de soi et à la croissance spirituelle. Vous pourrez ainsi mieux cerner les éléments qui caractérisent votre existence personnelle et les relations complexes qui unissent l'esprit, le corps et l'âme. Une telle appréhension de soi peut vous apporter jouissance et paix tout en vous guidant vers la guérison affective et corporelle.

Ce livre d'introduction à l'intuition médicale est le fruit de quatorze années de recherche sur les couples anatomie et intuition, corps et esprit, âme et pouvoir. Le vocabulaire énergétique sur lequel se fonde mon travail y est présenté ; en apprenant à en maîtriser les concepts, vous deviendrez, entre autres, pleinement conscients de votre corps en tant que manifestation de votre âme. Il vous aidera à comprendre la genèse de cette dernière et à saisir ce qui permet de la – et de vous – fortifier. Vous pourrez également concevoir la notion de pouvoir individuel de manière différente. Vous découvrirez les éléments qui contribuent à affaiblir votre âme et à diminuer la maîtrise que vous exercez sur votre vie ; cela vous aidera à les neutraliser. Les outils que procurent le vocabulaire de l'énergie et l'appareil énergétique humain vous permettront d'avoir des intuitions claires, ancrées dans la réalité du corps, et de vous appuyer sur des références concrètes, afin que vous n'ayez pas la sensation d'essayer de traduire des données insaisissables.

Je me suis inspirée dans ce livre des sagesses ancestrales et durables qu'offrent plusieurs traditions spirituelles, tels les chakras hindous, les sacrements chrétiens et l'Arbre de Vie de la Kabbale, dans ma recherche d'une perspective nouvelle sur le lien entre corps et âme. Je dois souligner que, si je n'ai pas incorporé les enseignements précieux de l'Islam, ce n'est pas par manque de respect envers ces derniers, mais parce que je ne suis pas aussi familiarisée avec cette tradition qu'avec le judaïsme, le christianisme, l'hindouisme et le bouddhisme. Je ne peux prétendre parler de l'Islam en toute intégrité. En apprenant à considérer le corps et l'âme par le biais de vérités ancestrales, votre capacité intuitive pourra se développer, et vous pourrez mieux comprendre et maîtriser votre âme.

Mon but initial consistait à ne traiter « que » du système énergétique humain, de philosophie, d'applications pratiques et d'intuition médicale ; cependant, sitôt entrepris le travail de rédaction, je me suis rendu compte que je ne pouvais pas présenter ces concepts sans les situer dans un cadre spirituel. Ma conviction, c'est que nous sommes appelés à prendre conscience de notre corps-âme en tant qu'expression spirituelle et individuelle d'une énergie divine universelle. Chacun d'entre nous est censé découvrir la notion de pouvoir individuel et le sens de l'existence à l'intérieur de cette dimension spirituelle.

Tous les êtres humains ont un corps physique semblable, que des causes de même nature peuvent rendre malade ou guérir. Tous nous faisons l'expérience de crises de nature émotionnelle et psychologique. Nous craignons d'être abandonnés, de subir des épreuves, d'être trahis ; la colère peut avoir des effets aussi toxiques dans un corps juif que dans un corps chrétien ou hindou ; l'amour exerce sur tous un attrait irrésistible. Il n'existe aucune différence entre les êtres humains lorsqu'il s'agit de la santé du corps et de l'esprit.

Par conséquent, la perspective adoptée dans cet ouvrage s'inspire du langage spirituel qu'est la *vision symbolique*. Cette dernière est une façon de se percevoir et d'appréhender autrui, ainsi que les événements de la vie, à la lumière d'archétypes universels. Il vous sera possible d'améliorer vos capacités intuitives en vous dotant d'une saine objectivité vous permettant de dégager le symbolisme inhérent aux événements, aux personnes et aux épreuves, tout particulièrement peut-être celle de la maladie. La vision symbolique peut vous permettre de fouiller votre âme et ses ressources inépuisables de guérison et d'épanouissement.

Des personnes de tous les horizons participent aux conférences que je donne et aux ateliers que j'anime : des professionnels de la santé, des personnes qui cherchent de l'aide et d'autres qui veulent affiner leur intuition médicale. Ce qu'elles ont en commun, c'est un désir de comprendre les pouvoirs de l'âme ; elles veulent parvenir à une sorte de clarté intérieure et à déceler leur propre voix intuitive. Les médecins qui participent à mes ateliers m'ont souvent fait part de leur frustration, car il leur arrive de sentir qu'il existe une cause psychologique ou spirituelle à la maladie d'un patient, sans pouvoir poser un tel diagnostic puisque la science classique n'accorde aucune légitimité à une approche de ce genre. Plusieurs médecins taisent leurs intuitions parce que, comme le souligne l'un d'entre eux : « Les preuves qu'elles apportent ne répondent pas encore aux exigences des compagnies d'assurance-santé. » Un autre médecin m'a dit : « J'ai toute l'intuition médicale dont j'ai besoin. Ce qu'il me faudrait, c'est de pouvoir connaître la nature des rapports familiaux et des questions spirituelles profondes qui préoccupent mes patients, parce que je sais que c'est là l'information dont ils ont besoin pour guérir. Les médicaments ne suffisent pas ; ils ne servent qu'à dissimuler temporairement les symptômes. » La quête d'un cadre spirituel permettant d'interpréter le sens de la vie est un phénomène universel. Je suis convaincue que le vocabulaire énergétique et la vision symbolique constituent les instruments qui contribueront à réduire l'écart entre la médecine orthodoxe et les approches spirituelles en matière de santé et de guérison.

Lorsque j'ai commencé à pouvoir pressentir la présence de la maladie, mes propres lacunes dans les domaines de la médecine et de la spiritualité m'ont perturbée, comme je l'ai écrit plus haut. Par conséquent, pendant les deux premières années où j'ai vécu de telles expériences, j'ai passé sous silence une grande partie des renseignements qui me venaient. Je me limitais à aider les gens dans l'interprétation des facteurs émotionnels, psychologiques et spirituels qui pouvaient être à l'origine de la maladie dont ils étaient atteints. Je n'abordais pas la question du traitement médical ou de la chirurgie ; je préférais plutôt référer mes clients à des médecins. Suite à ma rencontre avec le docteur C. Norman Shealy, je commençai à étudier de manière approfondie l'anatomie du corps humain, guidée par lui. C'est en parlant à Norm et à ses patients que j'ai pu affiner ma compréhension des intuitions que je recevais. C'est ce qui m'a procuré l'assurance nécessaire à l'épanouissement de mon talent, même si je ne fournis pas de traitement médical. Je tente toujours d'aider mes clients à comprendre les questions spirituelles à la source des crises de nature émotionnelle ou physiologique qu'ils traversent.

Au fil des années, Norm est devenu un collègue et un ami cher, et j'ai appris grâce à notre collaboration que mon travail était le plus utile à l'étape précédant l'apparition même de la maladie. Avant que le corps ne devienne malade, des signes énergétiques tels qu'une léthargie prolongée ou une dépression nous indiquent que nous sommes en perte de vitalité. À ce stade, les personnes qui ne se sentent pas bien consultent généralement leur médecin, car elles se rendent compte que leur corps perd son énergie. Il arrive fréquemment que l'examen médical ne révèle rien d'anormal, parce que ce dernier n'est pas en mesure de déceler s'il se passe quelque chose au niveau physiologique. Les tests médicaux conventionnels ne sont pas en mesure d'évaluer non plus la perte d'énergie, et la plupart des médecins n'accordent aucune crédibilité à l'idée d'un dysfonctionnement du point de vue énergétique. Pourtant, de nouvelles maladies complexes se développent continuellement, contre lesquelles les thérapies médicales connues sont inefficaces. Quelques-unes de ces maladies peuvent être diagnostiquées grâce aux méthodes de la médecine traditionnelle ; d'autres semblent cependant être le résultat du rythme de vie effréné au sein de nos sociétés et de notre exposition constante à diverses sources d'énergie électromagnétique telles que les ordinateurs, les antennes paraboliques, les téléphones cellulaires et autres qui envahissent notre environnement. Des maladies comme le syndrome de la fatigue chronique et les troubles associés à l'environnement ne font pas partie de la liste « officielle » des maladies, parce qu'aux yeux de la médecine traditionnelle elles n'ont pas de cause microbiologique décelable. Or, on peut affirmer que ce *sont* des maladies, si on les considère du point de vue énergétique ; elles peuvent être interprétées comme des dysfonctions dont les symptômes révèlent que le patient atteint souffre d'une perte de vitalité, par rapport au champ énergétique environnant.

L'intuition médicale peut venir en aide aux médecins qui conçoivent le corps humain comme un système de nature tant physiologique qu'énergétique, et pour qui l'expérience humaine est liée au cadre spirituel. Elle peut les aider à identifier les conditions énergétiques liées à une maladie physiologique et à en traiter la cause fondamentale et les symptômes. Le champ énergétique peut être soigné à l'aide de thérapies diverses comme la psychothérapie, l'acupuncture, la massothérapie et l'homéopathie. L'ingrédient essentiel de toute guérison énergétique demeure toutefois la participation active du patient. On peut insister sur l'imminence d'une maladie chez quelqu'un, mais les avertissements seuls ne suffisent pas. On doit agir.

Je n'imagine pas de plus grand plaisir que celui de pouvoir transmettre sur-le-champ mon propre talent intuitif, à l'aide de mes livres et des ateliers que j'anime. Ce n'est cependant qu'au terme de longues années d'entraînement que vous pourrez vous aussi affiner vos intuitions. « L'internat en médecine intuitive » que j'ai pu poursuivre auprès de Norm, un neurochirurgien diplômé de l'université Harvard et le fondateur de l'American Holistic Medical Association, est ce qui m'a finalement permis de pratiquer de manière professionnelle. N'importe qui peut tirer profit des enseignements de cet ouvrage et améliorer ses capacités intuitives, mais un programme exhaustif de formation me paraît être une des conditions essentielles au perfectionnement de son intuition. Pour ce faire, Norm et moi avons l'intention de mettre sur pied des programmes avec internat au sein de centres de médecine holistique un peu partout aux États-Unis. Nous donnons présentement une formation en science de l'intuition à sa ferme de Springfield au Missouri, dans le but d'enseigner comment l'intuition peut être partie intégrante de nos capacités de perception.

Mettre sur pied un tel programme aurait été impensable il y a dix ans. Une ouverture s'est cependant créée au fil des années à l'égard des thérapies médicales qui utilisent le concept ancestral de l'énergie circulant à travers le corps humain et autour de lui, comme l'acupuncture, le shiatsu, le chi kung, et d'autres. Tout comme le souligne le Dr Larry Dossey dans *Meaning and Medecine*, nous devons mettre en pratique une « médecine du IIIe millénaire », c'est-à-dire une médecine élaborée à partir de thérapies conciliant les approches spirituelle, physiologique, holistique et allopathe en matière de guérison physique et affective. Je ne peux m'empêcher de croire que, d'ici quelque temps, les intuitifs médicaux feront intégralement partie des équipes soignantes, aux États-Unis et partout dans le monde.

La médecine traditionnelle est sur le point de reconnaître qu'il existe un lien entre les dysfonctions d'ordre énergétique et spirituel, et la maladie. Il semble inévitable que la médecine traverse un jour la frontière qui sépare le corps et l'âme ; en attendant que cela se produise, nous pouvons, en tant qu'individus, bâtir nos propres ponts avec l'âme en nous familiarisant avec le vocabulaire énergétique et la vision symbolique. Je souhaite que vous puissiez apprendre, grâce à ce livre, à acquérir une conscience de vous-même qui s'appuie sur le langage de l'énergie aussi naturellement qu'il vous est facile de percevoir la réalité du corps matériel, et que vous vous mettiez à cultiver votre âme aussi consciencieusement que vous soignez aujourd'hui votre corps.

INTRODUCTION

Un bref parcours biographique

Aux gens qui assistent à mes ateliers et à mes conférences, je répète chaque fois ceci : le monde dans lequel je les emmène est celui qui existe « derrière mes yeux ». Or, si je vous raconte d'abord la série d'éveils successifs qui m'ont amenée à élaborer la perspective qui m'est propre, si je vous présente les gens et les événements qui se sont trouvés sur mon parcours et grâce auxquels je suis devenue une intuitive médicale, c'est pour que vous puissiez vous aussi vous ouvrir aux guides intérieurs à l'œuvre dans votre propre vie.

LES TOURNANTS DE LA VIE

Tout ce qui pour moi a du mérite sur les plans professionnel, personnel et spirituel, je l'ai appris grâce à mon travail en tant qu'intuitive médicale. Pourtant, mes études universitaires m'avaient destinée à tout autre chose. J'étais une jeune femme très ambitieuse ; j'étudiais en journalisme et j'avais décidé dès ma première année à l'université que j'obtiendrais le Pulitzer avant l'âge de trente ans. Le problème, c'est qu'au cours de ma première expérience de travail dans un quotidien, je me rendis compte que je ne possédais pas le talent nécessaire pour exceller dans ce domaine.

Je quittai cet emploi, mais je ne pouvais me résigner à penser que jamais je ne réaliserais mon seul et unique rêve : être écrivaine. N'ayant pas de rêve de rechange, je sombrai dans la dépression, pernicieuse et toxique, le trou noir habituel. Au plus creux de la vague, je ne me levais que tard dans la matinée, pour ensuite aller m'asseoir sur le sol de mon bureau à la maison et contempler sans bouger des articles de magazine à moitié rédigés.

Un bon matin, je me réveillai au terme d'une nuit de sommeil profond. Pendant que ma conscience flottait encore entre deux eaux, j'eus soudainement l'impression que j'étais effectivement morte ; ma vie présente n'était en fait que le souvenir d'une existence antérieure. J'étais soulagée qu'elle se soit enfin terminée. Puis j'ouvris les yeux, réalisant que j'étais encore bien vivante ; une grande nausée s'empara de tout mon être et je passai le reste de la matinée à vomir ma déception. Épuisée, je retournai à mon lit, cherchant en vain à comprendre où j'avais bien pu me tromper dans l'élaboration de mes projets de vie. C'est à ce moment précis que le souvenir d'un travail pratique en classe de journalisme fit irruption dans ma mémoire.

Le professeur avait passé beaucoup de temps à nous exposer les vertus de l'objectivité dans le journalisme écrit. Pour atteindre celle-ci, nous avait-elle expliqué, il est essentiel, lorsqu'on fait un reportage, de garder ses émotions en veilleuse et de se concentrer sur les seuls « faits » pour décrire une situation. Elle nous avait ensuite demandé d'imaginer une scène d'incendie ; à chaque coin de rue se tient un reporter qui décrit ce qui se passe. Chacun d'eux interroge des personnes différentes. Parmi ces journalistes, nous demanda-t-elle, lequel est susceptible de nous relater la version exacte de l'événement? Lequel d'entre eux réussira-t-il à rapporter «la vérité»?

Cet exercice en apparence banal prit alors des proportions symboliques immenses dans mon esprit. Des concepts comme «vérité» et «réalité», ai-je pensé, n'étaient peut-être, après tout, qu'une affaire de perception. Peut-être m'étais-je limitée jusque-là à ne contempler la vie que d'un seul œil, confinée à mon petit coin de rue, et à discuter avec des gens qui n'avaient eux aussi accès qu'à une vision partielle des choses. Le temps était venu d'ouvrir l'autre œil et de quitter ce coin de rue à tout jamais.

Mon esprit fatigué et frustré fit un autre bond en arrière. Peu après avoir reçu mon diplôme universitaire, j'avais quitté Chicago, ma ville natale, pour aller travailler en Alaska durant la période estivale, et traversé le pays jusqu'à Seattle en compagnie de bons amis; de là nous avions pris le bateau pour Haines, un voyage de trois jours le long de la côte du Pacifique. Aucun d'entre nous n'avait dormi de tout le voyage, si bien que, lorsque nous étions arrivés à Haines, nous étions tous plus ou moins dans un état second.

Un homme nous avait conduits du débarcadère à l'hôtel du coin dans une camionnette. Dès notre arrivée dans notre chambre, nous nous étions effondrés sur nos lits, sombrant dans un sommeil de plomb; tous, sauf moi. J'étais trop tendue pour dormir, et je décidai d'aller faire un tour en ville. L'homme de la camionnette me remarqua, immobilisa son véhicule près de moi et me demanda où j'allais comme ça. Je lui répondis que je me promenais. Il me fit signe de monter à bord et s'arrêta en face d'un vieux bâtiment en bois à deux étages. «Va au deuxième», me dit-il. «La dame qui habite là se nomme Rachel. Va discuter avec elle pendant quelque temps, et je reviendrai te chercher plus tard.»

De nos jours, à Chicago, on se méfierait d'un tel comportement. Mais mon jugement était affaibli par la fatigue et la fascination qu'exerçait sur moi l'Alaska. C'est pourquoi je fis tout simplement ce qu'il m'avait suggéré. Je gravis les marches de l'escalier et frappai à la porte. Une Amérindienne d'environ quatre-vingts ans (c'était Rachel) m'ouvrit et me dit : « Entre donc. Je vais te faire du thé. » Voilà qui cadrait parfaitement avec les convenances comme on les conçoit en Alaska : caractérisées par la bienveillance, la confiance envers autrui et une chaleureuse hospitalité. Rachel n'avait pas du tout l'air surprise de me voir et je n'avais aucunement l'impression de la déranger. J'étais pour elle une visiteuse comme une autre, qui venait prendre le thé et converser tranquillement avec elle.

Assise dans le salon chez Rachel, j'avais l'impression de flotter entre deux mondes, comme dans un état de rêve. La moitié des objets autour de moi provenaient de Russie : des icônes de la Madone noire, un samovar avec lequel Rachel s'apprêtait à faire le thé, des rideaux de dentelle russe. Les autres objets provenaient de la culture amérindienne des Athabascans, dont un petit totem et une couverture indienne suspendue au mur.

Affairée à son samovar, Rachel remarqua que mon regard était posé sur le totem. « Est-ce que tu sais comment lire un totem ? », me demanda-t-elle.

« Non », lui répondis-je. « Je ne savais pas qu'on pouvait y lire quelque chose. »

« Mais bien sûr. Les totems sont une représentation symbolique des gardiens de la tribu. Regarde celui-ci : tout en haut il y a un ours. Cela signifie que l'esprit de l'ours guide notre tribu. L'ours est un animal fort et habile pour traquer sa proie, mais il ne tue jamais sans raison ; il le fait pour se protéger, et il a besoin de longues périodes de repos pour récupérer ses forces. Nous devons imiter cet esprit. »

Mon esprit se ranima en entendant ces paroles. Je me trouvais en compagnie d'un bon maître, et j'aime consacrer à ceux-ci toute mon attention.

Rachel me raconta qu'elle avait du sang russe et du sang des Amérindiens de l'Athabaska. Elle vivait en Alaska depuis longtemps, bien avant que celui-ci ne devienne un État. Notre brève conversation au sujet de son héritage et des traditions spirituelles des Athabascans allait transformer ma vie à jamais.

« Tu vois la couverture sur le mur ? Elle a une signification très particulière. Dans la culture athabascane, être tisserand, chansonnier, ou détenir quelque occupation que ce soit est vu comme un grand honneur. Une personne qui écrit des chansons doit te donner la permission d'interpréter celles-ci, parce que ce sont ses chansons ; son âme en fait partie. Et, lorsqu'on commence à tisser une couverture, on doit être certain de vivre assez longtemps pour pouvoir la terminer. Si on découvre qu'on doit mourir – elle dit bien *devoir* mourir – il est nécessaire de faire une cérémonie avec celle ou celui qui a accepté de terminer l'ouvrage, parce qu'on ne doit pas laisser quelque chose d'inachevé avant son départ pour l'au-delà. Autrement, c'est une partie de son âme qu'on laisse derrière soi.

« La couverture que tu as devant les yeux était presque terminée lorsque la femme qui la tissait reçut la visite du Grand Esprit ; celui-ci lui annonça qu'elle devait se préparer à quitter ce monde. Elle Lui demanda s'Il accepterait de lui accorder assez de temps pour pouvoir terminer la couverture, et Il acquiesça à sa demande. Elle mourut deux jours après avoir achevé l'ouvrage. L'esprit qui habite cette couverture est bon et fort ; cela me donne de la vitalité.

« La vie est simple, me dit Rachel. On vient au monde pour veiller au bien de tous et à la santé de notre terre. Puis on nous fait signe qu'il est temps de partir, et l'on doit faire tout son possible pour ne rien laisser d'inachevé ici-bas. On doit demander pardon, léguer ses responsabilités au sein de la tribu, accepter les remerciements et l'amour que les gens de la tribu nous manifestent. C'est aussi simple que cela. »

Rachel s'arrêta un moment afin de servir le thé, et elle se remit à parler.

« J'irai demain à une cérémonie, que l'on appelle un potlatch. Un homme se prépare à quitter cette terre, et il fera don de tout ce qui lui appartient aux membres de sa tribu. Il mettra ses vêtements et ses outils dans un plat de forme allongée. La tribu acceptera ces offrandes de manière symbolique, ce qui veut dire que cet homme sera désormais libéré de ses charges, afin qu'il puisse continuer à préparer son âme. Ensuite, il nous quittera », dit Rachel.

La sérénité et le pragmatisme de Rachel face à la mort, son grand calme, me plongèrent dans la stupéfaction. Voilà qui était bien différent de la peur que m'avait inculquée mon propre milieu culturel. Rachel me forçait à ouvrir les yeux sur le monde qui me semblait familier, tout particulièrement sur la dimension spirituelle de la vie et sur Dieu ; son attitude était pourtant aussi naturelle qu'une pluie d'été. Je fus tentée d'écarter les vérités dont elle me faisait don autour d'une tasse de thé, en me disant qu'elles n'étaient rien de plus que des croyances primitives. Mais mes tripes me disaient que Rachel avait accès à un Dieu beaucoup plus saisissable que le mien.

« Comment cet homme peut-il savoir qu'il va mourir ? Est-il malade ?

— Il est allé voir le guérisseur. Celui-ci a vu son énergie, et cela lui a indiqué qu'il allait lui arriver quelque chose. »

Mon ignorance sembla surprendre Rachel, et elle me regarda droit dans les yeux : « Dis-moi, comment se fait-il que tu ne saches *rien* de ces choses ? Comment peux-tu vivre sans savoir ce que ton âme fait et ce qu'elle te dit ? »

Elle ajouta : « Tout le monde ici rend visite au guérisseur pour savoir ce que révèle l'âme. Il y a plusieurs années de cela, le guérisseur m'avait dit : "Toi, tu te casseras une jambe d'ici peu si tu ne marches pas mieux que ça." Je savais qu'il ne parlait pas de ma démarche physique. Il voulait dire que je n'étais pas honnête, parce que je désirais l'homme d'une autre femme : je devais cesser de le voir. Ce fut pénible pour moi ; j'aimais cet homme. Mais mon esprit s'était affaibli à cause de ma malhonnêteté. J'ai quitté cette région pendant quelque temps et, lorsque je suis revenue, je cheminais sur la bonne voie. »

J'aurais voulu rester auprès de Rachel pendant encore quelque temps, pour qu'elle continue à m'enseigner des choses. Je lui offris de faire le ménage, les courses, tout ce qu'elle voudrait. Cependant, lorsque le conducteur de la camionnette revint me chercher, elle me signala mon congé, et je ne l'ai plus jamais revue. Une fois montée à bord, l'homme déclara : « C'est tout un personnage, n'est-ce pas ? »

Cet automne-là mon corps revint d'Alaska, mais j'y avais laissé mon esprit. Je mis plusieurs mois avant de pouvoir les unir de nouveau. Jamais avant ma rencontre avec Rachel je n'avais envisagé les choses de l'âme de cette façon. Que celle-ci se tisse au fil des actes que nous effectuons et des rencontres que nous faisons, ou que les choix que nous effectuons dans la vie puissent affecter la santé de l'âme et du corps, voilà des conceptions qui ne m'avaient jamais effleuré l'esprit.

Avec le recul, je me suis rendu compte que l'histoire de guérison affective et physique que m'avait racontée Rachel illustre bien comment la vision symbolique peut transformer nos vies. Sans le savoir à l'époque, les heures passées auprès d'elle m'avaient sensibilisée à la notion d'intuition de nature médicale. Même si je n'allais pas travailler dans ce domaine avant au moins huit ans, c'est le souvenir de cette rencontre qui me tira finalement de la dépression «postjournalistique» et qui m'indiqua une autre voie. Je décidai de poursuivre des études avancées en théologie, en espérant qu'elles m'aident à acquérir une autre perspective sur la vie, semblable à celle de Rachel, et qu'elles me libèrent du coin de rue où j'étais enchaînée, de mes fausses conceptions et de mes lacunes intellectuelles. Le Dieu que je croyais connaître n'avait peut-être pas grand-chose à voir avec celui qui existait réellement, puisqu'il n'avait pas consenti à ce que je devienne écrivain. Le Dieu qu'il me restait encore à connaître saurait peut-être mieux exaucer ma prière.

J'entrepris mes nouvelles études dans un état de crise ; pour la première fois de ma vie je ressentais une grande impuissance face à tout. Je réussis tout de même à rédiger un mémoire de maîtrise sur le rapport entre mysticisme et schizophrénie, étape marquée par la folie sur le chemin vers une saine spiritualité. Je réaliserais éventuellement que c'est précisément ce sentiment d'impuissance qui m'avait d'abord poussée à me pencher sur ces questions ; l'étude de la vie des mystiques démontre que ceux-ci ont dû parvenir à un état de grand dépouillement physique, affectif et spirituel avant de pouvoir renaître munis d'une force spirituelle nouvelle. Derrière des portes closes, passant sans cesse de l'angoisse à l'extase, les mystiques finissent par sonder l'âme de manière si profonde qu'ils peuvent insuffler une énergie hors du commun aux paroles et aux actes de tous les jours, une sorte de pouvoir électrique divin. Ils deviennent capables de guérir autrui en posant des gestes imprégnés d'amour, de pardon et de foi.

On dit de certains mystiques chrétiens les plus connus, tels que saint François d'Assise, sainte Claire d'Assise, Julienne de Norwich, sainte Thérèse d'Avila, sainte Catherine de Sienne et, plus récemment, *Padre Pío*, qu'ils étaient en dialogue constant avec Dieu, dans un état d'illumination bien au-delà de la conscience commune. Le monde qui existe « derrière les yeux » du mystique lui est beaucoup plus réel que le monde qu'il voit de ses propres yeux. Il perçoit la réalité et le pouvoir d'une manière différente. Les mystiques sont « dans ce monde mais pas de ce monde », pour reprendre les termes du christianisme. Pour les bouddhistes et les hindouistes, ce sont des consciences libérées de l'attraction qu'exercent sur elles les illusions du monde matériel ; elles ont la faculté de voir le monde de manière symbolique et lucide parce qu'elles sont en éveil constant. (Le terme *bouddha* signifie « celui qui est en éveil ».) La voie spirituelle que les mystiques doivent emprunter pour atteindre ce niveau de conscience et de lucidité est le plus souvent semée d'embûches ; or, aucun d'eux n'a jamais aspiré à retourner à un état de conscience normal, quelles que soient les épreuves qu'ils aient dû traverser.

En faisant appel à mes propres facultés intuitives et de vision symbolique, lorsque je tente d'aider des personnes à comprendre pourquoi elles sont tombées malades, je médite souvent sur la vie des mystiques, et en particulier sur le thème du rapport entre individu et pouvoir. Je n'avais pas encore à mes débuts fait d'association entre la maladie, la guérison et le pouvoir individuel, mais j'estime maintenant que la notion de pouvoir constitue un élément fondamental de la santé. L'objectivité que me permet l'approche symbolique m'aide à apprécier le rapport que les individus entretiennent avec le pouvoir et l'influence que ce dernier peut exercer sur l'organisme et sur l'âme.

J'utilise désormais les mêmes mots que Rachel quand je tente d'expliquer à quelqu'un que son âme s'est imprégnée d'influences négatives et que, pour recouvrer la santé, il est nécessaire de se retirer pendant un certain temps, de rappeler son âme à soi et d'apprendre de nouveau à cheminer sur la bonne voie. Si seulement nous pouvions suivre ces conseils simples ! L'âme est le creuset dans lequel se fondent la vie que nous menons et les choix que nous effectuons. Elle se tisse inextricablement au fur et à mesure des événements et des rencontres. La vie, c'est aussi *simple* que cela.

L'APPRENTISSAGE DE L'INTUITION

En réfléchissant aux événements qui se sont succédé dans ma vie au cours des dernières années, je constate qu'il s'en dégage une sorte de programme préétabli, comme si tout avait été mis en œuvre pour que j'apprenne à interpréter le vocabulaire énergétique, pour me permettre ensuite de poser des diagnostics intuitifs. Durant mes années d'apprentissage, de 1983 à 1989, des événements d'un synchronisme extraordinaire se sont produits, lesquels m'ont aidée à accumuler l'expérience et les connaissances nécessaires à l'exercice de mon occupation.

J'observai d'abord qu'à l'intérieur d'une période donnée les personnes qui venaient me consulter souffraient toutes des mêmes symptômes. Des personnes atteintes du même type de cancer me joignaient toutes au cours de la même semaine. Quelques semaines plus tard, trois individus souffrant de migraines me téléphonaient tour à tour. Au fil du temps, j'eus ainsi l'occasion de rencontrer des groupes de gens atteints de maladies diverses : diabète, cancer du sein, maladies du côlon, cancer de la prostate, prolapsus de la valvule mitrale, dépression et nombre d'autres problèmes de santé. Des coïncidences de ce type ne s'étaient pas produites avant que j'accepte d'écouter mes capacités intuitives.

Parallèlement, la qualité des informations que je recevais commença à s'améliorer. Elles m'indiquaient de quelle manière le stress émotionnel, psychologique ou physique éprouvé par un sujet avait contribué à la genèse de la maladie dont il souffrait. Au début, je ne prenais note que de l'impression que me faisait quelqu'un, sans songer à comparer les types de stress vécus par chacun. Je compris au bout d'un certain temps que nulle maladie n'est due au hasard ; je me penchai de nouveau sur les cas antérieurs pour tenter de dégager les traits caractéristiques du stress lié à chaque maladie, ce que je réussis à faire pour une centaine de maladies dès 1988. Les caractéristiques émotionnelles, psychologiques et physiques que j'ai ainsi pu identifier se sont avérées fondées par nombre de médecins et de professionnels de la santé à qui j'ai enseigné ; ceux-ci les ont jugées d'une grande pertinence.

Faire la rencontre de Norm Shealy constitue un autre événement extraordinaire dans ma vie. Celui-ci est fondateur de l'American Holistic Medical Association et il est expert américain de premier plan de l'étude du contrôle de la douleur. Depuis 1972, il s'intéresse également à des questions d'ordre métaphysique.

J'avais été invitée au printemps 1984 à une conférence assez exclusive dans le Midwest américain, non pas à cause de mes facultés intuitives mais en ma qualité d'éditrice chez Stillpoint. J'y fis la rencontre d'un psychologue qui me pointa Norm Shealy du doigt. Il me dit, sans raison apparente : « Vous voyez cet homme là-bas ? C'est un médecin, et il s'intéresse aux intuitifs médicaux. » Une nervosité incroyable me saisit, mais je décidai tout de même d'aborder le docteur Shealy et de lui faire part de l'existence de mes dons.

Un jour que nous déjeunions ensemble, je lui révélai que je pouvais poser des diagnostics à distance, ce qui ne sembla pas l'impressionner le moins du monde. Il me demanda plutôt, tout en pelant une pomme : « Et vous le faites avec quelle précision ? » Je lui répondis que je n'en étais pas certaine. Il poursuivit alors : « Êtes-vous capable d'identifier une tumeur au cerveau chez quelqu'un ? Pouvez-vous percevoir l'évolution de la maladie dans un organisme ? Je n'ai besoin de personne pour me dire que "l'énergie" de quelqu'un est affaiblie ; je suis capable de me rendre compte de cela moi-même. Je cherche quelqu'un qui peut scruter un corps aussi exactement que le fait un appareil à rayons X. »

Je confiai au docteur Shealy que je n'étais pas en mesure d'évaluer l'acuité de mes perceptions, puisque je ne mettais mes facultés à l'épreuve que depuis peu. Il me répondit qu'il me donnerait un coup de fil lorsqu'un patient pouvant tirer profit de mes aptitudes se présenterait.

Le mois suivant, en mai 1984, le docteur Shealy reprit contact avec moi chez Stillpoint. Il était en consultation avec un patient dont il me donna le nom et l'âge ; puis il attendit ma réaction. Je garde un souvenir précis de cette conversation étant donné la grande nervosité que je ressentis ; je lui communiquai mes impressions à travers des images plutôt qu'en termes physiologiques. Je lui dis qu'une substance analogue au ciment coulait dans la gorge de son patient. J'abordai ensuite les questions d'ordre affectif qui me paraissaient avoir précédé le développement de sa condition physiologique. Le patient en question, un toxicomane, était si terrifié à l'idée de s'avouer son problème qu'il était physiquement incapable d'en parler en toute franchise. Les mots restaient bloqués au niveau de la gorge. Lorsque j'eus terminé, le docteur Shealy me remercia et raccrocha, sans que j'apprenne si mon diagnostic avait été exact. Je sus plus tard que cet homme souffrait d'un cancer de l'œsophage.

C'est ainsi que je commençai à travailler avec Norm Shealy. La nature non émotionnelle de ses réactions me fut extrêmement utile. S'il avait fait grand cas de mes capacités à cette époque, j'aurais probablement tout fait pour continuer à l'impressionner, ce qui m'aurait peut-être empêchée d'être aussi précise dans mes diagnostics. Le détachement dont il fit preuve me força à demeurer objective et lucide. Par conséquent, tout comme me l'avait appris mon professeur de journalisme, et comme je l'enseigne aussi désormais, le détachement est la qualité essentielle requise pour poser un diagnostic pertinent. Il n'y a rien de plus perturbateur que de vouloir « tomber pile » à tout prix ou de vouloir démontrer qu'on est capable d'établir un tel bilan par le biais de l'intuition.

Durant l'année qui suivit, j'étudiai l'anatomie humaine sous la direction de Norm ; celui-ci me demanda à plusieurs reprises d'effectuer d'autres diagnostics. Les bilans devenaient de plus en plus précis avec chaque nouveau patient. Au lieu de ne saisir que des images floues évoquant tel ou tel organe, je suis parvenue à distinguer les vibrations exactes qu'émet une maladie spécifique et à les localiser dans l'organisme. J'ai appris que chaque maladie et chaque organe émettent une « fréquence » ou des vibrations caractéristiques.

L'idée que Norm et moi pourrions un jour devenir des collaborateurs ne m'avait jamais effleurée. Bien que je fusse déterminée à élucider en quoi consistaient mes capacités, je consacrais toujours la majeure partie de mes efforts à mener Stillpoint vers le succès. C'est la rencontre avec un jeune homme plein de courage face à la maladie qui me donna la force de m'ouvrir pleinement aux possibilités inusitées que pouvait offrir l'intuition.

En travaillant avec Norm, j'étais parvenue à identifier par leur nom les maladies que je percevais désormais avec assurance, ainsi qu'à cerner les antécédents et les stress de nature énergétique correspondants. Je m'abstenais cependant de faire des recommandations sur le traitement à suivre, préférant laisser à Norm le soin d'en décider. Les quelques connaissances que j'avais acquises en matière de guérison avaient été glanées dans les manuscrits que je lisais en tant qu'éditrice et à partir des conversations que j'avais eues avec des associés.

Je reçus, un matin de mars 1985, un coup de fil d'un homme appelé Joe, que j'avais rencontré brièvement au terme d'une conférence que j'avais donnée à Kansas City. Joe croyait que quelque chose n'allait pas pour son fils Peter et il me demanda de le rencontrer. Or, Peter était un adulte ; j'exigeai du père qu'il obtienne au préalable la permission de son fils. Dix minutes plus tard, Joe me rappelait pour me dire que Peter était disposé à recevoir toute l'aide que je pourrais lui apporter. Au moment d'apprendre son âge, je fus envahie par la certitude qu'il souffrait de leucémie, mais je n'en dis mot au père. Je demandai plutôt à ce dernier le numéro de téléphone de son fils, en expliquant que je lui parlerais directement.

En prenant des notes sur les impressions qui me venaient au sujet de Peter, je me rendis compte que les vibrations ne correspondaient en rien à celles de la leucémie. Je ne parvenais pas à identifier de quoi il s'agissait, n'ayant jamais ressenti cette fréquence jusque-là. Soudainement, la certitude que Peter était séropositif s'est imposée à moi. Je me souviens très nettement de la conversation que j'ai ensuite eue avec lui, puisque j'aurais moi-même trouvé étrange qu'une femme me téléphone de l'autre bout du pays pour me dire : « Bonjour, je viens tout juste de faire le bilan de votre état énergétique, et j'ai appris que non seulement vous êtes séropositif, mais que vous avez commencé à développer le virus du sida. » De fait, les symptômes de la pneumonie *Pneumocystis carinii* (PCP) avaient déjà commencé à se manifester chez Peter, une des infections les plus courantes associées au sida.

Je lui parlai d'abord en ces termes : « Je suis une amie de votre père et je suis aussi intuitive médicale », en tentant de lui expliquer ce que je faisais. Je finis par lui dire : « Peter, j'ai fait votre bilan énergétique et vous avez contracté le sida. » Il me répondit : « Ah, mon Dieu, Caroline, j'ai une telle frousse… les deux tests que j'ai subis révèlent tous deux que je suis séropositif. »

Je fus saisie d'une grande émotion en entendant sa voix, sentant qu'il me faisait entièrement confiance ; nous avons discuté de ce qu'il devait faire. Le père de Peter ne savait même pas que ce dernier était homosexuel ; j'encourageai celui-ci à lui en parler en toute franchise et à lui dévoiler son orientation sexuelle et sa maladie. Nous passâmes environ une demi-heure au téléphone ; dès que j'eus raccroché, je reçus un appel du père. Je lui confiai que son fils avait grandement besoin de lui parler, et qu'il serait déplacé de ma part de lui révéler la teneur de notre conversation. Il répliqua : « Je sais ce qui arrive à mon fils. Il a abandonné ses études en droit et il a peur de m'en parler. » Je ne répondis rien, et nous avons mis un terme à la conversation.

Le téléphone sonna de nouveau vingt minutes plus tard. « J'ai réfléchi à ce qui pourrait arriver de pire à mon fils. S'il m'appelait pour me dire qu'il est atteint du sida, je me rends compte que je l'aimerais quand même. » Je lui dis que j'espérais qu'il soit sincère, parce que c'était exactement là ce qu'il allait apprendre.

Une autre période de trente minutes s'écoula, et Joe me rappela pour me dire que Peter était en route pour la maison paternelle et qu'à midi le lendemain ils seraient tous deux au New Hampshire, dans mon salon. Abasourdie, je fis immédiatement appel à Norm.

Nous élaborâmes un programme de guérison à l'intention de Peter : une diète équilibrée, quasi végétarienne ; des compresses d'huile de castor destinées à être appliquées sur le ventre pendant quarante-cinq minutes une fois par jour ; et des séances de psychothérapie, afin de l'aider à s'affranchir du secret de son homosexualité. Peter a fait tout ce qui était nécessaire pour guérir, sans se plaindre, et sans que cela semble représenter le moindre effort. Bien au contraire, son attitude tout au long de la démarche semblait signifier : « C'est vraiment tout ce que j'ai à faire ? »

J'ouvre ici une parenthèse pour indiquer que bien des gens se soumettent à un programme de guérison comme s'il s'agissait d'une punition. Norm et moi sommes intervenus auprès d'un grand nombre de personnes ; parmi elles, se trouvait une femme qui souffrait d'obésité, de diabète et de douleurs chroniques. Nous lui avons expliqué qu'elle pourrait améliorer son état de santé de manière sensible si elle adoptait un régime de nutrition saine et faisait régulièrement un peu d'exercice. Elle nous a répondu : « Mais il n'en est pas question. Je ne pourrais jamais faire tout ça, je n'ai aucune volonté ! Pourriez-vous me suggérer autre chose ? » Par contraste, Peter avait accepté avec reconnaissance de jouer un rôle de premier plan dans son processus de guérison ; ce dernier ne lui demandait apparemment aucun effort particulier. Six semaines plus tard, son test de VIH était négatif. Depuis, Peter est devenu avocat, et il demeure séronégatif jusqu'à ce jour.

Nous avons livré cette histoire de cas dans notre livre *AIDS : Passageway to Transformation* (publié aux éditions Stillpoint en 1987). Forts de cette expérience, nous avons organisé des ateliers à l'intention de personnes séropositives ou atteintes du sida, avec la ferme conviction que si un individu pouvait se guérir de cette maladie, d'autres y parviendraient également.

DU HOBBY À LA PROFESSION

La guérison spectaculaire de Peter, d'une maladie considérée jusque-là comme fatale, me valut une première invitation outre-mer afin de donner une conférence sur le sida et sur la guérison en général. Le cas de Peter constitue un point tournant dans ma carrière. Il m'a d'abord amenée à me pencher sur l'origine des maladies, à savoir comment et pourquoi elles se développent ; ensuite, à réfléchir aux moyens de les guérir ; enfin, à me demander pourquoi certaines personnes accèdent à la guérison alors que d'autres n'y parviennent pas. J'ai réfléchi en particulier sur les facteurs qui pourraient prédisposer un groupe culturel spécifique à certaines épidémies. Quels types de stress d'ordre émotionnel ou physique peuvent faire en sorte qu'une société entière soit atteinte par une maladie spécifique ?

En termes symboliques, les diverses manifestations du sida m'apparaissaient comme celles d'une maladie à l'échelle globale. La pneumonie *Pneumocystis carinii* est une affection des poumons ; elle peut être vue comme un symbole de la destruction des forêts tropicales, desquelles notre planète tire la majeure partie de ses ressources en oxygène. De la même façon, le sarcome de Kaposi, ces lésions cancéreuses qui apparaissent sur la peau de plusieurs patients atteints du sida, évoque de manière symbolique la destruction de la surface terrestre causée non seulement par les essais nucléaires, mais aussi par les déchets toxiques et autres formes de pollution. Enfin, le système immunitaire humain peut symboliser la couche d'ozone, la fragilité de celle-ci reflétant celle du premier.

D'aucuns avanceront que le cas de Peter constitue un « miracle », ce qui laisse entendre qu'il a été guéri par la grâce de Dieu et que, sans elle, il ne se serait jamais rétabli. Bien que cela puisse être le cas, il faut aussi se demander comment un tel miracle est susceptible de se produire. Ma conviction, c'est que nos tissus cellulaires vibrent en harmonie avec nos attitudes et notre système de valeurs, et qu'ils sont ainsi porteurs de cette merveilleuse fréquence énergétique («la grâce»); on peut réussir à canaliser cette dernière en rappelant son âme à soi et en l'éloignant de ce qui peut constituer une menace à son endroit.

Comme l'écrit l'auteur du livre *A Course in Miracles* : « Les miracles sont chose naturelle. C'est lorsqu'ils ne se produisent pas qu'il y a un problème. » C'est grâce à la guérison de Peter que j'ai pu découvrir comment nous arrivons à influencer cette énergie qui génère les miracles. On peut être végétarien et courir une distance quotidienne de huit kilomètres, mais si l'on vit une situation marquée par la violence ou si l'on déteste son emploi, ou encore si l'on vit des conflits quotidiens avec ses parents, il est vraisemblable que notre système énergétique, ou notre pouvoir, s'en trouve affaibli. Dans de tels cas, la dynamique qui s'établit peut mener vers la maladie ou entraver la guérison. Par ailleurs, on peut mettre à son menu quotidien de la nourriture pour chats et rester en bonne santé, pour autant que l'on ait atteint l'épanouissement du point de vue spirituel et que l'on sache protéger notre énergie des influences négatives.

50

Je souligne que je ne cherche pas ici à vanter les mérites d'un régime déséquilibré et du manque d'exercice, mais ces facteurs seuls ne sont pas garants de l'état de santé. De même, on ne peut être assuré qu'en s'éveillant à la conscience spirituelle on se maintiendra à coup sûr en bonne santé ; cependant, elle peut mener vers une meilleure qualité de vie et une plus grande connaissance de soi. Ce faisant, elle fournit un terrain propice à la guérison et en augmente les chances, que celle-ci se produise spontanément ou graduellement et qu'elle soit de nature physique ou spirituelle.

Plus j'arrivais à mieux cerner la nature du rapport entre la dynamique intérieure chez l'individu et l'état de santé, de même qu'avec la vie en général, plus mon engagement envers mon travail intuitif s'en trouva affirmé. Norm et moi avons continué à effectuer nos recherches, que nous avons fait connaître dans un deuxième ouvrage paru aux éditions Stillpoint en 1988. *The Creation of Health* se penche tout particulièrement sur les raisons affectives et psychologiques pouvant précéder l'apparition de la maladie.

AU DERNIER TOURNANT DU CHEMIN

Peu après avoir terminé *The Creation of Health*, je fus victime d'un accident qui faillit me coûter la vie. Ce qui n'était au départ qu'un vulgaire saignement de nez se transforma en hémorragie sous l'effet du choc. Assise sur une civière dans l'ambulance qui me menait à l'hôpital, le sang s'égouttait dans un grand bol posé sur mes genoux ; il m'aurait étouffée si j'avais été couchée. Ma tête plongea subitement vers l'avant ; j'avais l'impression d'avoir été projetée hors du véhicule et de flotter quelque part au-dessus de l'autoroute, observant à travers la fenêtre les ambulanciers qui s'affairaient autour de moi pour me sauver la vie.

Je me retrouvai soudainement dans un état euphorique, le corps léger et ressentant des vibrations que jamais je n'avais perçues jusque-là. L'idée m'effleura l'esprit que je me trouvais hors de mon propre corps, morte peut-être. Je m'attendais à apercevoir le « tunnel » dont certains ont parlé, mais je ne le vis pas. Je sentis plutôt que je m'éloignais de la Terre, et je suis entrée dans une sphère de calme si absolu que lorsque j'y pense aujourd'hui, je peux encore en évoquer la résonance. Puis je vis une image de Norm ; il se tenait sur une scène, se préparant à donner une conférence, une copie de *The Creation of Health* dans les mains. Je l'entendis dire : « J'avais cru que ça allait être le début de notre collaboration, mais malheureusement il semble que ce soit la fin. »

Je ressentis le désir pressant de retourner à mon corps et de me replonger dans la vie physique ; je me suis sentie courir vers mon corps et le réintégrer. Je ne me posai qu'une seule question suite à cette expérience : « Pourquoi n'avais-je eu aucune pensée pour ma maison d'édition ? » J'avais compris que je quitterais cette dernière pour m'engager sur la voie de l'intuition médicale jusqu'à la fin de mes jours.

J'ai collaboré en ma qualité d'intuitive médicale avec quelque quinze médecins partout aux États-Unis, notamment avec le docteur Christina Northrup, obstétricienne et gynécologue réputée, et l'une des fondatrices d'un centre de santé des femmes à Yarmouth dans le Maine, connu sous le nom de Women to Women. Elle a publié *Women's Bodies, Women's Wisdom*, paru chez Bantam en 1994. Chris avait personnellement fait appel à mes services à l'automne 1990, et elle m'a appelée depuis à maintes reprises pour que j'évalue plusieurs de ses patientes, ce qui aura contribué à démontrer que mes études sur le système énergétique humain pouvaient être pertinentes aux yeux des médecins et de leurs patients.

De 1990 à 1992, je continuai à établir des liens avec de nombreux médecins et menai une quantité impressionnante d'ateliers, seule ou en compagnie de Norm, aux États-Unis, en Australie, en Europe, au Mexique et au Canada. Mes conférences au cours de ces ateliers portaient alors sur le système énergétique humain ; j'effectuais aussi des bilans de santé intuitifs pour chacun des participants, dont le nombre pouvait atteindre 120 au cours d'une fin de semaine. Lorsqu'arrivait la fin d'un atelier j'étais souvent en sueur, et au terme d'une journée de travail j'étais éreintée. Deux années de travail à un tel rythme étaient en train de me mener tout droit vers l'épuisement professionnel.

Il se produisit ce qui m'arrive toujours lorsque je suis à bout de forces : une nouvelle porte s'ouvrit. Voici ce qui se passa. J'animais un atelier dans le nord du New Hampshire en 1992, et les membres du groupe revenaient du déjeuner. Je débutai la rencontre de l'après-midi en demandant à la dame assise à mes côtés : « Dites-moi ce que je peux faire pour vous aujourd'hui. » Je croyais qu'elle allait me parler d'un problème de santé, comme l'avaient fait les autres participants, et il ne me resterait qu'à enchaîner à partir de là. Mais elle se croisa les bras sur la poitrine et me jeta un regard qui aurait pu signifier qu'elle me prenait pour un escroc. Elle dit : « Je n'en sais rien. C'est à vous de me le dire. J'ai payé pour être ici. »

C'est bien peu dire que d'affirmer que la rage s'empara alors de moi : cela équivaudrait à dire qu'il fait assez frais au Montana au beau milieu de l'hiver. Mon désir de prendre cette femme par le bras et de l'accompagner jusqu'à la porte était si fort que je me mis à hyperventiler. Je respirai profondément et dis :

« Vous savez, je vais rester assise ici à vos côtés aussi longtemps qu'il faudra pour trouver une raison de vous remercier pour ce commentaire. Nous pourrions être ici pendant un très long moment. » L'atmosphère devint très tendue dans la pièce ; personne n'osait plus bouger.

Soudain, je fus saisie d'une inspiration. Je me levai subitement et déclarai : « J'ai décidé de ne plus faire de bilans personnels de santé pour qui que ce soit. Je vais plutôt vous enseigner comment le faire vous-mêmes. Si je continue sur cette voie, je n'en aurai plus pour bien longtemps à vivre. S'il y a parmi vous des personnes qui souhaitent être remboursées, qu'elles se manifestent maintenant. Autrement, sortez vos cahiers ; nous allons nous mettre au travail et vous allez apprendre à voir votre corps comme moi je le conçois. Apprendre à localiser un problème dans votre propre organisme vous sera beaucoup plus utile que de toujours avoir à compter sur moi. »

Je me tournai vers la dame, qui visiblement était ébranlée, et lui dis : « Je vous remercie sincèrement ; je crois que vous m'avez peut-être sauvé la vie. » Personne n'exigea un remboursement, et c'est ainsi que je commençai à enseigner comment s'y prendre pour faire un « autodiagnostic ».

Quand arriva l'automne 1992, Norm et moi avions commencé à réfléchir à la possibilité de mettre sur pied un programme de formation en science de l'intuition. Nous fîmes la rencontre d'un entrepreneur des Pays-Bas qui accepta d'en financer les étapes initiales, et le programme intensif put débuter en 1993 ; le fruit de cette expérience allait éventuellement m'inciter à écrire le présent ouvrage. L'enseignement m'aura fourni un accès privilégié aux histoires vécues de plusieurs participants ; je fais référence à certaines d'entre elles dans ce livre. Il y eut parmi les participants des personnes qui, en veillant à la santé de leur système énergétique, purent éviter de tomber malade, tandis que d'autres réussirent à renverser le cours d'une maladie qui s'était déjà manifestée physiologiquement et à en guérir.

Le présent ouvrage est organisé selon un modèle élaboré lors des séances de formation sur les aspects techniques de l'intuition médicale et du diagnostic intuitif, et qui a fait ses preuves. Le premier chapitre de la première partie aborde les principes de l'intuition médicale tels que je les conçois et offre des méthodes permettant de les mettre en application.

Au chapitre deux, je présente mon modèle du système énergétique humain, lequel apporte à mon sens des données complémentaires et nouvelles. Celui-ci constitue une synthèse de trois grandes traditions spirituelles : les enseignements hindouistes sur les chakras, le symbolisme entourant les sept sacrements chrétiens, et l'interprétation mystique des dix sefirôt – connues également sous le nom d'« Arbre de Vie » – qui sont présentées dans le Zohar, texte principal de la Kabbale dont sont tirés les enseignements mystiques du judaïsme. Les sept chakras, les sept sacrements chrétiens et l'Arbre de Vie symbolisent à leur tour soit les sept niveaux du système énergétique humain et les sept étapes du développement humain, soit les sept leçons essentielles de la voie spirituelle universelle, ou la quête du héros, comme l'aurait décrit Joseph Campbell. Ce chapitre constitue véritablement le cœur de l'ouvrage, en ce qu'il présente le profil spirituel et biologique du système énergétique humain.

Dans la conclusion du chapitre deux, je me penche de manière approfondie sur l'interprétation que je fais des perceptions spirituelles et énergétiques qui me guident dans mon travail. Ces dernières constituent les fondements nécessaires à l'apprentissage du langage de l'énergie et de la vision symbolique. Elles pourront vous aider à saisir les caractéristiques énergétiques de votre propre santé spirituelle et physique et de celle de vos proches.

Les chapitres un à sept de la deuxième partie sont consacrés à l'anatomie des sept centres de pouvoir que contient le corps humain ; j'y présente des informations fondamentales et des histoires de cas servant à illustrer comment nous utilisons les données énergétiques au cours de notre croissance spirituelle.

La postface, intitulée « Guide à l'intention des mystiques contemporains », offre des suggestions quant à la manière dont vous pourrez mettre en application la vision symbolique à des fins de croissance personnelle et de maintien de l'état de santé.

Enfin, tout comme je le déclare à mes étudiants au début de chaque atelier, je vous enjoins de ne retenir que ce que votre cœur jugera juste et vrai.

Première partie

UN NOUVEAU LANGAGE DE L'ÂME

Chapitre premier

LA MÉDECINE DE L'ÉNERGIE ET L'INTUITION

Certaines personnes avouent se sentir déçues lorsque je parle de l'intuition en ces termes : je ne conçois pas la vision intuitive ou symbolique comme étant de la nature du don, mais bien comme une technique fondée sur l'estime de soi. Les principes, les termes et les concepts qui constituent la médecine de l'énergie facilitent l'acquisition de la capacité intuitive et d'une saine confiance en soi. Tout en lisant ce chapitre, rappelez-vous qu'apprendre à se servir de son intuition c'est apprendre à interpréter le vocabulaire énergétique.

LE CHAMP ÉNERGÉTIQUE HUMAIN

Tout ce qui vit émet des pulsations énergétiques, et cette énergie contient de l'information. Que cette conception soit répandue chez les praticiens en médecine alternative ou complémentaire n'a rien de bien surprenant ; ce qui est plus étonnant, c'est que même certains physiciens en mécanique quantique reconnaissent l'existence d'un champ électromagnétique produit à partir des processus biologiques du corps. Les scientifiques acceptent donc l'idée selon laquelle le corps humain génère de l'électricité puisque les tissus vivants produisent de l'énergie.

Le corps physique est enveloppé d'un champ énergétique aussi large que l'envergure des bras tendus et aussi long que tout le corps. Ce champ est un centre d'information et un système perceptuel d'une grande sensibilité. Il nous permet d'être «en communication» permanente avec tout ce qui nous entoure grâce à l'électricité qui s'en dégage; cette dernière transmet et reçoit des messages d'un corps physique à un autre. Ce sont de tels messages que peuvent capter les individus dotés de capacité intuitive.

Selon les praticiens en médecine de l'énergie, le champ énergétique humain emmagasine et réfléchit l'énergie qui émane de chaque individu. Il enveloppe le corps et véhicule l'énergie affective, laquelle s'élabore à partir de nos expériences internes et externes, négatives ou positives. Cette force affective exerce à son tour une influence sur les tissus physiologiques du corps. C'est ainsi que votre biographie, c'est-à-dire les expériences accumulées au cours de l'existence, se transforme en matière biologique.

Quelles sont les expériences qui fournissent de l'énergie affective au système énergétique? Les rapports, présents et passés, que nous entretenons dans notre vie privée et au travail; les souvenirs d'expériences profondes ou traumatisantes que nous accumulons; le système de valeurs et les attitudes que nous manifestons, incluant les croyances spirituelles et superstitieuses. Les sentiments dérivés de ces expériences deviennent en quelque sorte codés dans notre système biologique, contribuant ainsi au développement des tissus; ceux-ci créent à leur tour une forme d'énergie qui devient le reflet des émotions ressenties. Ce qui est ainsi «imprimé» par le biais de l'énergie constitue un vocabulaire énergétique, ce dernier étant porteur d'information concrète et symbolique qui peut être déchiffrée par un intuitif médical.

Voici un exemple du type de message qui peut être transmis par le champ énergétique. Supposons que vous ayez eu des difficultés en mathématiques lorsque vous étiez à l'école primaire. En temps normal, savoir que le nombre douze constitue une douzaine n'est pas susceptible d'avoir quelque effet sur la santé des tissus cellulaires. En revanche, si le professeur vous humilie parce que c'est un fait que vous ignorez, il est probable que l'émotion que vous ressentirez endommage les tissus cellulaires. Cet incident aura été d'autant plus marquant si le souvenir de cet incident vous accompagne jusqu'à l'âge adulte; il pourra avoir une influence sur la façon dont vous accueillez la critique, sur la manière dont vous percevez les figures d'autorité, l'éducation ou peut-être même l'échec. Un intuitif pourrait être en mesure de capter une image concrète de cet incident, ou de déceler tout autre symbole négatif associé à une telle expérience.

Les images à caractère positif ainsi que l'énergie découlant d'expériences positives sont également emmagasinées dans le champ énergétique. Pensez par exemple à ce que vous ressentez lorsque vous recevez des éloges pour un travail bien fait, ou lorsqu'on vous remercie pour une bonne action, ou encore parce que vous avez offert de l'aide à quelqu'un. Vous ressentez alors une énergie positive; vous êtes envahi d'un sentiment de toute-puissance. Les expériences positives ou négatives sont mises en mémoire dans les tissus cellulaires et dans le champ énergétique. Comme l'a démontré le Dr Candace Pert, les neuropeptides, ces substances chimiques produites par les émotions, sont en fait des pensées transformées en matière. Le corps est le site de nos émotions, et celles-ci sont en rapport constant avec les cellules et les tissus. Le Dr Pert affirme effectivement qu'il lui est désormais impossible de concevoir que le corps et l'esprit sont séparés, puisqu'on trouve dans tout l'organisme ce type de cellules qui, dans le cerveau, servent à produire et à recevoir les substances chimiques liées aux émotions. De tels processus se déroulent parfois *avant* que le cerveau en ait lui-même pris connaissance. Ainsi réagissons-nous à la vitesse de l'éclair lorsqu'un bruit très fort se fait entendre, avant même d'avoir eu le temps de réfléchir à ce qui s'est produit.

Commentant un des ouvrages de Bill Moyers, *Healing and the Mind*, le Dr Pert déclarait également : « Il existe manifestement une autre forme d'énergie dont il nous reste à expliquer le fonctionnement, par exemple celle qui semble se retirer du corps après la mort… Votre esprit fait partie de chaque cellule de votre corps. » Et Moyers de demander : « Vous voulez dire que mes émotions sont emmagasinées dans mon organisme ? », ce à quoi le Dr Pert répond : « Absolument. N'aviez-vous donc pas pris conscience de cela ? Nombre de phénomènes ne peuvent être expliqués sans que nous abordions la question de l'énergie. »

DÉCHIFFRER LE CHAMP ÉNERGÉTIQUE

En plus de pouvoir déchiffrer de manière spécifique les événements dramatiques ayant marqué l'enfance, un intuitif est également capable de déceler les superstitions, les habitudes de vie, les modèles de comportement, les croyances morales, voire les préférences musicales et littéraires d'un individu. À certaines occasions, les impressions qui peuvent surgir ont un caractère symbolique plutôt que concret.

Ayant travaillé auprès d'un patient qui souffrait de troubles respiratoires, l'image symbolique qui s'imposait à moi était la suivante : je le voyais atteint en plein cœur d'un coup de feu tiré par un peloton d'exécution. Ce n'est évidemment pas là ce qui lui était arrivé ; ce patient avait subi une multitude de tests qui n'avaient réussi à déceler aucune cause physique aux symptômes dont il souffrait. Je lui fis part de cette image, et il me confia que sa femme l'avait trompé à plusieurs reprises ; il se sentait exactement comme si on lui avait tiré une balle en plein cœur. En avouant des émotions qu'il avait jusque-là tenté de camoufler, cet homme se sentit dès lors en mesure de régler ses difficultés sur le plan conjugal et, par le fait même, ses problèmes de santé.

Le processus par lequel notre énergie affective se convertit en matière biologique est extrêmement complexe. Tout comme une chaîne de radio émet des signaux sur une longueur d'onde spécifique, chaque organe et chaque système organique est calibré de manière à absorber et à traiter l'énergie provenant de sources affective et psychologique particulières. Cela signifie que chaque région du corps dégage de l'énergie selon une fréquence précise ; lorsque nous sommes en bonne santé, nous pouvons dire que toutes ces parties sont « en harmonie ». Ainsi, une partie du corps qui n'émet pas de signal énergétique à la fréquence souhaitée pourrait signaler la présence d'une anomalie. S'il y a altération de cette fréquence, on pourra en déduire qu'un changement s'est produit du point de vue de la nature ou de la gravité de la maladie, et déterminer quel type de stress est à l'origine de l'apparition de cette dernière.

Cette façon d'interpréter l'énergie corporelle est quelquefois appelée « médecine vibratoire ». Elle évoque les pratiques et les croyances les plus anciennes, allant de la médecine chinoise aux rituels chamaniques en passant par toutes les thérapies traditionnelles ou alternatives. De fait, le concept de médecine de l'énergie n'est pas nouveau ; cependant, l'interprétation que j'en fais, et l'approche thérapeutique qui en découle, c'est-à-dire d'allier la guérison spirituelle avec les traitements qu'offre la médecine moderne, me semblent constituer une perspective tout à fait unique. Si une personne est capable de sentir intuitivement qu'elle est en perte d'énergie à cause d'une situation de stress et si elle prend des mesures pour corriger cette situation, il devient alors possible de réduire le risque que ce stress conduise à une crise de nature physiologique, sinon de l'éviter totalement.

Je peux faire l'analyse du vocabulaire énergétique pour que vous puissiez vous aussi commencer à percevoir le champ énergétique humain, à comprendre comment il est associé à l'anatomie de l'âme, à cerner votre potentiel et à cultiver votre intuition ; mais je ne saurais expliquer de manière précise comment je procède moi-même pour obtenir de l'information à caractère énergétique. D'autres intuitifs semblent être aux prises avec un problème de même nature ; mais, dans tous les cas, l'information qui s'impose à nous est celle dont l'intensité est la plus forte. La plupart du temps, les impressions qui surgissent auront un rapport direct avec la partie de l'organisme qui est affaiblie ou atteinte. En règle générale, le système énergétique ne transmettra que l'information nécessaire pour permettre de ressentir clairement s'il y a déséquilibre ou maladie. Comme l'image de la « balle en plein cœur » l'illustrait, l'information de nature symbolique peut parfois être troublante. Un tel degré d'intensité est cependant nécessaire au processus : il permet au message émis par le corps de percer à travers les prédispositions mentales ou affectives qui auront tout d'abord permis à la maladie de se développer. L'organisme aspire à la santé et à la vie, et les intuitifs médicaux collaborent à cette mission ; nous recherchons constamment la voie de la santé, malgré ce que nous pouvons parfois nous-mêmes faire subir à notre propre corps. S'il nous arrivait de mentir, notre champ énergétique transmettrait à la personne en face de nous un « fait énergétique » indiquant que nous ne disons pas la vérité. L'énergie ne saurait donc mentir.

VOTRE PREMIÈRE IMPRESSION EST LA BONNE

Lorsque vous avez une intuition à votre propre sujet ou à celui d'autrui, concentrez-vous d'abord sur l'image qui remonte en surface. La plupart des gens souhaitent avoir de bonnes intuitions plutôt que des intuitions saines ; ils voudraient que l'idée qui se forme dans leur esprit soit sécurisante parce que, tous, nous cherchons un passage vers l'avenir et vers l'inconnu qui semble rassurant. C'est ce qui explique qu'on puisse être tenté d'écarter une image troublante ou une impression qui ne correspond pas à ce qu'on souhaite pour soi-même ou pour la personne en face de soi. La majorité des gens qui viennent me voir ont déjà pris conscience du fait que quelque chose ne tourne pas rond, mais ils espèrent tout de même que je vais interpréter cette impression de manière différente, en leur disant par exemple : « Votre organisme passe par des changements qui sont naturels, je ne vois rien là d'anormal. » Il est cependant essentiel de dire la vérité aux gens, plutôt que ce qu'ils souhaiteraient entendre. Combien de fois ai-je eu à confirmer les impressions négatives qui se dégageaient des personnes venues me consulter ! Les capacités de perception des personnes qui souffrent sont aussi précises que les miennes ; elles *savent* qu'elles sont malades. Cependant, je ne ressens pas les mêmes craintes qu'elles, et mes intuitions peuvent donc mieux servir à interpréter les données que les leurs.

Il faut faire face à ce qui nous fait peur dans la vie. Pour cet homme qui avait été « atteint en plein cœur » et dont j'ai parlé précédemment, la perspective de dévoiler à son épouse les soupçons qu'il entretenait envers elle le menaçait à un point tel qu'il préférait passer tout cela sous silence. Plutôt que d'agir en se fiant à ses intuitions, il avait dirigé contre lui-même la souffrance et la colère qu'il ressentait, c'est-à-dire contre son propre corps, si bien qu'elles finirent par se manifester sous la forme de douleurs à la poitrine. Son corps et son âme essayaient ainsi de lui rappeler qu'il était urgent d'agir, mais il espérait qu'en mettant le problème de côté ce dernier finirait par s'envoler. Cette attitude de repli était pourtant en train de mettre son état de santé en danger. Cette histoire démontre quelle force nos intuitions peuvent avoir et comment elles peuvent réussir à percer les attitudes les plus récalcitrantes, tout cela dans le but de nous ramener à la santé.

La vie est quelquefois faite d'expériences douloureuses ; si nous la considérons du point de vue spirituel, nous sommes appelés à faire face aux épreuves qu'elle apporte. Or, nous avons tendance en Occident à dénaturer les desseins que Dieu propose et à n'aspirer qu'à une vie confortable et sans souci. Nous ne Lui accordons de place qu'en fonction de notre degré de bien-être personnel et ne croyons en Sa présence que dans la mesure où nos prières sont entendues. Pourtant, ni Dieu ni Bouddha, nul leader spirituel ou aucune tradition n'ont jamais garanti que la vie serait dépourvue de toute épreuve, ni privilégié une telle conception. Les enseignements spirituels nous incitent à traverser les expériences difficiles et à en sortir grandis, chacune d'elles pouvant en quelque sorte être comprise comme une leçon sur le plan spirituel. Cultiver nos capacités intuitives peut nous aider à saisir pleinement la portée des expériences qui jalonnent le cours de l'existence de tout être humain.

CHOISIR LA RÉFLEXION ET LA MÉDITATION

Il n'existe pas de formule unique grâce à laquelle il serait possible de développer ses capacités d'intuition. Certaines personnes y parviennent par la voie de la méditation ; d'autres, en cultivant un talent particulier ou en pratiquant un sport. J'ai souvent entendu des gens affirmer que l'intuition est le fruit d'une vie consacrée à la spiritualité, mais cela est inexact. Tous les êtres humains ont la faculté d'intuition ; elle fait partie de notre bagage de survie, mais elle ne constitue pas un but spirituel en soi. Cependant, la méditation et la réflexion peuvent faciliter l'émergence des intuitions. Une attitude ancrée dans l'objectivité vous aidera à interpréter les impressions et à les situer à l'intérieur d'un cadre symbolique et spirituel.

L'OBJECTIVITÉ : L'ÉLÉMENT CLEF

C'est au fil des expériences que j'ai pu apprendre à distinguer les impressions de nature personnelle de celles qui sont impersonnelles ; en effet, le signe le plus fiable de la justesse d'une intuition, c'est *l'absence* de toute émotion. Une impression claire n'est associée *d'aucune façon* à une énergie de nature affective. Toute impression qui se teinte d'une émotion est à mes yeux contaminée. Toutefois, il est normal que la personne pour laquelle vous effectuez cette démarche ressente elle-même des émotions liées aux impressions que vous lui communiquerez.

Les impressions intuitives n'ont pas de caractère auditif ni visuel. Elles ressemblent plutôt à de brèves images mentales chargées d'un courant électrique très subtil. Lorsque je dois scruter le corps de quelqu'un, je me concentre sur chaque centre d'énergie en attendant qu'une image surgisse dans mon esprit ; la première surgit généralement après environ cinq secondes, puis les suivantes se succèdent jusqu'à ce que le processus se termine de lui-même. La durée d'une séance varie d'une personne à l'autre ; elle peut s'étaler sur moins de dix minutes à presque une heure.

De temps à autre, il m'arrive de rencontrer des personnes pour lesquelles je ne peux effectuer d'interprétation et qu'il m'est impossible d'aider. Je n'ai pas d'explication précise à offrir pour élucider cela. Il arrive que je sente que ce que j'ai à dire n'aura aucune portée pour la personne en face de moi ; à d'autres occasions, j'ai l'impression qu'on cherche à obtenir une réponse spécifique à quelque chose que je ne suis pas en mesure de fournir, comme les raisons qui pourraient conduire un mariage à l'échec. Une autre condition s'applique enfin : si je me sens épuisée ou préoccupée par un problème d'ordre personnel, je ne suis alors pas en mesure d'apporter quelque aide à qui que ce soit.

Pour apprendre à interpréter le système énergétique humain il est d'abord nécessaire d'en étudier les principes et d'acquérir ensuite une expérience pratique. Le présent ouvrage présente les concepts théoriques nécessaires et les quelques pistes à suivre qui vous permettront de mettre en pratique vos propres capacités intuitives. On ne saurait trop insister sur le fait qu'il est *essentiel* de faire confiance à vos réactions instinctives pour arriver à développer vos capacités et à les mettre en œuvre.

PREMIER PRINCIPE
BIOGRAPHIE DEVIENT BIOLOGIE

Selon les principes de la médecine énergétique, nous sommes tous des manuels d'histoire vivants. Le corps de chaque être humain renferme tout le vécu de celui-ci : chaque chapitre, chaque strophe, chaque ligne de tout événement et de tout rapport avec autrui y sont inscrits. Au fur et à mesure que se déroule l'existence, notre santé biologique devient un reflet vivant de celle-ci, témoignant de nos forces et de nos faiblesses, de nos espoirs et de nos craintes.

Toute pensée qu'accueille votre esprit voyage à travers votre organisme biologique et stimule par le fait même une réaction physiologique. Certaines pensées sont analogues à une grenade sous-marine et causent des répercussions dans tout le corps. La peur, par exemple, mobilise chaque partie de l'organisme : l'estomac se crispe, le rythme cardiaque augmente ; le corps peut transpirer abondamment. À l'opposé, songer à l'affection qu'on éprouve envers quelqu'un peut nous décontracter entièrement. Il y a des pensées plus subtiles que celles qui ont été ici citées en exemple, et d'autres dont nous n'avons pas du tout conscience. Plusieurs d'entre elles n'ont aucune signification ; elles traversent le corps comme le vent passe à travers un rideau ; elles restent inaperçues et n'ont par conséquent qu'un effet minimal sur notre état de santé. Néanmoins, toute pensée, que nous en prenions conscience ou non, entraîne une réaction quelconque du point de vue physiologique.

Quel que soit leur contenu, nos pensées pénètrent l'organisme sous la forme d'énergie, une énergie de nature affective, mentale, psychologique ou spirituelle. Elles suscitent des réactions biologiques qui sont ensuite enregistrées dans la mémoire des cellules. Voilà donc de quelle manière notre biographie s'inscrit graduellement dans le système biologique ; ceci s'accomplit étape par étape et au fil des jours qui passent.

L'exemple qui va suivre, celui d'un jeune patient de Norm, illustre bien le processus que je tente de décrire ici. Norm avait fait appel à moi pour que j'effectue une consultation téléphonique auprès d'un de ses patients, un dentiste en proie à divers malaises et qui présentait des signes d'épuisement. Il souffrait, entre autres, de douleurs aiguës au côté droit du ventre et il était profondément déprimé.

Un état de fatigue perpétuel et croissant finit par avoir un effet néfaste sur l'acuité de nos capacités mentales et affectives ; voilà un symptôme à caractère énergétique qui indique qu'il existe un problème du point de vue physiologique. Or, la plupart des gens ne considèrent pas une telle fatigue comme un symptôme, parce qu'elle n'est associée à aucune douleur particulière et identifiable. Pourtant, si l'état d'épuisement persiste malgré un plus grand nombre d'heures de sommeil, c'est parce que le corps tente de communiquer par là que la personne qui souffre est « malade » du point de vue énergétique. Il est possible de prévenir le développement de la maladie si l'on prend un tel message au sérieux et si l'on agit en conséquence.

La dépression est un autre symptôme indiquant que quelque chose ne tourne pas rond. Les cliniciens la considèrent généralement comme un déséquilibre affectif ou mental. Pourtant, une longue dépression précède dans bien des cas le développement d'une maladie de nature physique. En termes énergétiques, pendant une dépression, l'énergie (ou si vous voulez, la force vitale) s'échappe à l'insu de l'individu concerné. La dépression, c'est comme si vous ouvriez votre portefeuille et annonciez : « N'importe qui peut prendre mon argent et le dépenser comme il voudra, ça m'est égal. » Voilà qui pourrait éventuellement vous mener au bord de la faillite. De la même manière, une dépression prolongée conduit inévitablement à l'épuisement chronique. Soutenir un état de santé adéquat sans énergie est chose impossible.

En examinant son patient dentiste, Norm sentait bien que celui-ci était en train de développer une maladie. Il lui avait fait subir des tests pour vérifier s'il ne souffrait pas de cancer du pancréas, mais ceux-ci s'étaient avérés négatifs. Il résolut donc de me donner un coup de fil. Il ne me communiqua que le nom et l'âge du patient, comme à l'habitude ; il ne révéla rien ni de la douleur qui affectait son patient ni des doutes qu'il entretenait à son sujet. En effectuant mon bilan, je pus voir que le côté droit du patient produisait autour du pancréas une énergie toxique. Je dis à Norm que cet homme croulait sous le poids d'un sentiment de responsabilité exacerbé et que cela était devenu pour lui une source d'angoisse constante. Il était convaincu qu'il ne lui serait jamais possible de vivre de la manière qu'il souhaitait, et il était obnubilé par cette seule pensée. (Bien sûr, nous avons tous des pensées négatives, mais elles ne sont cependant pas toutes responsables d'affections graves. Pour que la maladie s'ensuive, il est nécessaire qu'un tel sentiment de négativité finisse par dominer tous les autres sentiments, comme c'était le cas chez ce jeune dentiste.)

Après avoir fait part de mon bilan à Norm, je lui confiai également que son patient souffrait de cancer du pancréas. Norm m'avoua que cela confirmait les doutes qu'il entretenait, mais que les tests n'avaient rien révélé d'anormal. Il raccrocha, retourna à son patient et recommanda à celui-ci de réfléchir au sens que son travail avait vraiment pour lui dans la vie. Il était plus que probable, lui dit-il, que des changements étaient nécessaires pour qu'il réalise ses rêves. Le patient admit qu'il aurait voulu pouvoir abandonner sa pratique de dentiste pour faire autre chose, mais qu'il craignait les répercussions qu'une telle décision pouvait entraîner pour sa famille. Norm ne lui dévoila pas la conclusion à laquelle j'étais arrivée, c'est-à-dire que la fréquence énergétique de son organisme correspondait à celle du cancer du pancréas ; cependant, il s'entretint avec son patient des frustrations que ce dernier ressentait sur le plan professionnel et tenta de l'aider à se départir de son attitude négative. Malheureusement, le jeune homme fut incapable de suivre les conseils de Norm. À ses yeux, être responsable signifiait qu'il fallait assumer ses charges, même au détriment de sa propre existence ; et il lui était impossible de concevoir qu'il puisse s'accorder une existence grâce à laquelle il parviendrait à se réaliser pleinement.

Deux semaines plus tard, le médecin traitant faisait subir de nouveaux tests au jeune dentiste. Cette fois, ils s'avérèrent positifs. On l'opéra immédiatement, mais il mourut moins de quatre mois après l'intervention chirurgicale.

Transformer ses conceptions dans le but de parvenir à la guérison demande quelquefois un effort concerté. Ce dentiste ne pouvait accepter que les réticences qu'il éprouvait envers son métier et que l'impression qu'il avait de se trouver dans un cul-de-sac puissent affecter la chimie et la santé de son organisme. Pourtant, d'autres que lui arrivaient à le percevoir aisément. Accepter l'idée selon laquelle chaque composante de notre existence, c'est-à-dire nos antécédents physiologiques, nos rapports avec autrui, nos attitudes, nos opinions et nos croyances, a une influence sur notre être biologique ne constitue toutefois qu'une étape dans le processus de guérison. Il est également nécessaire que cette constatation dépasse le stade de la compréhension intellectuelle pour devenir partie intégrante du corps, c'est-à-dire que cette conviction profonde soit ressentie de manière viscérale et jusque dans chaque cellule.

On peut aisément acquérir de nouvelles connaissances et ne les mettre en pratique que de manière superficielle. L'idée selon laquelle notre biographie se transforme en matière biologique sous-tend que nous avons un rôle à jouer dans le développement de la maladie. Cependant, il me faut insister sur le fait qu'on ne doit pas abuser de cette vérité, en se blâmant par exemple d'être tombé malade ou en culpabilisant ses patients. Il est rare que les gens choisissent consciemment de développer une affection physiologique. Celle-ci découle plutôt de comportements et d'attitudes caractéristiques dont nous ne réalisons la toxicité qu'après coup. Ce n'est que lorsque la maladie finit par se déclarer que nous nous trouvons en quelque sorte forcés de faire le bilan de nos attitudes et de réaliser que des émotions telles que la peur ou l'amertume constituent des substances biologiques nocives pour l'organisme.

Il me faut aussi réitérer que nous ressentons tous des émotions négatives, mais que celles-ci ne conduisent pas nécessairement à la maladie. De tels sentiments doivent dominer tous les autres pour que cela s'accomplisse ; et, pour que le processus s'accélère, il faut avoir *pris conscience* du fait qu'une attitude négative est toxique, tout en lui permettant malgré tout de continuer de prévaloir. Par exemple, vous pourriez être conscient du fait qu'il vous faut pardonner quelque chose à quelqu'un, mais décider de continuer à cultiver votre colère parce que cela vous permet de mieux contrôler cet individu. Vous seriez alors davantage susceptible de tomber malade puisqu'en termes énergétiques une telle obsession mène vers l'impuissance. L'énergie confère du pouvoir ; la mobiliser dans le but de s'appesantir sur un événement passé peut affaiblir l'organisme et augmenter les risques de maladie.

Le pouvoir constitue un des éléments essentiels pour parvenir à la guérison et maintenir l'état de santé. Les attitudes qui génèrent un sentiment d'impuissance conduisent non seulement vers une piètre estime de soi, mais épuisent du même coup les réserves d'énergie du corps et en affaiblissent ainsi la santé. Par conséquent, le deuxième principe que nous nous proposons d'aborder dans la prochaine section traite du rôle primordial que joue la notion de pouvoir dans la santé des individus.

DEUXIÈME PRINCIPE
LA SANTÉ... UN POUVOIR INDIVIDUEL

Norm me demanda un jour d'effectuer une consultation auprès d'une femme qui souffrait de dépression et de douleurs chroniques au cou et au bas du dos. Peut-être pourrait-elle tirer profit de traitements électromagnétiques variés, me dit-il tout en sondant mon opinion. «Je n'en crois rien, lui répondis-je. Il ne reste pas assez d'énergie dans l'organisme de cette femme pour que de tels traitements puissent lui être de quelque utilité.»

Je faisais là, pour la première fois de ma carrière, un commentaire qui établissait un lien entre la notion de pouvoir individuel et le pouvoir de guérison. Norm me demanda d'être plus explicite, ce qui me fit prendre pleinement conscience de ce que je venais d'affirmer. Ma conception du système énergétique humain s'en trouva soudainement transformée : désormais, je considérerais ce dernier comme une expression du pouvoir individuel de chaque être humain.

J'expliquai à Norm que les attitudes de sa patiente avaient entraîné une perte de pouvoir dans sa vie. Cette femme n'éprouvait jamais le sentiment d'être à la hauteur, lui ai-je précisé ; elle cherchait constamment l'approbation des autres tout en ressentant une peur démesurée d'être seule. Elle n'avait d'estime de soi que dans la mesure où elle réussissait à contrôler les autres, en tout premier lieu ses enfants. Ses peurs et ses lacunes constituaient une sorte de trou noir vers lequel tous les membres de son entourage, et particulièrement ses enfants, étaient aspirés, pour qu'elle puisse mieux les accabler par la suite. Cette mère ne cessait jamais de critiquer ses enfants, ce qui contribuait à accroître le sentiment de dépendance de ces derniers à son égard ; ils repoussaient la date de leur départ définitif du foyer familial parce qu'ils ne se sentaient pas la force de partir. Rien n'était parfait aux yeux de leur mère, ni réussite scolaire ni exploit sportif ; apprécier ses enfants à leur juste valeur aurait signifié leur accorder un soutien émotionnel. Les efforts déployés pour contrôler les autres peuvent être d'envergure ; ne réussissant jamais à sentir que son contrôle sur ses enfants était absolu, cette mère se trouvait toujours au bord de l'épuisement. Les douleurs chroniques dont elle souffrait étaient également causées par ce sentiment d'incapacité à dominer entièrement la vie des autres. C'est avec l'attitude des vaincus qu'elle se présenta au bureau de Norm.

L'idée que ses enfants allaient un jour quitter la maison était insupportable pour cette femme, mais elle s'en défendait toujours en prétendant agir dans leur intérêt. Elle se considérait comme une bonne mère parce qu'elle leur fournissait une maison propre, des repas nourrissants et des vêtements convenables. Pourtant, elle faisait tout en son pouvoir pour entraver leur développement affectif, mais n'arrivait pas à l'admettre.

Les traitements médicaux conventionnels n'ayant rien apporté à sa patiente, Norm penchait maintenant pour une approche qui regrouperait des séances de psychothérapie, des stimulations crâniennes à l'aide d'un appareil électrique, de même que de la chromothérapie. Ces thérapies diverses auraient pu lui apporter quelque soulagement pendant une semaine, voire un mois, mais j'avais compris qu'elle ne guérirait entièrement que lorsqu'elle parviendrait à se défaire de ce besoin pathologique de tout contrôler.

Cet après-midi-là, je compris que, pour qu'une thérapie alternative réussisse, il faut que le patient se forge une conception personnelle de ce qu'est le pouvoir, c'est-à-dire la capacité de générer soi-même une énergie interne et des ressources affectives, de croire que l'on est un être autonome par exemple. La patiente de Norm ne concevait la notion de pouvoir qu'en fonction d'une source externe, notamment de ses enfants. Bien sûr, elle aurait pu suivre une psychothérapie, mais tant qu'elle ne regarderait pas la réalité en face, de telles rencontres ne lui serviraient qu'à se plaindre, semaine après semaine : aucune guérison n'était possible dans ces conditions. C'est ce qu'explique Scott Peck dans ses ouvrages *Les gens du mensonge* et *Le chemin le moins fréquenté* : guérir exige que nous reconnaissions notre part de responsabilité face aux problèmes que nous vivons, et la dynamique qui s'établit dans nos rapports avec autrui.

Cette rencontre m'aura éclairée sur le rôle que joue le pouvoir au sein de nos vies et de nos systèmes énergétiques. Ce sentiment est à la source de toute expérience humaine. Les attitudes et les croyances positives ou négatives sont en fait le prolongement de la conception de la notion de pouvoir chez les individus et de l'usage qu'ils en font. Nul ne peut prétendre se dérober à ces questions. Ou bien nous essayons de vaincre nos sentiments d'infériorité et d'impuissance, ou bien nous essayons de contrôler les gens et les situations afin de sentir que nous sommes en position de force ; nous pouvons de même aspirer à la sécurité (synonyme de pouvoir) en demeurant dépendant envers autrui. Nombre de personnes tombent malades après avoir perdu ce qui, à leurs yeux, représentait le pouvoir, que ce soit l'argent, un emploi ou le jeu ; ou encore lorsque l'être grâce auquel ils se définissent (conjoint, parent ou enfant) les quitte. Notre rapport avec cette notion de pouvoir constitue l'élément clef de notre état de santé.

Considérons le premier principe (selon lequel notre biographie devient notre biologie) en regard du second principe (le pouvoir est nécessaire à la santé). Il s'effectue une médiation entre le monde intérieur et le monde extérieur par l'entremise du pouvoir, ce dernier devenant manifeste à travers un langage de nature mythique et symbolique. Un des symboles les plus universels du pouvoir est celui de l'argent. Lorsque celui-ci devient synonyme de pouvoir aux yeux d'un individu, la capacité d'accumuler de l'argent et de le contrôler devient du même coup un symbole de l'état de santé : lorsqu'il en acquiert, son système biologique lui envoie des signaux lui indiquant que son corps accumule du pouvoir. Son esprit lui communique alors un message inconscient : « J'ai de l'argent. Me voilà en sécurité. J'ai du pouvoir, donc tout va bien. » Ce message positif est transmis au système biologique, qui, à son tour, génère l'état de santé.

Bien sûr, amasser des fortunes ne peut aucunement garantir le maintien de l'état de santé ; cependant il existe des liens indéniables entre la pauvreté, l'impuissance et la maladie. S'il arrivait que vous éprouviez des difficultés à gagner votre vie ou que vous perdiez soudainement une somme importante d'argent, votre système biologique pourrait s'en trouver affaibli. Je me souviens d'un homme qui, dans les années 1980, faisait penser à Midas : tout ce qu'il touchait se transformait en or. Son entreprise connaissait un succès croissant, et il possédait une énergie équivalente à celle de dix personnes, multipliée à la puissance dix. Il travaillait jusqu'à tard le soir, sortait ensuite jusqu'aux petites heures du matin et se pointait au bureau le matin avant tout le monde, toujours alerte et enjoué, maîtrisant toutes les situations. Or, en octobre 1987, le marché boursier s'écroula, et l'entreprise qu'il dirigeait s'effondra. Sa santé se détériora au cours des mois qui suivirent : il se mit à souffrir de migraines, puis de douleurs lombaires et enfin de troubles intestinaux assez sérieux. Le rythme de vie qu'il avait mené jusque-là lui était devenu intolérable ; il se retira de toutes ces activités pour se consacrer à la survie de son empire financier.

Cet homme ne voyait pas qu'il avait en quelque sorte « calibré » son état de santé en fonction du gain. C'est lorsqu'il finit par tomber malade qu'il put immédiatement établir un lien entre les deux éléments. Il vint à réaliser que l'argent représentait la liberté à ses propres yeux, celle de jouir du style de vie dont il avait toujours rêvé. En perdant sa fortune il avait aussi perdu tout son pouvoir, et ce ne fut qu'une question de semaines avant que son système biologique ne dépérisse. Évidemment, le stress associé à la banqueroute déstabiliserait n'importe qui, mais il est possible d'avancer que cet homme avait ressenti un stress tout aussi intense durant la période où son entreprise prenait son envol ; mais c'était alors un type de stress qui lui faisait sentir qu'il maîtrisait parfaitement la situation.

Chacun d'entre nous assimile le sentiment de pouvoir à un symbole ; chaque symbole possède un équivalent sur le plan biologique. Le dentiste qui souffrait d'un cancer du pancréas avait adopté un tel symbole, c'est-à-dire son travail. Cependant, comme il s'était mis à détester son métier, c'était chaque jour un peu plus de maîtrise sur sa vie qu'il avait l'impression de perdre. Ceci entraîna une réaction biologique dont les répercussions allèrent jusqu'à causer une maladie fatale.

Nos vies sont organisées autour de symboles associés au pouvoir : l'argent, l'autorité, le titre, la beauté, la sécurité. Les gens dont nous nous entourons et les choix que nous faisons à chaque instant reflètent de manière symbolique le degré de pouvoir individuel que nous croyons avoir dans nos vies. Bien souvent, nous hésitons avant de défier l'autorité d'un individu qui à nos yeux détient davantage de pouvoir que nous ; de même, nous acceptons de faire certaines choses parce que nous ne croyons pas qu'il est en notre pouvoir de refuser. Il existe un nombre infini de situations et de rapports marqués par une dynamique axée sur la notion de pouvoir : nous identifions les personnes qui en ont et nous cherchons à conserver la part que nous avons acquise.

Se familiariser avec le vocabulaire symbolique de l'énergie signifie qu'il faut également apprendre à évaluer la dynamique qui nous unit à autrui en fonction de la notion de pouvoir. L'information que révèle l'énergie est toujours véridique. On peut, par exemple, accepter de bon gré d'accomplir une tâche ou une autre, du moins en apparence, mais notre niveau d'énergie indiquera comment nous nous sentons vraiment face à celle-ci ; ces sentiments seront éventuellement traduits en termes symboliques. Notre système biologique et notre système spirituel aspirent continuellement à dévoiler la vérité en nous et ils trouveront toujours un moyen pour ce faire.

Il est nécessaire que vous preniez conscience de ce qui vous accorde du pouvoir à divers degrés dans votre vie. Identifiez vos symboles de puissance ainsi que les liens symboliques et physiques qui vous relient à eux. Soyez également attentif à tout message que vous envoient votre corps et vos intuitions à leur sujet. Ceci facilitera en vous tout processus de guérison.

TROISIÈME PRINCIPE
VOUS SEUL ÊTES L'ARTISAN
DE VOTRE GUÉRISON

La médecine énergétique découle d'une philosophie holistique en vertu de laquelle chacun de nous peut se dire : « Je suis responsable de mon état de santé. Par conséquent, j'ai eu un rôle à jouer dans la genèse de la maladie dont je souffre. Je peux donc contribuer à guérir en me soignant, ce qui signifie parvenir à la guérison sur les plans affectif, psychologique, physique et spirituel. »

Il y a des nuances à apporter lorsqu'on parle de guérison. On peut « guérir » d'une maladie lorsqu'on réussit à juguler ou à freiner la progression d'une maladie sur le plan physiologique. On ne peut cependant conclure de ce type de guérison que les facteurs de stress affectif et psychologique qui sous-tendent la maladie ont effectivement été allégés ; il demeure en effet fort probable que celle-ci se manifeste à nouveau.

Le type de guérison auquel je fais allusion dans le paragraphe précédent est de nature passive : le patient s'en remet au médecin qui lui prescrira un traitement, sans s'attaquer toutefois aux causes profondes de la maladie. Il existe une autre façon de concevoir la guérison : comme une démarche de réflexion sur les attitudes, les souvenirs et les convictions motivée par le désir de se libérer de toute négativité pouvant entraver le rétablissement tant sur le plan affectif que spirituel. Une telle démarche mène inévitablement à une réévaluation des circonstances de chacun, lorsque menée dans le but de se créer un mode d'existence qui puisse actualiser le désir de vérité, de discerner le faux du vrai dans sa vie propre, de réfléchir à la façon dont nous nous dépensons pour parvenir à nos buts, et de consacrer nos énergies aux vérités essentielles que sont l'amour, l'estime de soi et la santé.

Le langage de la médecine conventionnelle, par opposition à celui de la médecine énergétique, a souvent recours à des images militaires pour décrire les phénomènes : « Le patient a été attaqué par un virus » ou « Les tissus cellulaires ont été contaminés par une substance, ce qui a produit une malignité. » La philosophie médicale conventionnelle considère les patients comme des victimes, innocentes ou virtuellement impuissantes, qui seraient la proie d'une attaque qu'elles n'ont pas provoquée.

Une telle approche rend également le médecin entièrement responsable de la guérison du patient, auquel on prescrira le programme de traitement à suivre. On fera certainement état de la mesure dans laquelle le patient collabore avec le fournisseur de soins, mais l'attitude de ce dernier n'est pas vue comme un élément essentiel de la démarche ; ce sont les médicaments et la chirurgie qui sont censés faire l'essentiel du travail. Inversement, avec les thérapies holistiques, c'est l'empressement du patient à jouer un rôle actif dans le processus de guérison qui est garant du succès de celle-ci.

Les médecines holistique et conventionnelle conçoivent le rôle du patient de manière différente ; il est actif dans le premier cas et passif dans le second. Les traitements de nature chimique proposés par la médecine moderne ne font pas appel à la participation consciente du patient. À l'opposé, les effets d'une technique holistique telle que la visualisation seront rehaussés par la mesure dans laquelle le patient prend part à la démarche. En d'autres termes, il se produit un échange de type énergétique entre la conscience du patient et le potentiel curatif de la thérapie, et quelquefois même du thérapeute. L'individu passif qui remet sa guérison entre les

mains du thérapeute ne sera pas en mesure de guérir complètement ; il pourra recouvrer la santé, mais
il n'aura rien fait pour aller jusqu'aux racines véri-
tables de son mal.

LES INDIVIDUS EN MAL DE POUVOIR

Une mère souffrant de dépression et de douleurs
chroniques au cou et au dos est un bon exemple d'individu qui n'exerce pas de maîtrise sur sa vie. Un telle
personne dépend des autres de manière excessive ;
elle cherche à acquérir du pouvoir dans son environnement extérieur tout en s'appuyant sur autrui. Elle
croit consciemment ou inconsciemment que, seule,
elle n'est rien. Une telle personnalité cherchera à
acquérir un sentiment de pouvoir par différents
moyens : par le biais de l'argent, du statut social, de
l'autorité politique, sociale, militaire ou religieuse, en
entretenant des rapports avec des gens influents. Elle
n'exprime pas directement ses besoins mais apprend
plutôt à tolérer les situations qui ne la satisfont pas
ou à les manipuler.

Au sein du système énergétique humain, les interactions que chacun entretient avec son environnement peuvent être conçues de manière symbolique
comme des circuits électromagnétiques. Ceux-ci circulent à travers le corps et nous relient aux objets
extérieurs et aux êtres humains qui nous entourent.
Nous sommes attirés par les objets ou les gens qui
exercent un pouvoir sur nous, lesquels constituent
des « cibles de pouvoir », comme si nous cherchions à
assimiler ce que ces derniers dégagent. Cependant,
notre pouvoir individuel se trouve affaibli lorsque
nous tentons de relier notre champ énergétique à de
telles cibles.

J'avais d'abord imaginé les circuits énergétiques en
des termes symboliques ; or, j'en suis venue à croire

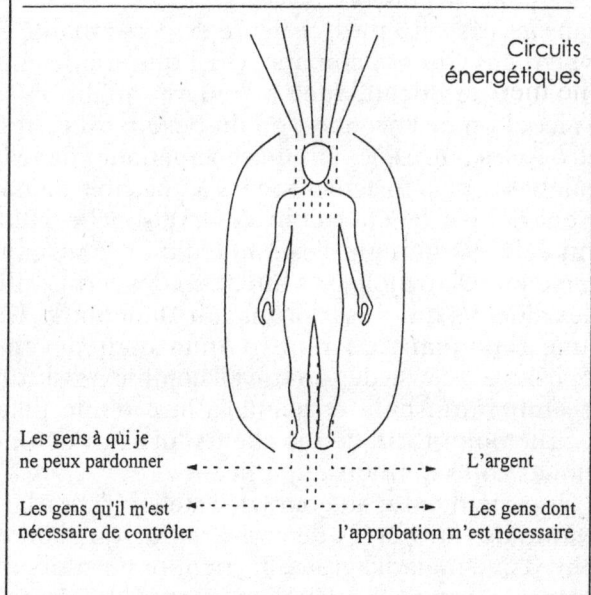

Figure 1 : Les circuits énergétiques circulent à travers le corps humain et se cristallisent autour d'une cible de pouvoir.

Circuits énergétiques

Les gens à qui je ne peux pardonner ◀ - - - - - - - ▶ L'argent

Les gens qu'il m'est nécessaire de contrôler ◀ - - - - - - - ▶ Les gens dont l'approbation m'est nécessaire

que ces voies existent réellement. Combien de fois n'ai-je pas entendu des gens expliquer qu'ils restent « accrochés » à une personne ou à une expérience passée. Certaines personnes avouent aussi se sentir « épuisées » après avoir été en compagnie de telle ou telle personne ou dans un environnement particulier. Ces expressions en apparence banales illustrent la nature des liens qui s'établissent entre notre champ énergétique et notre environnement de manière beaucoup plus juste que nous ne le croyons. Cette manière d'en parler indique que les personnes qui

83

s'identifient de façon excessive à un individu ou à un bien ont fait inconsciemment un diagnostic de nature intuitive ; elles ont compris qu'elles perdaient ainsi du pouvoir. J'appelle ce type de personnes des individus *en mal de pouvoir*.

Dans les cas extrêmes, ce genre de personnalité est le type même du toxicomane. Quel que soit le comportement de dépendance à l'œuvre, qu'il s'agisse de l'alcool ou des drogues, ou du besoin excessif de contrôler les autres, les circuits énergétiques de telles personnes sont si fortement reliés à une cible de pouvoir qu'elles perdent la faculté de se raisonner. J'illustrerai cela en donnant l'exemple d'un cas tragique observé lors d'un atelier à l'intention des séropositifs et des sidéens qui s'est déroulé au Danemark. Une femme répondant au nom d'Anna était devenue séropositive à cause de son travail comme prostituée. Elle était minuscule et avait l'allure d'une petite fille. Elle boitait ; un de ses clients lui avait défoncé quelques côtes un mois auparavant.

À un certain point au cours de l'atelier, j'abordai la question des stratégies de guérison lorsque l'on est atteint d'une maladie grave. Je mentionnai alors que certaines substances telles que le tabac, les drogues et l'alcool peuvent détourner un individu de sa démarche de guérison. Plus tard, pendant la pause, Anna vint me voir et me demanda : « Mais, Caroline, pourquoi serait-il si grave de fumer deux petites cigarettes par jour ? » En la regardant, je me rendis compte que si j'avais tenu dans une main le remède contre le sida et dans l'autre une cigarette, et que je lui avais demandé de faire un choix, elle aurait opté pour le premier, tandis que tous ses circuits énergétiques auraient été canalisés vers le second.

Je n'insisterai jamais trop sur ce point : les cibles vers lesquelles les individus en mal de pouvoir orientent leurs circuits énergétiques sont toujours des personnes ou des objets auxquels ils cèdent leur pouvoir individuel ; en d'autres termes, ils leur accordent la permission de les contrôler. La dépendance manifestée par Anna envers la cigarette exerçait plus d'ascendant sur elle que le désir de guérir. Peu habituée à faire des choix qui lui auraient permis de se prendre en main, elle était prisonnière d'une dynamique dans laquelle elle cédait son énergie au profit d'autrui ou d'autre chose ; elle se trouvait sous l'emprise de deux cibles qui la dominaient entièrement : celle de son souteneur et celle de la cigarette. Anna n'avait pas accès à la guérison, puisque son pouvoir individuel résidait désormais *à l'extérieur* des limites de son propre corps.

L'esprit humain a du mal à lutter contre les besoins affectifs. Anna savait très bien que son occupation et l'assuétude à la cigarette mettaient sa santé en danger. Pourtant, elle continuait à éprouver un besoin affectif envers le tabac parce qu'elle pensait que cette substance l'aidait à se décontracter ; elle demeurait avec son souteneur parce qu'elle croyait que celui-ci prenait soin d'elle. La dépendance affective qu'elle éprouvait envers chacun de ces objets s'en trouvait justifiée ; en suivant ce même raisonnement, Anna pouvait tenter de négocier le prix à payer pour sa guérison, en avançant que deux cigarettes par jour ne pouvaient avoir d'effet nocif sur sa santé. Elle était incapable de se dégager de cette dynamique marquée par la dépendance et, par conséquent, de recouvrer le pouvoir nécessaire à la guérison.

Ce n'est donc pas l'esprit, mais les besoins affectifs qui contrôlent notre attachement à des cibles de pouvoir. Le vieil adage selon lequel « le cœur a des raisons que la raison ne connaît pas » prend ici tout son sens. Les individus en mal de pouvoir éprouvent beaucoup de mal à se fier à leur intuition. Leur estime de soi est si intimement liée à l'opinion de leur cible de pouvoir qu'ils nient automatiquement toute information que pourrait leur transmettre leur intuition. La capacité d'avoir des intuitions claires exige que l'on soit capable d'écouter ses propres impressions. Si l'on doit constamment avoir recours à autrui pour confirmer la justesse de celles-ci, on fait obstacle de manière extrême à sa capacité d'intuition.

La guérison ne peut pas faire l'objet d'une négociation, et c'est pourquoi elle pose des difficultés plus grandes aux individus en mal de pouvoir qu'aux personnes ayant un sens plus développé de leur propre pouvoir. Guérir est une tâche individuelle ; personne ne peut le faire à votre place. Bien sûr, on peut assister autrui dans cette démarche, mais on ne peut, par exemple, accorder le pardon à quelqu'un au nom de quelqu'un d'autre. Il n'est pas possible non plus de forcer quelqu'un à donner libre cours aux souvenirs et aux expériences douloureuses qui doivent être exprimés afin que la guérison puisse suivre son cours. C'est la nature même du « pouvoir passif » : il se définit sur la base de l'attachement à des objets qui symbolisent le pouvoir ; se détacher ou se libérer des cibles qui drainent un individu de son énergie va à l'encontre de la façon dont l'organisme de celui-ci est constitué. De telles personnes sont virtuellement programmées à ne pouvoir accepter que les traitements médicaux conventionnels. Cela n'est pas toujours nécessairement une mauvais chose ; ce type de traitement leur conviendra tant et aussi longtemps qu'elles demeureront passives.

REDIRIGER LE POUVOIR

La plupart des gens qui assistent à mes ateliers le font parce qu'ils réalisent que des changements s'imposent dans leur vie. Certains ont peur de quitter un conjoint ou un emploi, tandis que d'autres cherchent des moyens de s'accommoder d'une situation qui ne répond plus à leurs besoins affectifs. Combien de fois ai-je entendu des gens affirmer : « Tout allait beaucoup mieux avant que je ne réalise à quel point j'étais malheureux. »

Il semble impossible d'ignorer nos besoins affectifs une fois que nous en avons pris conscience. De même, si nous avons identifié la source potentielle d'un malaise, il devient pratiquement impossible de la chasser de notre esprit. Nous nous trouvons alors face à l'obligation de faire des choix. La capacité de choisir est une forme active de pouvoir ; la sensation que celui-ci procure peut être à la fois excitante et menaçante parce qu'elle nous *incite* à transformer ce qui ne correspond plus à ce que nous sommes et nous amène éventuellement à remettre en cause d'autres aspects de notre vie qui ne nous satisfont plus.

Transformer sa vie semble souvent un but bien difficile à atteindre à cause des obligations que nous avons. Nous faisons l'apprentissage de la loyauté au sein de la structure familiale et en relation avec celle-ci. Une vertu d'un tout autre ordre est la loyauté envers soi-même ; y adhérer jusqu'au bout peut devenir la cause de bouleversements importants au sein d'une famille. Une femme qui décide d'être loyale envers elle-même peut ainsi arriver à la conclusion que le temps est venu de mettre un terme à son union avec son conjoint. Au moment d'en faire part à celui-ci, il lui intimera : « Mais as-tu pensé aux enfants ? » Ce cas est très fréquent ; il démontre qu'il peut y avoir conflit entre la loyauté envers le groupe et la loyauté envers soi-même. Si nous vivons dans une situation qui ne nous satisfait pas, nous pouvons tenter pendant un certain temps de respecter les exigences que nous impose la loyauté à un groupe particulier tout en évitant de penser à nos propres besoins affectifs. Tôt ou tard cependant, notre corps affectif deviendra investi d'un pouvoir tel qu'il sera alors impossible pour l'esprit de continuer à déjouer le cœur de cette manière. Une conjointe malheureuse se retrouvera donc dans une situation de crise personnelle si elle ne se résout pas au divorce; mais si elle entreprend les démarches nécessaires, elle se sentira coupable d'avoir été déloyale envers le groupe, en l'occurrence sa famille. À vrai dire, il existe peu de moyens d'intégrer des exigences d'ordre personnel à une situation dans laquelle on s'était engagé avant de prendre pleinement conscience de celles-ci.

Une femme du nom de Julie assista un jour à un de mes ateliers; elle était gravement atteinte de cancer des ovaires et du sein. Son mariage était en péril depuis de nombreuses années. Elle voulait guérir de son cancer, mais elle vivait auprès d'un mari qui, deux ans après leur mariage, s'était mis à la traiter avec un mépris absolu. Il lui disait fréquemment qu'elle était repoussante, même si elle était une femme extrêmement attrayante. Pour tenter de lui plaire, elle s'astreignait constamment à suivre des diètes draconiennes et des programmes d'exercice. Elle se décrivait elle-même comme une manipulatrice hors pair dans ses tentatives de sauvegarder son mariage, même si ses efforts ne lui apportaient pas ce qu'elle désirait. Pour se faire remarquer de son mari, elle racontait des histoires intéressantes au sujet de gens qu'elle prétendait avoir rencontrés en faisant des courses. Un jour, elle lui avait téléphoné pour lui raconter qu'un homme avait tenté de la violer alors qu'elle faisait son jogging. Peu importe ce qu'elle inventait, elle ne réussissait jamais à se gagner l'attention ou le respect de son conjoint.

Les questions d'argent faisaient également l'objet de disputes entre Julie et son mari. Bien que celui-ci gagnât un salaire très élevé, il ne lui accordait qu'une pension très minime et exigeait qu'elle rende compte de chaque centime dépensé. En dépit de cette situation humiliante, Julie n'avait jamais envisagé de travailler pour subvenir à certains de ses besoins, car elle ne croyait pas posséder de compétences pouvant servir sur le marché du travail.

Tout rapport sexuel entre Julie et son mari avait cessé au bout de deux années de mariage. Les efforts qu'elle déployait pour essayer de faire revivre cet aspect de leur mariage se soldaient par une humiliation encore plus grande. Lorsque le mari de Julie apprit le diagnostic de son cancer, il refusa de continuer à partager le lit conjugal. Elle réagit en se couchant le soir sur le pas de la porte menant à la chambre, et tous les matins il l'enjambait littéralement pour se rendre à la salle de bains ; de temps à autre, il lui arrivait de cracher sur elle tandis qu'elle l'implorait de lui porter secours.

Lorsqu'on demanda à Julie pourquoi elle ne quittait pas son mari, elle répondit qu'elle n'avait jamais su se prendre en main sur les plans affectif et financier ; elle avait besoin plus que jamais qu'on s'occupe d'elle. L'ironie, c'est que chaque fois qu'elle parlait de son mari son regard était transporté ailleurs ; on aurait dit qu'elle était envoûtée. Elle prétendait qu'il était vraiment un homme très affectueux, mais que ses affaires le rendaient très tendu. Il l'aimait vraiment, ajoutait-elle ; cependant il fallait comprendre qu'il avait du mal à démontrer son affection véritable.

Je suggérai à Julie de consulter un psychothérapeute, mais elle répondit que son mari ne croyait pas à une telle approche et que, par conséquent, elle ne pourrait suivre mon conseil. J'émis également l'opinion qu'elle pourrait récupérer des forces si elle s'alimentait sainement tout en incorporant à son régime une bonne dose de vitamines. Julie répondit que si son mari approuvait ces suggestions, elle ferait ce que je lui avais suggéré.

Du point de vue énergétique, il est révélateur que Julie soit atteinte d'un cancer qui affecte ses organes génitaux, ses ovaires d'abord, puis ses seins. Sa maladie était un symbole des sentiments de rejet qu'elle éprouvait en tant que femme. Comme nous le verrons au chapitre suivant, nos organes génitaux accueillent l'énergie accumulée durant notre existence, en particulier celle qui découle de nos rapports avec autrui et de la façon dont nous nous comportons dans notre environnement externe. Julie ne pouvait imaginer qu'elle puisse maîtriser quoi que ce soit dans sa vie puisque son mari constituait pour elle l'unique source de son sentiment de sécurité. Son organisme ne recevait que des signaux « d'impuissance ». Le décès de Julie survint moins d'une année plus tard.

Un autre type d'individu, le type « actif », se distingue des individus en mal de pouvoir tels que Julie. Ils sont capables de « s'automotiver » et croient fermement que s'occuper de soi est une priorité ; sur le plan affectif, leurs circuits énergétiques sont orientés vers la conscience, vers la force et vers l'endurance. Une telle personne a la capacité de faire tout ce qui est nécessaire pour conserver son équilibre sur les plans physique, psychique et spirituel.

Tout comme Julie, Joanna vivait une situation maritale dysfonctionnelle ; elle développa éventuellement un cancer du sein. Sa vie conjugale n'était pas jalonnée d'histoires aussi horribles que celles qu'avait vécues Julie, mais elle se trouvait tout de même aux prises avec de graves problèmes. Son mari, Neal, voyait plusieurs autres femmes, ce que savait Joanna tout en essayant de ne pas en tenir compte. Elle s'inscrivit un jour à une série d'ateliers organisés à l'intention de femmes cherchant à se prendre en main, dans une tentative pour traverser ces épreuves. Elle se rendit peu à peu compte que le comportement de Neal violait son intégrité affective. Jamais auparavant

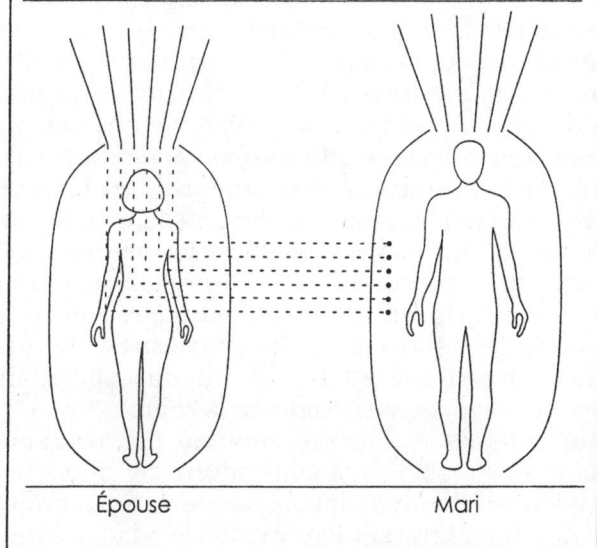

Figure 2 : Les circuits énergétiques traversent le corps d'une femme pour se diriger vers celui de son mari.

Épouse   Mari

Note : *Les circuits énergétiques d'une femme entièrement dépendante de son mari sont reliés au champ énergétique de ce dernier. Ce déséquilibre la privera de l'énergie nécessaire à la préservation de son organisme, tandis que son mari aura l'impression de se sentir « étouffé ».*

elle ne l'aurait formulé en ces termes ; comme bien des gens, elle s'était mariée en pensant que les conjoints constituaient un tout du point de vue affectif.

Joanna réalisa peu de temps après que son cancer du sein, qui s'était développé dans cette partie du corps généralement associée au don de soi, ne disparaîtrait que si elle faisait ce qui était nécessaire pour s'accorder du respect et de l'estime. Peu à peu l'image qu'elle se faisait d'elle-même se transforma ;

elle comprit qu'elle avait du ressort. En se percevant enfin comme un individu *à part entière*, Joanna put établir un rapport avec elle-même qui n'avait pas été possible jusque-là puisqu'elle se définissait entièrement *en fonction* de son conjoint.

Ayant pris conscience de ses propres besoins, Joanna put s'autoriser à exiger de Neal qu'il respecte ses engagements. Celui-ci promit de changer son comportement, mais cette promesse ne dura qu'un mois. Joanna se rendit alors compte que non seulement elle serait incapable de forcer son mari à changer, mais qu'elle-même s'était transformée à un point tel qu'il lui serait désormais impossible d'accepter que son intégrité affective continue à être bafouée de cette manière. Il fallait qu'elle se sorte de cette situation nocive si elle voulait guérir du cancer. Elle demanda le divorce et recouvra la santé.

Les groupes d'aide à l'intention des personnes atteintes de maladie mènent souvent ces dernières à se redéfinir. En prenant conscience de leurs propres besoins et en scrutant leur existence à la lumière de ceux-ci, ces personnes finissent par admettre que leurs circonstances actuelles ne conviennent plus à l'image qu'elles se font désormais d'elles-mêmes, et que celles-ci ne les aident en rien à se rétablir ; elles décident alors de prendre les mesures nécessaires pour les changer. Tout au long de ce parcours, elles apprendront à se séparer des objets ou des gens qui drainent leur organisme de toute énergie.

Avoir à transformer sa vie pour guérir peut constituer une expérience terrifiante pour bien des gens. Ils pressentent consciemment ou inconsciemment que rompre les liens qui rattachent leurs circuits énergétiques à une cible de pouvoir équivaut à s'en détacher pour toujours. Ils passent généralement par une phase au cours de laquelle ils désirent à la fois effectuer une telle coupure et maintenir ces liens. Certaines personnes finissent par essayer de faire cohabiter ces deux univers, incapables de s'investir dans celui qui ne leur convient plus, ni de s'engager résolument vers le second. C'est ainsi que bien des gens s'acheminent vers le puits de la guérison mais découvrent, à leur arrivée, qu'ils ne peuvent boire de son eau.

Pour guérir il faut se mobiliser. La guérison n'est pas un phénomène passif. Il est nécessaire pour y parvenir de puiser dans ses ressources profondes, afin de trouver la force nécessaire pour abandonner ses vieilles croyances et ses vieux comportements, et envisager son existence de manière nouvelle et saine : afin de pouvoir prendre son grabat et marcher.

L'APPRENTISSAGE
DE LA VISION SYMBOLIQUE

Lorsque dans la seconde partie de cet ouvrage je décrirai comment les questions liées à la notion de pouvoir s'inscrivent dans notre psyché et dans notre organisme, il vous faudra faire votre propre diagnostic des rapports que vous-même établissez avec chacun des sept centres de pouvoir de votre corps. Vous ferez ainsi l'objet de votre premier bilan intuitif. Au cours de ce processus, vous prendrez graduellement conscience du monde extraordinaire qui existe derrière vos yeux. Vous parviendrez finalement à maîtriser la *vision symbolique*, cette capacité d'intuition pouvant vous permettre d'interpréter ces symboles qui sont liés au pouvoir et qui influencent votre vie.

Les conseils qui suivent visent à servir de point de départ. La guérison est inévitable pour qui cherche constamment à porter son regard plus loin. Cependant, il est nécessaire de mettre au point une méthode grâce à laquelle l'information que vous percevrez vous semble bien *réelle*.

D'abord et avant tout, concentrez-vous sur la nécessité d'apprendre à interpréter symboliquement les épreuves que la vie vous amène. Trouvez-leur un sens. Tentez d'établir des liens entre celles-ci et votre état de santé. Réfléchissez quotidiennement aux difficultés auxquelles vous devez faire face et à la manière dont votre esprit et votre âme réagissent. Observez les choses qui vous confinent à l'impuissance et notez quelle partie de votre corps est sollicitée par le sentiment de perte qui en découle. Faites le bilan de l'activité spirituelle et biologique qui en résulte.

En deuxième lieu, pensez en tout temps que vous n'êtes pas seulement un être physique mais aussi un *être énergétique*. La partie énergétique de votre organisme est celle qui transmet et enregistre tous vos rapports et toutes vos pensées. Rappelez-vous constamment que ce que vous vivez se transforme en matière biologique. Scrutez les personnes, les expériences et les informations auxquelles vous accordez une place dans votre existence : faites en sorte que cela devienne une habitude. La vision symbolique est d'abord et avant tout de l'ordre de l'intention : il vous faut faire le bilan conscient et constant de vos rapports avec autrui et leurs influences sur votre pouvoir affectif et physique. Il vous faut aussi réaliser que toute tentative visant à influencer vos perceptions dans un sens ou dans l'autre empiétera sur votre capacité à capter les données énergétiques.

En troisième lieu, faites vous-même votre propre bilan énergétique sur une base quotidienne. Ceci ne prendra que quelques minutes une fois que vous vous y serez régulièrement exercé. Pour ce faire, référez-vous au modèle du système énergétique humain présenté au chapitre deux. Concentrez-vous tranquillement et de manière objective sur chaque centre de pouvoir pendant une ou deux minutes. N'attendez pas de tomber malade avant de vous soucier de l'état de santé de votre système énergétique. Apprenez à déceler le stress qui s'accumule dans votre champ énergétique et prenez les mesures nécessaires pour vous rétablir sur ce plan. Faites en sorte que ce type de bilan devienne une habitude.

En quatrième lieu, s'il vous arrive de déceler une fuite d'énergie, concentrez-vous sur les éléments indispensables qui vous permettront d'en rétablir le niveau. Posez-vous toujours la question suivante : « Pourquoi suis-je en train de perdre du pouvoir ? » Votre esprit et votre cœur doivent toujours intervenir lorsque vous essayez de corriger un déséquilibre, qu'il soit d'ordre énergétique ou physique. Aspirez à voir au-delà des composantes physiques que présente une crise. Référez-vous aux sept vérités sacrées de l'énergie présentées au chapitre deux ; certaines d'entre elles peuvent s'appliquer à la situation de stress que vous traversez. Demandez-vous lesquelles parmi ces vérités peuvent servir de symboles pour cerner cette dernière.

Voici un exemple : si vous éprouvez des difficultés au travail, c'est peut-être la vérité sacrée *Honore ta propre personne* qui s'applique à votre cas. Celle-ci pourrait bien vous amener à réfléchir sur ce qui se passe dans votre vie, et vous permettre de vous extirper des sables mouvants dans lesquels les illusions vous maintiennent. Vous pourrez ainsi vous élever de manière spirituelle ou symbolique au-dessus de la situation pour que vous puissiez l'interpréter objectivement et en tirer les leçons qu'elle apporte sur le plan du pouvoir.

L'instruction spirituelle nous apprend à réfléchir sur nous-même, non de manière égocentrique, mais pour arriver à gérer consciemment notre énergie et notre pouvoir. Par conséquent, la cinquième étape consiste à découvrir *ce qui* draine votre énergie, plutôt que de rendre *autrui* responsable d'une telle situation. La personne concernée n'est en fait qu'un reflet d'une partie de vous-même. Par exemple, si vous êtes jaloux de quelqu'un, ce qui importe ce n'est pas de vous concentrer sur cette personne mais plutôt sur cet aspect ombrageux de vous-même qui s'y trouve reflété. Contre toute attente, celle-ci peut effectivement vous servir de maître ; lui allouer toute votre attention ne vous apportera pas la guérison. Vous croiserez de tels maîtres de plus en plus souvent sur votre route, et chaque nouvelle rencontre sera plus intense que la précédente. Votre tâche consiste à apprendre la leçon que vous destine chacun d'entre eux, plutôt que d'éprouver du ressentiment à leur endroit.

Il est erroné de conclure qu'un individu particulier puisse être la source de la perte d'énergie que vous ressentez ; cela équivaut à se laisser entraîner vers la peur et le blâme. Si cela se produit, il vous faut alors vous concentrer de nouveau sur votre centre d'énergie jusqu'à ce que vous saisissiez quel type de pouvoir entre en jeu dans vos rapports avec la personne concernée. En vous préoccupant de la leçon à apprendre plutôt que du maître qui la transmet, vous réussirez à tirer profit de la vision symbolique : vous pourrez apercevoir la vérité qui vous est livrée à travers la ou les difficultés.

Sixièmement, il vous faut simplifier vos exigences en matière de guérison. Ces dernières devraient être essentiellement les mêmes pour chaque maladie. Apprenez à concevoir la maladie comme des perturbations, sur le plan du pouvoir analogues à un dysfonctionnement d'ordre technique. Une fois que vous aurez identifié laquelle parmi les vérités sacrées correspond à votre cas, visez à apprendre par l'entremise de votre processus de guérison ce qu'elle peut vous révéler. Combinez votre démarche intérieure avec la méthode de traitement conventionnel nécessaire et maintenez le cap sur la guérison. Allez chercher l'aide et l'appui dont vous pourriez avoir besoin, et utilisez-les à bon escient. Rappelez-vous que ce travail consiste à aller au-delà de vos blessures et non de vous y complaire. Ne perdez pas votre temps à penser, à agir ou à prier comme une victime. Un sentiment de victimisation ne fera qu'amplifier la maladie ou deviendra lui-même la cause d'une affection s'il finit par dominer votre esprit.

Faites tout ce qui est nécessaire pour entretenir votre corps physique, en prenant les médicaments appropriés, en suivant un programme d'exercice quotidien et en vous alimentant sainement. Par la même occasion, soignez aussi votre corps énergétique en vous réconciliant avec le passé et en veillant à régler toutes vos affaires. Prenez les mesures nécessaires pour vous engager sur la voie de la guérison : quittez ce job stressant ou mettez fin à cette union malheureuse; mettez-vous à la méditation; apprenez à faire du ski de randonnée. Il importe de faire des changements, mais pas n'importe lesquels : il faut se concentrer sur ceux qui sont nécessaires pour accéder à la guérison.

Il ne suffit donc pas de parler de guérison pour y parvenir; il faut prendre toutes les mesures qui s'imposent. Bien qu'il soit essentiel d'adopter une attitude positive quelle que soit la maladie dont vous souffrez, la guérison exige que l'on s'y consacre entièrement. La visualisation ne vous apportera rien si vous ne la pratiquez qu'une fois par semaine; une seule visite au gymnase ne suffit pas à mettre le corps en forme. Guérir le corps, faire face aux difficultés, acquérir la vision symbolique sont une question d'attention constante et de pratique quotidienne. Se rétablir d'une maladie peut devenir une occupation à temps complet, mais vous pouvez aussi simplifier les étapes requises pour y arriver.

Si votre programme de guérison est élaboré et complexe, s'il fait appel à une foule de thérapies et de thérapeutes, à plusieurs médecins, à des régimes d'herbes et de vitamines, mais que vous ne faites que peu ou aucun progrès, il est possible que vous entraviez vous-même le processus. Le retour à la santé représente peut-être une plus grande menace que vous ne le croyez. Il est possible que vous soyez incapable de vous réconcilier avec un événement du passé; ou encore, guérir pourrait signifier que la dynamique entre vous et une autre personne s'en trouvera à jamais altérée. Réfléchissez bien à cela. Certaines maladies sont sans contredit plus graves que d'autres, et le fait que la guérison tarde à se produire ne signifie pas nécessairement que vous vous acharnez à ériger des obstacles contre elle. Cependant, si une dizaine de thérapies et de thérapeutes différents ne suffisent pas à vous ramener quelque peu à la santé, vous devrez peut-être envisager que vous nuisez consciemment ou inconsciemment au processus, et que par conséquent, la seule voie de guérison possible réside dans l'au-delà.

En dernier lieu, adoptez une approche spirituelle simplifiée. Toutes les études que j'ai effectuées ici-bas sur le paradis m'indiquent que ce n'est pas là un royaume dont la nature soit très complexe; la perspective théologique qui en découle ne devrait donc pas s'embarrasser de détails superflus. N'aspirez à croire qu'en ce qui est essentiel. Voici des exemples de ce que cela signifie :

• Les circonstances peuvent changer à tout moment et toute maladie peut être guérie. Le Divin ne se limite pas aux conceptions humaines du temps, de l'espace ou de la matérialité.

• Soyez conséquents : vivez en accord avec vos croyances.

• Tout change continuellement. La vie alterne entre les périodes de transformations douloureuses et les moments de quiétude. Apprenez à suivre le courant plutôt qu'à y résister.

• N'attendez pas que quelqu'un d'autre vous rende heureux. Le bonheur dépend de soi et découle de l'attitude de chacun.

• L'apprentissage constitue l'une des caractéristiques essentielles de la vie. Toute situation, toute épreuve et tout rapport à autrui véhiculent des messages qui valent la peine d'être appris ou enseignés.

• L'énergie positive est toujours plus efficace que l'énergie négative, quelle que soit la situation.

• Vivez le moment présent, et mettez en pratique le principe du pardon aux autres.

Nous n'avons rien à gagner à croire que « les voies du Seigneur sont impénétrables ». Il serait beaucoup plus utile d'apprendre à concevoir le Divin comme des vérités simples et éternelles.

Selon toute évidence, nous nous compliquons la vie beaucoup plus qu'il n'est nécessaire. Atteindre la santé, le bonheur et l'équilibre énergétique revient à la décision de se concentrer davantage sur le positif que sur le négatif et de vivre selon les principes spirituels conformes à ce que nous savons être la vérité. Ces deux engagements à eux seuls suffiraient à libérer tout le potentiel de l'organisme biologique et divin qui nous constitue pour que soient transformés à leur tour le contenu et le cours de chacune de nos existences.

Nous sommes tous destinés à découvrir les mêmes vérités et à laisser le Divin opérer en nous et à travers nous ; voilà une tâche en apparence simple mais ô combien difficile. Les circonstances dans lesquelles se déroule l'existence peuvent varier d'un individu à l'autre, tout comme les gens qui nous entourent. Toutefois, les questions finalement soulevées par leur entremise sont identiques et l'influence qu'ils peuvent avoir sur la santé de notre organisme et de notre esprit est de même portée. Plus nous parviendrons à saisir cette vérité, plus nous serons en mesure de développer notre vision symbolique, seule faculté pouvant nous permettre de voir à travers le voile des illusions du monde matériel et d'apprécier à leur juste valeur les leçons que la vie nous offre.

Chapitre deux

CRÉÉS À L'IMAGE DE DIEU

Dès les premières manifestations de mon intuition médicale, j'ai pris conscience du fait que celles-ci entretenaient un rapport essentiel avec l'âme humaine, bien qu'elles se concentrent sur des problèmes physiologiques et que j'emploie des termes énergétiques pour les décrire et les expliquer. Le mot *énergie* est neutre ; il n'a aucune connotation religieuse et n'évoque aucune des craintes profondément ancrées que nous pourrions éprouver envers Dieu. En effet, les gens aiment mieux apprendre qu'ils souffrent d'une baisse d'énergie plutôt que de se faire dire que leur âme constitue une menace pour leur propre santé. Or, la nature de la crise vécue par la plupart des gens venus me consulter était immanquablement d'ordre spirituel. Je parlais alors à mes patients de troubles énergétiques afin d'expliquer ces crises, mais il aurait été plus utile d'employer aussi des termes empruntés à la spiritualité pour le faire.

J'ai en effet fini par incorporer des éléments du vocabulaire de la spiritualité dans mes bilans énergétiques après avoir pris soudainement conscience, lors d'un atelier, qu'il existait des éléments communs entre le système des chakras qu'on trouve au sein des religions orientales et celui des sacrements institués par les religions occidentales. En donnant la première conférence de cet atelier, je dessinai sur le tableau sept cercles en ligne verticale, représentant les centres de pouvoir du système énergétique humain. En reculant pour contempler ces cercles vides, l'idée me vint que non seulement les chakras sont au nombre de sept, mais qu'au sein de la religion chrétienne il existe aussi sept sacrements. C'est à ce moment précis que je compris que ces deux modèles transmettaient un message identique. Lorsque, plus tard, j'étudiai ces derniers d'une manière plus approfondie, j'appris également que la Kabbale contenait sept enseignements avec lesquels il était possible d'établir des correspondances. Les similitudes que je découvrais entre ces trois traditions me firent réaliser qu'aspirer à une vie spirituelle représente pour les êtres humains bien plus qu'un besoin d'ordre psychologique ou affectif : c'est aussi un besoin ancré dans le corps biologique. L'âme et l'esprit, l'énergie et le pouvoir individuel émanent d'une seule et même force.

Les sept vérités sacrées que partagent chacune de ces trois traditions constituent l'essence même de notre pouvoir spirituel. Elles nous enseignent comment orienter le pouvoir, ou force de vie, qui circule dans tout notre être. Ces vérités prennent corps en nous par l'entremise des sept centres de pouvoir. Elles font partie du système physique et constituent un guide intérieur présent dans chaque être humain, tout en formant aussi un système universel indépendant dont le double objectif est d'orienter nos comportements sur le plan spirituel et de générer la santé. Notre devoir spirituel en ce monde consiste à équilibrer les énergies du corps et de l'esprit, de la pensée et de l'action, du pouvoir physique et du pouvoir mental. Il existe déjà au sein même de l'organisme humain un programme de guérison intégrée.

Dans le Livre de la Genèse, il est expliqué que le corps d'Adam a été créé « à l'image de Dieu ». Le message contenu dans cette phrase peut être pris à la fois dans son sens littéral et dans son sens symbolique. Il signifie que les êtres humains sont des reproductions énergétiques à l'image du pouvoir divin, c'est-à-dire un système constitué de sept formes d'énergie primaire ; ces dernières nous révéleront les vérités qu'elles contiennent pour autant que nous aspirions à les découvrir et à les cultiver tout au long de cette expérience que l'on appelle la vie.

Une fois que j'eus pris conscience de tout ceci, je ne pus continuer à n'utiliser que les termes provenant du vocabulaire énergétique et je commençai à intégrer des notions spirituelles dans les diagnostics intuitifs que j'effectuais. Étant donné que le modèle biologique selon lequel nous sommes constitués est aussi un modèle de nature spirituelle, le langage auquel j'ai recours, alliant celui de l'énergie à celui de l'âme, est inspiré de plus d'une tradition et de plus d'un système de croyances. Cette fusion contribue à créer des voies de communication entre les religions et incite même des gens à revenir à des traditions culturelles et religieuses qu'ils avaient précédemment rejetées, parce qu'elles sont maintenant délestées de leur dogmatisme. Les participants à mes ateliers s'ouvrent d'emblée à ce langage qui leur permet de faire face aux épreuves que constituent la maladie, les troubles liés au stress ou la détresse affective. Un tel cadre spirituel les aide à situer le problème dont ils souffrent ; le processus de guérison s'en trouve accéléré grâce au sens profond qu'il réussit à conférer à cette crise. Ils deviennent alors capables de s'aider à guérir ; ils deviennent maîtres d'œuvre de leur état de santé et se réinventent une existence. Tout stress vécu par les êtres humains correspond à une crise d'ordre spirituel ; cette dernière est une chance qui nous est offerte de faire l'apprentissage de la spiritualité et de jeter un éclairage nouveau sur la manière dont nous pouvons avoir recours à l'âme et au pouvoir individuel, que ce soit à bon ou à mauvais escient, dans toute situation de maladie.

La plupart des traditions religieuses et culturelles, allant de la Grèce antique à l'hindouisme en passant par la Chine et la culture maya, conçoivent l'origine de la conscience humaine, de l'esprit ou du pouvoir comme étant de source divine. Dans toutes les cultures, il existe des mythes explicitant la nature du lien entre le Divin et l'humain, dans lesquels les dieux s'unissent à des êtres humains pour donner naissance à des êtres qui ressemblent en tout ou en partie à des créatures divines. Celles-ci représentent tout le spectre des comportements humains : actes de création, de destruction et de vengeance ; petits crimes instigués par la jalousie, la rivalité, le dépit ; actes transcendants marqués par la métamorphose, la sexualité et la sensualité. Ces mythologies divines issues des cultures anciennes ont ainsi servi à explorer les aspects psychologiques et affectifs de la nature humaine et des pouvoirs dont est investie l'âme humaine. Chaque culture a su exprimer sa propre vision des transformations et des passages nécessaires à toute quête spirituelle universelle – la quête du héros, pour reprendre les termes de l'écrivain Joseph Campbell.

La tradition juive présente un cas unique parmi les histoires divines, puisque Yahweh n'est jamais représenté comme un être de nature sexuelle. Il possède une main droite et une main gauche, mais la description « ne descend pas plus bas ». À l'encontre des autres traditions spirituelles, la religion juive n'a doté Yahweh que de quelques qualités humaines, accentuant ainsi l'écart entre l'humain et le Divin et rendant ce dernier encore plus inaccessible.

Or, à l'aube du christianisme, certains fidèles juifs donnèrent une forme humaine à Dieu en la personne de Jésus, fils de Dieu. Pour les autres juifs de l'époque, l'hérésie consistait à avoir franchi la barrière biologique en donnant comme point de départ à la nouvelle théologie un événement de nature bio-spirituelle : l'Annonciation. Celle-ci peut être décrite de la manière suivante : l'ange Gabriel annonce à Marie qu'elle est l'élue de Dieu et qu'elle portera un fils auquel elle donnera le nom de Jésus ; cela implique que Dieu est en fait le père de l'enfant. Yahweh, le principe divin jusque-là abstrait du judaïsme, s'unit donc soudainement à une femme.

Les chrétiens font de la naissance de Jésus ce qu'on pourrait appeler une « théologie biologique » et se fondent sur la vie de celui-ci pour avancer que l'humanité a été créée « à l'image de Dieu ». Les juifs tout comme les chrétiens croyaient que le corps physique, en particulier le corps masculin, ressemblait à celui de Dieu. Des écrits récents en théologie ont remis en question cette conception, visant à la remplacer par la notion d'une ressemblance d'ordre spirituel, mais l'idée d'une ressemblance sur le plan biologique persiste toujours malgré tout. Celle-ci demeure un élément fondamental de la tradition judéochrétienne tant au sens littéral que du point de vue symbolique.

Tous les mythes spirituels ont donc ce point en commun, c'est-à-dire qu'il y ait eu cette nécessité d'une union entre le corps de l'être humain et l'essence divine, et que cette dernière soit partie intégrante de la chair et du sang, de l'esprit et de l'âme. Toutes les conceptions de la nature spirituelle du Divin reflètent aussi les qualités et les caractéristiques humaines les meilleures. Puisque nous savons éprouver de la compassion, Dieu doit donc être compassion ; puisque nous sommes capables de pardon, Dieu est pardon ; puisque nous savons aimer, Dieu est amour ; et parce que nous aspirons à la justice, la justice divine doit gouverner nos efforts à distinguer le bien du mal. Dans les traditions orientales, la justice divine est la loi du karma ; dans le monde chrétien, elle est inscrite dans la règle d'or. Le Divin a été intégré dans toutes les sphères de nos vies, dans nos pensées et dans nos actes.

De nos jours, les personnes en quête de spiritualité essaient d'intégrer à la vie quotidienne une conscience des choses sacrées ; les gestes qu'elles posent et les attitudes qu'elles expriment se veulent le reflet d'une essence spirituelle. Elles aspirent à une forme personnelle d'autorité spirituelle, laquelle n'a plus rien à voir avec la vision classique selon laquelle le lien qui nous unit à Dieu est de nature parentale ; voilà le signe d'une nouvelle maturité du point de vue spirituel. Celle-ci nous aura permis non seulement d'apprendre à interpréter nous-mêmes les messages profonds contenus dans les textes sacrés, mais également à déchiffrer le langage spirituel du corps. À mesure que nous prenons conscience de l'influence que peuvent avoir nos pensées et nos attitudes (notre vie intérieure) sur notre corps physique et notre vie extérieure, nous n'éprouvons plus le besoin de concevoir Dieu comme un parent à qui nous sommes entièrement soumis. Ayant atteint l'âge adulte sur le plan spirituel, nous sommes en mesure d'assumer pleinement la responsabilité de notre vie et de notre santé et d'en devenir les maîtres d'œuvre. Exercer la capacité de choisir et en assumer les conséquences est un des éléments fondamentaux de la maturité spirituelle.

Voici donc le projet que nous soumet le Divin, le contrat sacré auquel nous sommes tenus d'adhérer ici-bas. Il consiste d'abord à choisir quelles pensées et quelles attitudes seront les nôtres au cours de l'existence. Auparavant, « choisir » se résumait à la capacité de réagir à ce que Dieu nous imposait ; désormais, nous sommes des participants actifs, nous collaborons à la création de notre corps physique par le truchement de la force créative que génèrent nos pensées et nos émotions. Les sept vérités sacrées de la Kabbale, les sacrements chrétiens et les chakras hindous peuvent nous guider dans ce processus de transformation vers la maturité et la conscience spirituelle. Leurs enseignements à la fois concrets et symboliques nous aident à redéfinir la notion de santé spirituelle et biologique et à mieux saisir ce qui contribue au maintien de la santé, à comprendre ce qui nous rend malade et ce qui nous aide à guérir.

Les sept vérités sacrées transcendent les frontières culturelles et constituent du point de vue symbolique un plan des chemins à suivre dans notre quête existentielle, plan déjà imprimé dans notre organisme biologique. Tous les textes sacrés révèlent que le but de l'existence consiste à cerner et à développer la nature du pouvoir de l'âme, lequel est essentiel à notre bien-être psychologique et physique. Abuser de ce pouvoir affaiblit l'âme et évacue la force vitale à l'extérieur du corps physique.

Puisque l'énergie divine est partie inhérente du système biologique, chaque pensée qui traverse notre esprit, chaque croyance que nous entretenons et chaque souvenir auquel nous nous accrochons se traduit par une commande négative ou positive qui est ensuite transmise au corps et à l'âme. Envisager les choses sous cet angle a quelque chose de grandiose mais d'intimidant tout à la fois, parce que cela nous fait réaliser qu'il n'existe nulle partie de nos vies ou de nos pensées dans laquelle le pouvoir ne soit manifeste et que rien n'est chose privée. Nous sommes des créatures biologiques façonnées à l'image du modèle divin. Une fois que vous aurez fait vôtre cette vérité, votre vie ne sera plus jamais une vie ordinaire.

LE POUVOIR SYMBOLIQUE
DES SEPT CHAKRAS

Les religions orientales enseignent que le corps humain comporte sept centres énergétiques. Chacun d'eux est porteur d'une leçon de vie spirituelle que nous devons maîtriser afin de pouvoir accéder à un niveau de conscience supérieur. Ce ne fut qu'après avoir effectué des bilans intuitifs pendant plusieurs années que je me suis rendu compte qu'instinctivement je me concentrais invariablement sur ces sept centres d'énergie. Cette symbolique ancienne et sacrée décrit de manière remarquablement précise le fonctionnement du système énergétique humain, ses habitudes et ses tendances.

Le système des chakras est une représentation archétype des sept étapes distinctes de la maturation chez l'individu. Les chakras sont alignés selon un axe vertical qui part de la base de la colonne vertébrale jusqu'au sommet du crâne, ce qui suggère qu'à mesure que nous réussissons à maîtriser l'attrait qu'exerce sur nous le monde physique, nous nous élevons de plus en plus vers le Divin. À chaque étape, nous approfondissons notre compréhension du pouvoir individuel et spirituel, puisque chaque chakra symbolise une leçon ou une épreuve spirituelle par laquelle doivent passer tous les êtres humains. À chaque étape que nous réussissons à franchir, nous accédons à une nouvelle dimension du pouvoir et de la connaissance de soi, laquelle est intégrée par l'âme ; c'est ainsi que nous progressons pas à pas sur le chemin menant vers la conscience spirituelle, poursuivant la quête classique du héros.

Voici un très bref aperçu des leçons spirituelles représentées par chacun des sept chakras (figure 3).

Le premier chakra : les leçons ayant trait au monde matériel.

Le deuxième chakra : les leçons ayant trait à la sexualité, au travail et aux désirs matériels.

Le troisième chakra : les leçons ayant trait au moi, à la personnalité et à l'estime de soi.

Le quatrième chakra : les leçons ayant trait à l'amour, au pardon et à la compassion.

Le cinquième chakra : les leçons ayant trait à la volonté et à l'expression.

Le sixième chakra : les leçons ayant trait à l'esprit, à l'intuition, à la perspicacité et à la sagesse.

Le septième chakra : les leçons ayant trait à la spiritualité.

Les sept leçons spirituelles visent à nous guider vers un niveau de conscience supérieur. S'il arrivait cependant que nous n'assumions pas nos responsabilités et que nous soyons obligés d'aborder consciemment ces leçons, leur énergie pourrait se manifester par la maladie. Au sein de maintes traditions spirituelles orientales, la maladie est perçue comme un affaiblissement du pouvoir individuel ou de l'âme. Les ressemblances entre les principales traditions spirituelles illustrent bien comment les liens établis par elles entre l'âme et le corps, la maladie et la guérison, traduisent l'universalité de l'expérience humaine.

Si l'on étudie à leur tour les sept sacrements chrétiens, selon leur sens symbolique plutôt que littéral, on s'aperçoit qu'on peut établir un parallèle entre ceux-ci et les sept chakras quant à l'interprétation qu'on peut en faire.

LE POUVOIR SYMBOLIQUE
DES SACREMENTS CHRÉTIENS

À ses débuts, l'Église chrétienne identifia sept sacrements, rituels auxquels on a officiellement accordé un statut et qui devaient être administrés par ses représentants. Ces sacrements étaient et sont

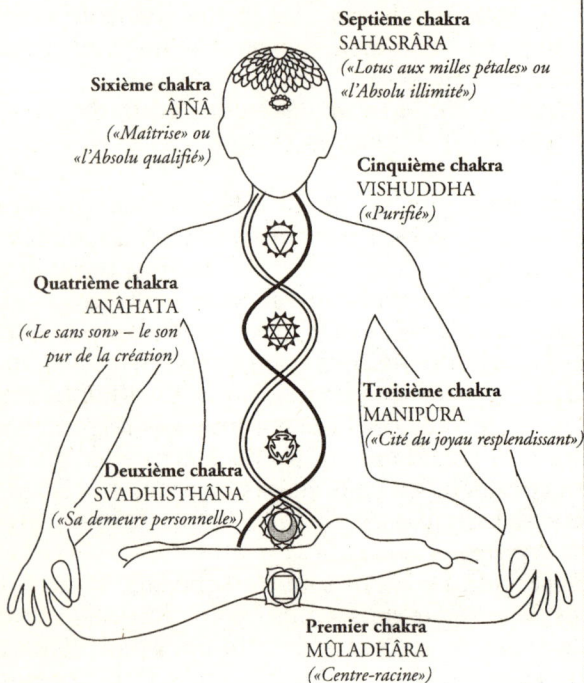

Figure 3 : Les sept centres de pouvoir ou chakras du système kundalinî.

Septième chakra
SAHASRÂRA
(*«Lotus aux milles pétales» ou «l'Absolu illimité»*)

Sixième chakra
ÂJÑÂ
(*«Maîtrise» ou «l'Absolu qualifié»*)

Cinquième chakra
VISHUDDHA
(*«Purifié»*)

Quatrième chakra
ANÂHATA
(*«Le sans son» – le son pur de la création*)

Troisième chakra
MANIPÛRA
(*«Cité du joyau resplendissant»*)

Deuxième chakra
SVADHISTHÂNA
(*«Sa demeure personnelle»*)

Premier chakra
MÛLADHÂRA
(*«Centre-racine»*)

Les chakras sont représentés sous forme de lotus. Les spirales illustrées ci-haut mettent en contraste les énergies respectives de la psyché et de l'âme : les énergies ardentes représentées par la spirale de couleur foncée, et les énergies légères et spirituelles, représentées par la spirale de couleur pâle ; ces deux pôles doivent être harmonisés.

Adapté de Joseph Campbell, *The Mythic Image* (Princeton, N.J. : Princeton University Press, 1974).

jours des cérémonies sacrées qui servent à toucher l'individu «par la grâce ou l'énergie divine », pour employer des termes chrétiens. Chaque sacrement a trait à une qualité particulière de la grâce. Bien que, de nos jours, on associe généralement les sacrements chrétiens à l'Église catholique, d'autres traditions d'inspiration chrétienne pratiquent toujours certains d'entre eux, dont le baptême, le mariage et l'ordination.

Si on porte un regard symbolique sur les sacrements, on peut avancer que chacun représente une étape dans le cheminement spirituel d'un individu, en ce qu'il est une façon d'inviter le Divin à pénétrer l'âme du fidèle. Le terme *sacrement* renvoie lui-même au rituel en vertu duquel on invoque le pouvoir sacré pour que ce dernier imprègne l'âme d'un individu. La portée symbolique des sacrements transcende leur sens religieux ; je tiens à préciser qu'en y faisant référence je ne cherche absolument pas à avancer que recevoir les sacrements chrétiens est chose nécessaire.

Chacun des sacrements fournit l'occasion d'accomplir une tâche symbolique, laquelle permet d'acquérir une plus grande maturité du point de vue de l'esprit et de la guérison. Ils décrivent également de manière concrète ce qui doit être fait à diverses étapes importantes de la vie afin que la responsabilité individuelle coïncide avec la maturité spirituelle. Les sacrements sont des gestes que nous posons, en plus d'être des rituels qui sont célébrés à notre intention. Ils représentent les pouvoirs que nous sommes habilités à accorder à autrui et que nous pouvons recevoir d'autrui. Réfléchissez par exemple au sacrement du baptême, par lequel une famille accepte d'assumer la responsabilité du bien-être physique et spirituel de l'enfant que ses membres ont mis au monde. Le défi qui nous est lancé en tant qu'adulte ayant atteint la maturité spirituelle est d'accepter de manière symbolique la famille dans laquelle nous sommes nés, et ce avec gratitude. En termes symboliques, le baptême signifie également qu'il faut rendre hommage à sa famille et à soi-même, tout en pardonnant à ceux de ses membres qui ont pu nous faire de la peine ou nous causer du tort durant l'enfance. La puissance du pardon est précisément du même ressort que le pouvoir de la guérison physique.

Les sept sacrements et les fonctions symboliques qui les caractérisent sont les suivants :

Le baptême : recevoir ou accorder la grâce qui représente la gratitude envers le don de la vie qui nous est fait en ce monde.

La communion : recevoir ou accorder la grâce sous la forme d'une « hostie », symbole de l'union avec Dieu et autrui.

La confirmation : recevoir ou accorder la grâce selon laquelle on valorise l'individualité et l'estime de soi.

Le mariage : recevoir ou donner une bénédiction consacrant l'union avec soi-même, symbole de la reconnaissance du principe selon lequel il faut s'aimer soi-même avant de pouvoir véritablement aimer autrui.

La confession : recevoir ou accorder la grâce nécessaire pour purifier l'âme des actes négatifs qu'elle a posés.

L'ordination : recevoir ou accorder la grâce qui consacre l'engagement spirituel.

L'extrême-onction : recevoir ou accorder la grâce nécessaire pour régler ses affaires ici-bas avant la mort, non seulement au moment où elle survient mais aussi chaque fois que se présente l'occasion de manifester son amour «dans le temps présent».

Ces sept étapes résument donc la démarche d'initiation que chacun dit traverser ; elles symbolisent les pouvoirs inhérents que nous sommes appelés à développer et dont nous devons nous servir consciemment pour résoudre les problèmes que la vie met sur notre chemin.

LE POUVOIR SYMBOLIQUE DES DIX SEFIRÔT

Les dix sefirôt, que l'on retrouve dans l'Arbre de Vie de la Kabbale, appartiennent à une tradition fort complexe dont l'évolution s'est déroulée sur plusieurs siècles, et qui rappelle de manière saisissante les enseignements livrés par les chakras et les sacrements. La Kabbale, issue du Moyen Âge, a décrit les dix sefirôt comme dix attributs de la nature divine. Puisque trois de ces sefirôt sont étroitement associées à trois autres, on peut donc parler de *sept* niveaux, lesquels sont souvent représentés comme un Arbre de Vie mythique renversé dont les racines pousseraient vers le haut. Selon Daniel Chanan Matt dans *The Zohar: The Book of Enlightenment* (Paulist Press, 1983), les dix sefirôt sont la représentation du projet divin, en vertu duquel il est enseigné que «l'être humain est créé à l'image de Dieu» (Genèse 1, 27). Le Divin partage ces dix attributs avec les êtres humains ; ce sont des pouvoirs spirituels qui nous sont confiés avec la tâche de les développer et de les raffiner tout au long de l'existence.

Bien que le judaïsme entretienne une image très abstraite de Dieu, les dix sefirôt permettent de saisir autant d'aspects de la personnalité de Yahweh qu'il est permis de le faire. Au contraire des autres religions, les prophètes n'ont jamais été considérés au sein du judaïsme comme des incarnations du Divin. À l'origine du bouddhisme, par exemple, c'est un homme, Siddharta, qui fut consacré afin de porter le message de l'illumination aux peuples de la terre. La force de Dieu n'est pas représentée au sein du bouddhisme en termes qui évoqueraient l'être humain ; l'hindouisme comporte quant à lui de nombreux dieux qui sont descendus sur terre et, au sein du christianisme, c'est le « fils de Dieu » qui vécut durant trente-trois ans au milieu des êtres humains.

Les dix sefirôt sont donc des attributs du Divin qui décrivent par le fait même l'être humain archétype. Ils sont interprétés comme étant l'essence de Dieu tout en indiquant les voies par lesquelles l'être humain peut retourner à Dieu. D'attribut en attribut, les « noms » ou les « visages » de Dieu font l'objet d'une révélation toujours plus puissante. Les qualités auxquelles les sefirôt réfèrent sont souvent décrites comme les habits du Roi, ces vêtements qui nous permettent de contempler le Roi, source de la lumière divine, sans être aveuglés par lui. L'autre image fournie par la Kabbale, celle de l'arbre renversé, rappelle que chacun des dix attributs émane du plus profond de la nature divine et sert à nous élever vers le ciel par l'entremise de la prière, de la contemplation et de nos actes. Notre tâche consiste à atteindre la source divine en faisant en sorte que chacune des qualités que nous possédons s'épanouisse.

Voici les dix sefirôt présentées dans l'ordre approprié, avec leurs noms les plus courants et la symbolique (voir figure 4) qui leur correspond.

Keter (quelquefois appelée Keter Elyon) : la couronne suprême de Dieu, qui représente cette part du Divin pouvant se manifester dans le monde matériel. C'est la moins bien définie des sefirôt, regroupant le plus grand nombre de notions. Il n'existe ni identité ni spécificité à ce point d'origine entre le ciel et la terre.

Hôkma : la sagesse. Cette sefira représente le point de contact entre l'Esprit divin et la pensée humaine. Grâce à cette énergie, le matériel commence ici à se manifester ; la forme précède l'expression. Cette sefira pourrait être associée au concept d'énergie inconsciente chez Jung appelée l'animus, laquelle a des qualités masculines. Elle est couplée à Bina, la troisième sefira.

Bina : la clairvoyance et l'intelligence de Dieu. Bina est aussi la Mère Divine, la matrice dans laquelle tout est en place pour la naissance. C'est l'anima, l'équivalent de Hôkma.

Hesed : l'amour ou la miséricorde de Dieu ; la grandeur également. Cette sefira est couplée à la cinquième sefira, Gebûra.

Gebûra (aussi connue sous le nom de Din) : le pouvoir, le jugement et le châtiment. Hesed et Gebûra représentent le bras droit et le bras gauche de Dieu, et s'équilibrent.

Tif'eret (aussi connue sous le nom de Rahamin) : la compassion, l'harmonie et la beauté. Cette sefira constitue le tronc de l'arbre ou, pour employer un symbole comparable, son cœur.

Netsah : l'endurance de Dieu. Elle est couplée à la huitième sefira, Hôd ; toutes deux représentent les jambes du corps.

Hôd : la majesté de Dieu. Netsah et Hôd sont la jambe droite et la jambe gauche de Dieu. Ces deux sefirôt sont à l'origine des prophéties.

Yesôd : le phallus ; la force procréatrice de Dieu ; l'énergie sous sa forme matérielle. Cette sefira est aussi connue sous le nom du Vertueux, dont on dit dans Proverbes (10, 25) qu'il est « fondement du monde ».

Shekhinah (aussi connue sous les noms de Keneset Yisra'le et de Malkhut ou Malkhuth) : le principe féminin, la communauté mystique d'Israël. Tout Israël est contenu dans ses membres (Zohar 3:23 Ib). Shekhinah est un principe féminin. Elle équilibre l'énergie masculine de Yesôd et porte plusieurs noms féminins : Terre, Lune, Rose, Jardin d'Éden. Elle est la force de vie qui s'enracine, elle est nourriture pour tout ce qui est vivant.

Lorsque Tif'eret (la compassion) et Shekhinah (le principe féminin) s'unissent, l'âme humaine s'éveille ; c'est le début de la quête mystique. C'est à partir de ce moment que les sefirot cessent d'être des notions abstraites ; elles fournissent un plan détaillé pour le développement spirituel, guidant les individus au cours de leur ascension vers Dieu.

Même si elles ne sont ici analysées que sommairement, ces quelques notions suffisent à rendre compte que les chakras, les sacrements et les sefirôt renvoient, du point de vue du sens, aux mêmes archétypes. Si vous avez déjà réussi à saisir la portée symbolique de chacune de ces traditions, vous voilà sur la bonne voie : vous avez commencé à faire usage du pouvoir de la vision symbolique. Vous êtes maintenant capable d'envisager la théologie comme une science de la guérison du corps, de l'esprit et de l'âme.

Réunies dans un modèle unique, les sages notions contenues dans les chakras, le pouvoir sacré inhérent aux sacrements chrétiens et les caractéristiques divines décrites dans les sefirôt peuvent nous éclairer sur les besoins de l'âme et du corps humain. Ce qui sert à l'épanouissement de l'âme sera bénéfique pour le corps ; ce qui contribue à en amoindrir la valeur aura du même coup des répercussions au sein de l'organisme.

LES CHAKRAS, LES SACREMENTS ET LES SEFIRÔT RÉUNIS DANS UN MÊME MODÈLE

Il existe sept niveaux de pouvoir dans le système biologique, chacun étant l'assise d'une vérité sacrée et unique. Ces vérités émettent continuellement des pulsations, nous incitant à utiliser à bon escient le pouvoir qui s'en dégage. Nous venons tous au monde munis de cette connaissance intérieure selon laquelle les sept vérités sont déjà inscrites dans notre système énergétique. Par conséquent, transgresser ces vérités équivaut à affaiblir à la fois l'âme et le corps, tandis que les observer accroît leur force vitale.

L'énergie est pouvoir. Nos corps ont besoin d'énergie ; par conséquent, ils ont besoin de pouvoir. Les chakras, les sefirôt et les sacrements font tous allusion à notre rapport au pouvoir ; ils nous indiquent comment en acquérir la maîtrise sur le plan personnel à travers une démarche qui croît en intensité à chaque étape. Au premier niveau, par exemple, nous apprenons à composer avec l'identité de groupe et la notion de pouvoir au sein de la famille ; lorsque nous parvenons à des échelons supérieurs, le pouvoir devient une question d'ordre individuel, un élément dont nous avons à acquérir la maîtrise en tant

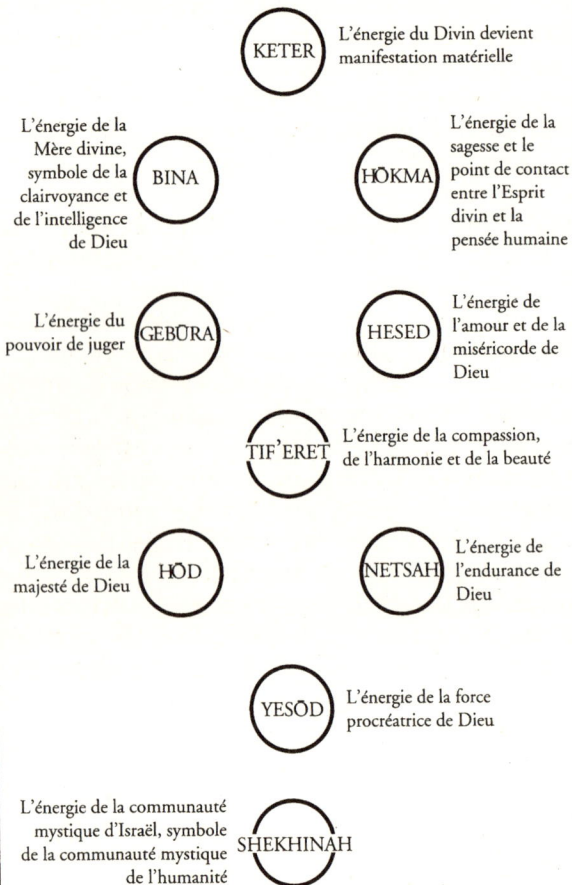

Figure 4 : Les dix sephirôt : l'arbre de Vie.

KETER — L'énergie du Divin devient manifestation matérielle

BINA — L'énergie de la Mère divine, symbole de la clairvoyance et de l'intelligence de Dieu

HOKMA — L'énergie de la sagesse et le point de contact entre l'Esprit divin et la pensée humaine

GEBURA — L'énergie du pouvoir de juger

HESED — L'énergie de l'amour et de la miséricorde de Dieu

TIF'ERET — L'énergie de la compassion, de l'harmonie et de la beauté

HOD — L'énergie de la majesté de Dieu

NETSAH — L'énergie de l'endurance de Dieu

YESOD — L'énergie de la force procréatrice de Dieu

SHEKHINAH — L'énergie de la communauté mystique d'Israël, symbole de la communauté mystique de l'humanité qu'adulte. Peu à peu, nous apprenons à contrôler notre esprit, nos pensées et notre âme. Tout choix que nous effectuons, qu'il soit motivé par la foi ou par la peur, oriente notre âme vers l'une ou l'autre direction. Une âme poussée par la peur communique cette émotion au champ énergétique et à l'organisme ; cependant, si elle est guidée par la foi, la grâce reviendra alors habiter le champ énergétique, et l'organisme biologique s'épanouira.

Les trois traditions réunies ici maintiennent toutes que libérer l'âme dans le monde physique sous l'impulsion de la peur ou des sentiments négatifs est un acte dépourvu de foi ; celui-ci est motivé par la volonté personnelle plutôt que par la volonté céleste. Selon les préceptes de la spiritualité orientale, tout acte que nous posons a une portée quelconque qu'on désigne par le terme « karma » ; les actes conscients créent un karma positif, tandis que ceux qui sont motivés par la peur ou la négativité créent un karma négatif. Dans ce dernier cas, il est nécessaire de « sauver » son âme de la peur qui nous a fait poser un acte négatif. Au sein de la tradition chrétienne, la confession est le sacrement par lequel on sauve son âme des actes négatifs qu'elle a commis afin d'accéder ultérieurement au paradis. Quant au langage du judaïsme, il désigne par l'expression « faux dieu » une peur qui maintient un individu sous son emprise. Tout comme l'avait exprimé Rachel, mon maître de la tribu des Athabascans, nous devons rappeler à nous l'âme errante afin d'arriver à cheminer à nouveau sur la bonne voie.

Nous sommes à la fois matière et esprit. Si nous voulons appréhender qui nous sommes et cultiver la santé du corps et de l'esprit, il est nécessaire que nous comprenions quels sont les rapports qui unissent le corps et l'âme et quels facteurs contribuent à affaiblir la présence de l'âme et de la vitalité dans notre organisme, que nous apprenions comment sauver notre âme de l'emprise exercée par les faux dieux tels que la peur, la colère et les fixations sur les choses du passé. Lorsque nous entretenons une telle fixation, notre âme se trouve forcée de quitter le champ énergétique et « d'insuffler vie à la terre », comme c'est écrit dans la Bible ; cela s'accomplit au détriment de notre santé. Ce qui draine le corps épuise aussi l'âme ; ce qui le soutient la nourrit. Le pouvoir qui alimente notre corps, notre esprit et notre cœur ne trouve pas son origine dans l'ADN, mais dans la Divinité même. Voilà une vérité simple et éternelle.

Les trois vérités qui suivent se retrouvent dans chacune des trois traditions spirituelles auxquelles nous avons fait référence ; elles sont conformes aux principes de l'intuition médicale.

1. Mal orienter le pouvoir de son âme entraînera des conséquences dans son corps et dans sa vie.

2. Chaque être humain doit, au cours de sa vie, faire face à des difficultés qui mettront à l'épreuve sa fidélité envers Dieu. Celles-ci se manifesteront par la désintégration de l'un ou l'autre des éléments qui constituent une source de pouvoir physique chez un individu, prenant la forme d'événements inévitables tels que la perte des richesses, d'un membre de sa famille, de la santé ou du statut social. Ceux-ci occasionneront une crise sur le plan de la foi, à travers laquelle nous serons forcés de nous demander : « En quoi, ou en qui, ai-je foi ? À qui ai-je recommandé mon âme ? »
Mis à part les déchirures de cette envergure, c'est le plus souvent une perturbation de nature physiologique qui déclenchera un questionnement en profondeur et nous fera aspirer à « nous élever » sur les plans psychologique et spirituel ; un tel événement prend les proportions d'un séisme dans toute vie personnelle ou professionnelle. En effet, nous avons tous

tendance à porter notre regard vers le haut lorsque le sol sous nos pieds se met à trembler.

3. Afin de réorienter son âme dans la bonne direction, on doit être disposé à prendre les mesures nécessaires pour se libérer du passé, se purifier et revenir au moment présent. Cette maxime, tirée du *Livre de Daniel*, nous exhorte à la visualisation et à la prière dans le moment présent : « C'est maintenant que vous devez mettre votre foi en cette Parole. »

Figure 5 : L'organisme biologique, assise du pouvoir divin.

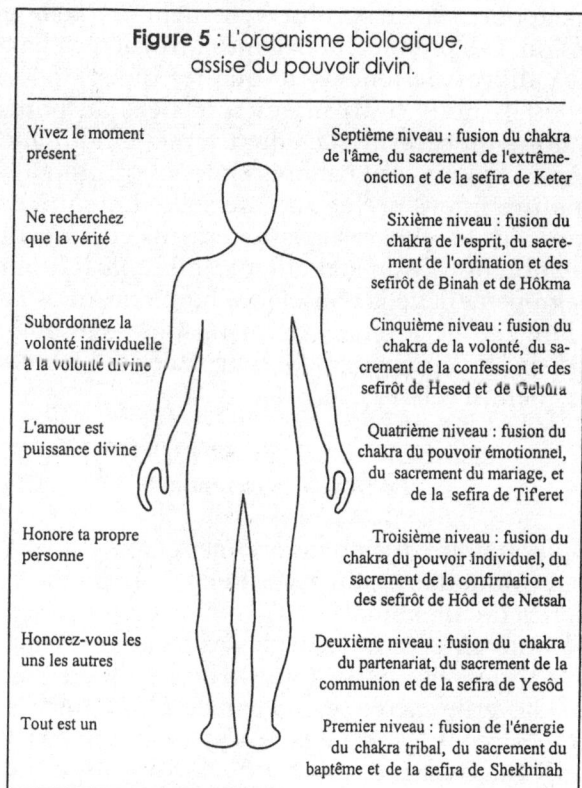

Vivez le moment présent

Ne recherchez que la vérité

Subordonnez la volonté individuelle à la volonté divine

L'amour est puissance divine

Honore ta propre personne

Honorez-vous les uns les autres

Tout est un

Septième niveau : fusion du chakra de l'âme, du sacrement de l'extrême-onction et de la sefira de Keter

Sixième niveau : fusion du chakra de l'esprit, du sacrement de l'ordination et des sefirôt de Binah et de Hôkma

Cinquième niveau : fusion du chakra de la volonté, du sacrement de la confession et des sefirôt de Hesed et de Gebûra

Quatrième niveau : fusion du chakra du pouvoir émotionnel, du sacrement du mariage, et de la sefira de Tif'eret

Troisième niveau : fusion du chakra du pouvoir individuel, du sacrement de la confirmation et des sefirôt de Hôd et de Netsah

Deuxième niveau : fusion du chakra du partenariat, du sacrement de la communion et de la sefira de Yesôd

Premier niveau : fusion de l'énergie du chakra tribal, du sacrement du baptême et de la sefira de Shekhinah

Au sein de chacune des trois traditions spirituelles, on retrouve donc la notion selon laquelle l'apprentissage effectué par l'âme doit être accompli lors de son passage dans le monde matériel et les épreuves auxquelles nous sommes soumis forment un ensemble cohérent.

Selon le système des chakras (figure 5), chaque centre d'énergie emmagasine un pouvoir particulier ; ces centres effectuent une progression, d'une forme physique dense à une substance éthérée et spirituelle. Ce qui est remarquable, c'est que les épreuves que nous apporte la vie suivent également une telle progression. Les premier, deuxième et troisième chakras sont calibrés de telle sorte que les questions auxquelles ils nous confrontent sont liées au pouvoir physique ou externe. Les quatrième, cinquième et sixième chakras sont calibrés en fonction du pouvoir de nature intérieure et immatérielle. Lorsque nous comparons les chakras aux sacrements et aux sefirôt, nous obtenons non seulement un scénario pour le développement de la conscience humaine, mais aussi un langage de la guérison et un plan symbolique décrivant les épreuves incontournables qui jalonnent tout chemin vers la guérison.

LES SEPT VÉRITÉS SACRÉES
Le pouvoir externe

Premier niveau : fusion du premier chakra ou chakra tribal (Mûlâdhâra), du sacrement du baptême et de la sefira de Shekhinah.

Le pouvoir créé à partir de ces trois forces archétypes transmet aux systèmes énergétique et biologique la vérité sacrée selon laquelle *Tout est un*. Nous sommes reliés les uns aux autres de même qu'à tout ce qui est vivant, et tous nous devons apprendre à observer cette vérité. En établissant un lien avec l'une ou l'autre de ces forces archétypes, nous puisons à même cette vérité. Le chakra tribal reflète le besoin que nous éprouvons d'honorer nos liens familiaux et d'adopter un code d'honneur pour soi-même. Notre premier contact avec la vérité *Tout est un* se fait à l'intérieur de la famille biologique, là où nous apprenons à respecter les « liens du sang ». C'est par le biais de la famille qu'il nous est parfois enseigné à l'église ou à la synagogue que « nous faisons tous partie de la même grande famille divine, que tout est un ». Votre lien avec votre famille biologique est un symbole du lien qui vous unit à autrui et à tout ce qui constitue la vie. Tout comme l'a formulé Thich Nhat Hanh, nous « inter-sommes ». Lorsque nous portons atteinte à ce lien énergétique en considérant par exemple que ceux qui sont différents de nous sont inférieurs, nous créons un conflit à l'intérieur même de notre âme et par conséquent de notre propre organisme. Embrasser le principe *Tout est un* et agir en respectant ce principe fondamental constituent l'une des tâches spirituelles universelles.

Par l'entremise du sacrement chrétien du baptême, une famille accepte de se soumettre à un engagement de double nature. D'abord, elle se chargera du bien-être physique du nouvel être vivant qui est né en son sein ; ses membres acceptent également d'assumer la responsabilité de l'éducation spirituelle de l'enfant. Un tel engagement veille à ce que les individus puissent tout au long de l'existence avoir recours aux bases solides que procurent la foi et des vérités bien ancrées.

En tant que symbole, le sacrement du baptême comporte deux autres engagements pour le fidèle d'âge adulte. En premier lieu, il nous faut parvenir à accepter sans réserve que la famille dans laquelle nous sommes nés a été « choisie par Dieu » et que c'est à travers elle que nous apprendrons les leçons que nous destine l'existence ; ceci constitue un besoin spirituel. En deuxième lieu, nous nous engageons aussi à vivre de manière responsable en tant que membre de la tribu humaine, à traiter les autres comme nous aimerions qu'ils nous traitent, et à respecter toute forme de vie sur terre. En observant ces deux engagements, nous nous administrons en quelque sorte nous-mêmes le baptême ; nous honorons nos propres vies. Si toutefois nous manquons à cet engagement, en adoptant par exemple une attitude négative envers notre famille, notre organisme énergétique se trouvera ainsi privé d'une quantité importante de pouvoir, parce qu'une telle attitude va à l'encontre de la vérité supérieure qui se trouve inscrite dans le système énergétique.

La sefira de Shekhinah, laquelle signifie « présence divine », renvoie à la conscience divine qui crée et protège la communauté mystique d'Israël. Vue dans une perspective symbolique universelle, la conscience divine crée et protège également toutes les tribus de l'espèce humaine. Shekhinah constitue la porte d'entrée vers le Divin : « Quiconque y pénètre doit entrer par cette porte » (Zohar 1 : 7b) ; voilà qui semble pertinent à notre propos, puisque Shekhinah renvoie de cette manière au premier chakra du système énergétique humain, le chakra tribal. Il suggère que l'ascension vers la vérité spirituelle commence d'abord et avant tout par le respect que nous devons manifester envers nos familles et envers toutes les communautés qui forment l'humanité.

Deuxième niveau : la fusion du chakra du partenariat (Svâdisthâna), du sacrement de la communion et de la sefira de Yesôd.

Le pouvoir créé à partir de ces trois forces archétypes transmet à nos systèmes énergétique et biologique la vérité sacrée suivante : *Honorez-vous les uns les autres*. De ce chakra nous recevons le pouvoir d'agir avec intégrité et avec honneur dans tout rapport avec autrui, que ce soit dans le mariage, en amitié ou dans le travail. L'énergie qui en découle est particulièrement active parce qu'elle se manifeste dans toute activité financière ou créatrice. L'intégrité et l'honneur sont des vertus nécessaires à la santé ; si nous les violons ou les compromettons de quelque façon que ce soit, notre âme et notre corps physique sont contaminés.

Vu de manière symbolique, le sacrement de la communion fait irradier en nous la vérité selon laquelle toute personne avec qui nous « partageons une union » est présente dans nos vies de par un projet divin. Lorsque nous « mangeons le pain » avec quelqu'un, nous reconnaissons de manière symbolique que nous faisons tous partie de la même famille spirituelle, que tous ceux qui nous entourent font partie du projet divin et que nous avons besoin les uns des autres pour nous enrichir mutuellement. Que certaines de ces « unions » soient douloureuses est nécessaire. Toute personne présente dans votre vie a un rôle essentiel à jouer en regard de votre développement personnel. Il vous incombe de démontrer la maturité nécessaire pour comprendre ceci et vivre en acceptant cette vérité. D'un point de vue spirituel, il est contre nature de considérer autrui comme un ennemi ou de se traiter soi-même comme tel. Les rapports de nature négative génèrent une énergie du même acabit, entravant ainsi la vision symbolique. Nous sommes incapables de percevoir le Divin au sein d'un rapport avec autrui que nous aurions choisi d'interpréter de manière négative.

La sefira de Yesôd renferme le deuxième chakra, l'énergie communautaire. Yesôd est le phallus ; il exprime le besoin de procréation, celui de semer les graines de la vie, de créer de la matière à partir de l'énergie, de la forme à partir de la virtualité. La création est un acte marqué par la réciprocité dans cette sefira, la vie émergeant d'un dualisme naturel. Du point de vue symbolique, Yesôd représente le besoin énergétique de former des unions sacrées avec autrui, desquelles émerge la continuité de la vie. Nous aspirons sur le plan spirituel à nous unir à ce qui est sacré chez les autres, à fusionner notre âme à celle d'autrui. L'intimité constitue une forme d'union sacrée, et la sefira de Yesôd nous conduit vers ceux et celles avec qui une telle union est possible. Nous portons atteinte à l'intégrité de notre âme lorsque nous ne respectons pas les vœux que nous avons prononcés lors d'une union sacrée ou lorsque nous les rompons de manière déshonorante. La vie nous demande parfois de réévaluer nos obligations ; des divorces se produisent qui mettent fin au mariage ou à d'autres types d'union. Le divorce n'est pas en soi un acte déshonorant ; nous sommes cependant tenus de prendre conscience de la façon dont nous nous y prenons pour nous affranchir d'un tel engagement.

Troisième niveau : fusion du chakra du pouvoir individuel (Manipûra), du sacrement de la confirmation et des sefirôt de Hôd et de Netsah.

Le pouvoir émergeant de ces quatre forces archétypes transmet à nos systèmes énergétique et biologique la vérité sacrée *Honore ta propre personne*. Celles-ci s'unissent pour nous inciter à développer estime et respect de soi. « L'intuition liée à la survie » est présente dans ce chakra, faculté servant à nous protéger lorsque nous sommes en danger et à nous prévenir de la menace que peuvent représenter l'énergie négative d'autrui et les actes de même nature posés par les autres. Nous perturbons l'équilibre énergétique lorsque nous choisissons de ne pas tenir compte de nos réactions instinctives face à de telles situations.

La portée symbolique du sacrement de la confirmation réside dans l'acceptation de la responsabilité de la part d'un individu quant aux qualités qui le définissent. Accéder à la conscience fait partie d'une expérience « d'initiation » ou d'un « rite de passage ». Une telle expérience ou cérémonie est nécessaire, en ce qu'elle fournit à l'âme cette balise qui lui indique qu'on entre de plain-pied dans l'âge adulte. L'absence d'un tel signe peut laisser une impression négative ou de vide, que ce soit consciemment ou inconsciemment, qui s'exprimera éventuellement par des faiblesses sur le plan psychologique. Ces dernières se manifestent parfois de la façon suivante : un besoin constant de se faire approuver par les autres, ce qui peut conduire à s'identifier de façon malsaine à un gang, à une secte ou à d'autres groupes du même type ; être incapable d'estime de soi et de développer une saine image de soi en tant qu'individu. Arriver à tirer profit des conseils intuitifs que procure l'âme exige que l'on ait un sens de l'identité bien développé et que l'on éprouve du respect envers soi-même.

L'estime de soi joue un rôle tout aussi fondamental dans la guérison et dans le maintien de l'état de santé. Une personne incapable de se témoigner du respect n'entretiendra avec autrui que des rapports intimes marqués par la fragilité et le temporaire. Nous craignons constamment d'être abandonnés parce que c'est la terreur ressentie face à la perspective d'être seuls qui motive notre comportement. Arriver à « confirmer » son existence, c'est-à-dire à développer en toute conscience et à observer un code d'honneur personnel, est un des éléments essentiels à la création d'un corps sain. Aucune santé n'est possible sans honneur.

Le symbolisme porté par à la sefira Netsah a trait à l'endurance, c'est-à-dire à la capacité d'entretenir sa force et sa résistance au-delà des capacités du seul corps physique. Ce pouvoir nous est accordé lorsque nous parvenons enfin à accepter notre vie telle qu'elle est ; par contre, il nous glisse entre les doigts lorsque nous nous concentrons sur ce qui nous fait défaut, ou lorsque nous considérons que la vie est vide et n'a aucun sens, et qu'il nous reste encore à apprendre comment en assumer l'entière responsabilité. La sefira de Hôd renvoie de manière symbolique à la majesté et à l'intégrité, lesquelles confèrent une énergie qui nous permet de transcender les limites du moi et de nous éveiller au rapport spirituel qui nous lie à l'autorité divine. L'énergie de Hôd est rehaussée par une attitude d'appréciation et de gratitude envers tout ce que nous possédons, et pour le don de vie qui nous a été fait.

Sur le plan symbolique, Netsah et Hôd représentent les jambes du corps humain. Juxtaposées aux énergies féminines et masculines au troisième chakra, ces sefirôt évoquent la nécessité de transformer la dualité intérieure en union spirituelle, tout en nous rappelant que sans estime de soi et sans honneur personnel, il est impossible de se tenir debout, tant au sens littéral que symbolique.

Le pouvoir intérieur

Quatrième niveau : fusion du chakra du pouvoir affectif (Anâhata), du sacrement du mariage et de la sefira de Tif'eret.

Le pouvoir créé par ces trois forces archétypes transmet aux systèmes énergétique et biologique la vérité sacrée suivante : *L'amour est pouvoir divin.* Ce centre d'énergie correspond au point central du pouvoir au sein de l'organisme énergétique humain, une porte d'entrée symbolique vers le monde intérieur qui nous constitue.

L'énergie de ce chakra nous apprend que seul l'amour représente un pouvoir authentique. L'amour ne répond pas aux seuls besoins de l'esprit et de l'âme ; le corps physique en a également besoin pour survivre et s'épanouir. Nous perturbons l'énergie de ce chakra lorsque notre comportement à l'égard d'autrui est dépourvu d'amour. Nourrir des sentiments négatifs envers autrui ou envers nous-mêmes, de même que faire souffrir autrui de manière intentionnelle, sont des comportements qui contribuent à intoxiquer notre propre constitution physiologique et spirituelle. Le poison de loin le plus nocif pour l'âme humaine, c'est de ne pas pouvoir se pardonner à soi ou à quiconque pour quelque chose ; les ressources affectives d'un individu s'en trouvent diminuées. Le quatrième chakra nous incite à affiner notre capacité à nous aimer nous-même et à aimer autrui, et à développer celle de pardonner.

Le sacrement du mariage, du point de vue symbolique, nous rappelle la nécessité d'explorer les différentes facettes de l'amour et notre responsabilité face à lui. Il faut en premier lieu s'aimer soi-même et notre premier mariage doit être symbolique : il faut s'engager à respecter ses propres besoins sur le plan affectif, pour pouvoir ensuite mieux aimer et accepter les autres inconditionnellement. Apprendre à faire cela représente une épreuve de taille pour chacun de nous. Ce n'est pas là une faculté innée ; il faut travailler pour y parvenir. Se négliger sur le plan affectif revient à s'intoxiquer soi-même, de même qu'à empoisonner ses rapports avec autrui, en particulier dans le mariage.

La sefira de Tif'eret symbolise le cœur et le soleil au sein du corps humain ; ses pulsations propagent en nous les énergies de la compassion, de l'harmonie et de la beauté, ces qualités paisibles qui caractérisent l'amour. L'énergie irradiée par Tif'eret contribue à équilibrer toutes les qualités divines comprises dans les dix sefirôt. L'être humain est par nature un être de compassion qui, lorsque placé dans un environnement paisible et harmonieux, ne peut que s'épanouir. De telles énergies sont essentielles à la santé physique, au développement affectif et à des actes qui « émanent du cœur ». Nul degré de pouvoir ou somme d'argent ne peut réussir à satisfaire un cœur qui ne serait pas rempli des énergies vitales que sont l'amour et l'harmonie. Un cœur vide ne peut créer qu'une existence futile, laquelle aboutit souvent à la maladie, exprimant ainsi le manque d'harmonie de façon à ce qu'il soit, on l'espère, perçu par l'esprit. On doit redresser les torts causés au cœur, sinon la guérison sera impossible.

Cinquième niveau : fusion du chakra de la volonté (Vishudda), du sacrement de la confession et des sefirôt de Hesed et de Gebûra.

Le pouvoir créé par ces quatre forces archétypes transmet aux systèmes énergétique et biologique la vérité sacrée selon laquelle on doit *subordonner la volonté individuelle à la volonté divine*. Voilà le geste le plus significatif que nous pouvons poser afin de parvenir à la stabilité sur le plan spirituel. Nous avons tous conscience, à des degrés divers, d'être venus au monde pour une raison spécifique ; nous saisissons que la vie comporte un projet divin. Le cinquième chakra est le centre où se situe cette conscience, de même que le désir qui nous habite d'entrer en contact avec le Divin.

Nous acquérons la maturité en tentant de bâtir nos vies en accord avec ce que nous voulons. Nous commençons d'abord par nous séparer de nos parents ; nous établissons les assises de notre indépendance et nous cherchons à développer une carrière. Puis, inévitablement, une crise ou un événement survient : nous nous trouvons aux prises avec un emploi qui ne se déroule pas comme il était prévu, avec un mariage voué à l'échec, avec une maladie qui se développe. Quelle que soit la nature de la crise, nous sommes forcés de nous rendre compte de nos limites personnelles et de réaliser que nous sommes incapables de mener tel que prévu nos plans à terme. Une fois pris dans cette situation inévitable, nous commençons à nous interroger : « Que dois-je faire de ma vie ? Pourquoi suis-je venu au monde ? » Des questions de ce genre préparent le terrain grâce auquel nous accepterons de nous conformer au projet divin ; voilà le choix le plus fondamental qu'il nous est donné de faire durant notre existence.

Cet unique choix, effectué dans la foi et la confiance, est celui qui permettra à l'autorité divine de faire son apparition dans nos vies, de transformer nos luttes en victoires et nos blessures en forces. Que le désir que nous éprouvons de nous soumettre à l'autorité divine soit conscient ou non, nous pouvons compter sur le fait que les occasions pour ce faire se présenteront souvent. Nous pouvons aussi être motivés à faire ce choix lorsque nous prenons connaissance des expériences vécues par des gens qui ont lutté toute leur vie et n'ont connu que la douleur et l'échec avant de dire enfin à Dieu : « Je m'en remets à ta volonté. » La vie de ces gens se remplit alors d'événements d'un étonnant synchronisme, tandis que leur cœur voit de nouveaux liens se créer. Je n'ai encore rencontré personne qui ait regretté d'avoir lâché prise en déclarant au Divin : « Je t'appartiens. »

Le sacrement de la confession transmet de manière symbolique le message selon lequel défigurer la vérité va à l'encontre de notre nature profonde. Mentir viole l'intégrité à la fois de notre corps et de notre âme puisque le système énergétique associe le mensonge au poison. L'âme et le corps dépendent de l'honnêteté et de l'intégrité afin de pouvoir s'épanouir. C'est pour cette raison que nous éprouvons le besoin inhérent de nous délester de toute distorsion de la vérité que nous aurions pu créer. La confession est un moyen symbolique par lequel nous pouvons nous purger de tout ce qui n'est pas honorable en nous. Elle répare les dommages qui ont été faits lorsqu'un usage à mauvais escient du pouvoir a été fait. La purification de l'âme est l'étape la plus importante du processus de guérison. Dans les programmes de guérison psychologique et spirituelle tels que les programmes à douze étapes, se confesser et déférer à « une plus grande puissance que nous » constituent les étapes garantes du succès. La psychothérapie peut être considérée comme une forme contemporaine et séculaire de la confession. Cette dernière soustrait l'âme à l'autorité du monde matériel et l'oriente vers l'univers du Divin.

La sefira de Hesed signifie « grandeur » et « amour » ; c'est à travers celle-ci que nous est transmise la directive spirituelle en vertu de laquelle nous ne devons pas dire du mal d'autrui et que nous est octroyé l'instinct nécessaire pour y souscrire. L'énergie qui se dégage de cette sefira facilite une communication sans heurt, mais elle sera perturbée si nous ne disons pas la vérité et empoisonnera notre organisme. De plus, nous ne devons pas confesser nos méfaits à quelqu'un si cela devait lui faire encore plus de tort. Nous sommes appelés à nous confesser afin que notre énergie puisse être recanalisée vers un comportement positif, tout en nous libérant du poids des émotions négatives et culpabilisantes. Nous n'avons pas été créés pour critiquer ou dire du mal, que ce soit à notre propre sujet ou à celui d'autrui ; lorsque nous le faisons, c'est parce que nous sommes motivés par la peur. Les paroles blessantes qu'il peut nous arriver de prononcer nous contaminent, tout comme elles souillent la personne à qui elles sont destinées ; notre corps physique nous tient responsable de cette forme de destruction (le bouddhisme fait référence à la Parole parfaite). De notre sens inné de la responsabilité découle le sentiment de culpabilité que nous éprouvons après avoir posé un geste négatif ; voilà qui explique pourquoi nous nous sentons poussés à nous confesser pour accéder à la guérison.

Quant à la sefira de Gebûra, elle signifie « jugement » et « puissance » ; elle investit notre système énergétique de la conscience selon laquelle nous ne devons intentionnellement juger ni autrui ni nous-mêmes de manière négative. De tels jugements entraînent des conséquences négatives à la fois pour le corps et l'environnement externe.

Sixième niveau : fusion du chakra de l'esprit (Âjñâ), du sacrement de l'ordination et des sefirôt de Bina et de Hôkma.

Le pouvoir créé par ces quatre forces archétypes transmet à notre système énergétique et biologique une autre vérité sacrée : *Ne cherchez que la vérité*. Nous recevons du chakra de l'esprit l'énergie qui nous permet de chercher des réponses aux mystères de la vie. Nous sommes destinés, en vertu du projet divin, à avancer dans la vie en cherchant à répondre avec de plus en plus de profondeur à la question : « Pourquoi ? » Les pulsations énergétiques qui se dégagent de ce chakra nous incitent continuellement à nous questionner sur la vérité et sur l'intégrité de nos croyances. Nous sentons de manière instinctive depuis la naissance que de mettre notre foi dans des personnes ou des objets dépourvus d'intégrité souille notre âme et notre corps.

Nous nous trouvons tous tôt ou tard face à des circonstances qui nous poussent à réévaluer nos croyances et nous aident ainsi à nous rapprocher de la vérité. Nos croyances mûrissent étape par étape, au fil des expériences. L'énergie qui se dégage du sixième chakra nous incite sans relâche à délaisser les fausses perceptions. Si nous allons à l'encontre de cette énergie en bloquant de manière consciente les vérités de plus en plus profondes que perçoit l'esprit, ce sont nos capacités perceptuelles qui s'en trouveront obscurcies.

Perçue dans son sens littéral, l'ordination est cet acte qui confère le statut de prêtre à un individu sur le point de vouer son existence de manière officielle aux choses sacrées. Par ailleurs, nous sommes tous habités par un même désir : que ce que nous apportons à autrui ait un sens et quelque valeur ; que nous sentions, en quelque sorte, que nos gestes comportent une part de sacré. (La doctrine bouddhiste fait référence au précepte de l'Action parfaite.) Qu'importe le rôle que nous jouons dans la vie, que ce soit en tant que guérisseur, parent, scientifique, fermier ou ami proche, nous pouvons devenir des réceptacles de l'énergie divine. Nous parvenons de manière symbolique à l'ordination lorsque les gens avec qui nous vivons et travaillons manifestent leur reconnaissance envers nous, parce que nous leur apportons quelque chose sur le plan de la croissance personnelle ou spirituelle. En aspirant à appuyer sans les juger ceux et celles avec qui nous vivons et travaillons, nous ouvrons en nous une voie à l'énergie divine. Il est juste de penser que les gens qui prodiguent un tel secours et un tel amour à l'égard d'autrui sont dotés d'une énergie bénite ; ce sont des réceptacles de l'intervention divine. Nous avons tous le potentiel de devenir un tel intermédiaire du Divin et de nous mettre au service d'autrui en nous faisant traducteurs de l'énergie sacrée ; voilà qui pourrait constituer une définition moderne du sacerdoce.

Afin de nous aider à devenir de tels réceptacles de l'énergie et de l'action divine, la sefira de Hôkma nous transmet, par l'intermédiaire de nos systèmes énergétique et biologique, l'impulsion qui nous permet d'invoquer la sagesse divine pour que celle-ci éclaire notre faculté de raisonnement, particulièrement dans les circonstances où la logique ne semble mener nulle part. Hôkma nous enseigne à trouver un équilibre entre la raison et le jugement, à maintenir le cap sur la vérité et à prendre des décisions qui créeront des conditions favorables pour nous-mêmes et pour les personnes de notre entourage.

La sefira de Bina complète l'énergie de Hôkma en insufflant à l'énergie, parfois dure, qui caractérise le raisonnement humain une qualité de douceur et d'émotion associée au pouvoir de l'intelligence divine. Les pouvoirs combinés de Hôkma et de Bina sont destinés à nous guider et à nous inspirer pour que nous parvenions à transcender les limites de la pensée humaine de son objet, comme le personnage de Salomon dans la Bible ; à acquérir, par conséquent, la clairvoyance nécessaire à ce que la pensée divine puisse se fusionner à la nôtre.

Plus nous réussirons à nous défaire de cette inclination pour le jugement que nous avons apprise, plus notre esprit s'ouvrira aux bienfaits d'une intelligence qui est d'essence divine. La raison humaine ne pourra jamais suffire à trouver des réponses aux mystères de la vie. Elle ne peut rendre compte de la complexité des phénomènes à l'œuvre dans l'existence. Nous n'accéderons à la paix intérieure authentique que lorsque nous nous serons départis du besoin de tout comprendre par la voie de la raison et que nous aurons fait nôtre la raison divine : « Laisse-moi entrevoir que je saurai comprendre que derrière chaque événement, tout douloureux qu'il soit, se dissimule une raison supérieure sur laquelle je peux compter et qui m'apportera le bien. »

Septième niveau : fusion du chakra de l'âme (Sahasrâra), du sacrement de l'extrême-onction et de la sefira de Keter.

Le pouvoir créé par ces trois forces archétypes transmet à nos systèmes énergétique et biologique la vérité sacrée suivante : *Vivez le moment présent*. Parce que nous sommes essentiellement des créatures spirituelles, nous devons respecter nos besoins sur ce plan ; notre bien-être en dépend tout autant, sinon plus, qu'il dépend de nos besoins physiques.

Le chakra de l'âme nous apprend que nos âmes sont éternelles. Nous sommes davantage qu'un corps physique ; voilà une vérité qui peut nous réconforter face aux multiples épreuves qui font partie de l'expérience humaine de la vie. Le rapport entre notre corps et le temps chronologique n'est qu'une illusion, et c'est à l'âme qu'il revient de nous révéler cette vérité. Il est contre nature de s'attarder trop longuement sur les choses du passé ; ceci va à l'encontre de notre constitution divine, tout en créant des distorsions temporelles qui nous empêchent de vivre dans le temps présent et d'accueillir les conseils spirituels véhiculés par la vie quotidienne. Ces derniers n'auront pour nous aucun sens si nous ne faisons que concentrer nos efforts à essayer de résoudre les mystères du passé. Ceux-ci seront graduellement éclaircis si nous acceptons de vivre le moment présent.

La vérité sacrée qui précède exerce une attraction naturelle sur notre âme. Nous pouvons y puiser l'inspiration qui nous aidera à nous élever vers l'extase. Nous parvenons alors à l'épanouissement (et du même coup à la guérison), dans ces moments durant lesquels notre âme devient plus puissante que notre corps, ce dernier obéissant aux directives qu'elle lui transmet.

Le besoin de vivre le moment présent est affirmé par le sacrement de l'extrême-onction. Celui-ci a été institué pour aider les individus à libérer leur âme avant de mourir. Du point de vue symbolique, l'extrême-onction atteste du besoin de rappeler son âme à soi et de régler ses affaires à des moments variés dans sa vie. L'énergie qui se dégage de ce sacrement nous permet de nous libérer des expériences antérieures afin que nous n'ayons pas à «porter les morts sur nos épaules». Sa portée symbolique n'est donc pas circonscrite à la seule fin de l'existence. Il est nécessaire que sur les plans biologique et spirituel nous parvenions à nous réconcilier avec toute chose, et c'est ce que l'énergie de ce sacrement vise à faciliter. Après un événement de nature douloureuse ou traumatisante, nous découvrons en nous ce guide qui nous indique comment lâcher prise et nous remettre à vivre. Par contre, si nous choisissons de nous complaire dans le passé au détriment du présent, nous empêchons le flux de la force vitale de circuler normalement. Nous dénaturons alors le «présent» parce que nous contemplons tout ce qui survient aujourd'hui même avec les lunettes du passé, ce qui contribue à affaiblir notre corps et notre esprit. Les morts que nous traînons avec nous trop longtemps deviennent ainsi source de maladie.

La sefira de Keter, symbole de notre lien avec l'univers infini, nous révèle que la mort n'existe pas; il n'y a que la vie. Il n'y a personne que nous n'ayons connu que nous ne retrouverons pas; voilà la promesse divine. Nous sommes appelés à tirer réconfort et force de cette vérité sacrée.

Les sept vérités sacrées énoncées plus haut sont inscrites en nous dès l'instant de notre naissance. Chacun de nous en constitue essentiellement un «exemplaire biologique». Les notions enseignées par nos traditions religieuses respectives constituent en quelque sorte des variations sur ces vérités fondamentales. Or, même si ces dernières ne nous ont pas été enseignées, tôt ou tard elles émergeront en nous; elles se manifesteront dans nos tripes, dans notre esprit, dans notre sens inné de l'ordre des choses. Au fil de notre cheminement, nous parvenons à saisir ces vérités dans toute leur profondeur et, de plus en plus clairement, à répondre aux messages qu'elles nous lancent, et à interpréter de manière symbolique les messages archétypes qu'elles nous communiquent.

Les vérités que nous révèlent les enseignements des diverses traditions religieuses doivent servir à unir les êtres humains et non à les séparer. Les interprétations qui se limitent au sens littéral mènent à la séparation, alors que la lecture symbolique contribue à nous unifier, puisqu'elle permet d'identifier les caractéristiques communes de la nature spirituelle chez les êtres humains. À mesure que nous apprenons à dévier notre regard du monde externe pour le porter vers l'intérieur, nous faisons également l'apprentissage de la vision symbolique. Nous partageons tous le même univers intérieur, et les épreuves spirituelles qui nous attendent sont du même ordre. Les différences extérieures ne sont qu'illusion et manifestation de la temporalité ; elles ne sont qu'accessoires matériels. Plus nous nous concentrerons sur nos ressemblances en tant qu'êtres humains, plus nous serons en mesure d'accorder à la vision symbolique l'autorité nécessaire pour qu'elle nous guide.

En fusionnant ainsi les traditions spirituelles que sont l'hindouisme, le bouddhisme, le christianisme et le judaïsme, nous parvenons à établir un système unique réunissant les vérités sacrées que l'on retrouve dans chacune d'elles. Ce système peut devenir un guide précieux dans notre quête d'un esprit éclairé, d'un corps sain, et d'une âme adaptée à l'existence sur cette terre.

Dans la deuxième partie de l'ouvrage, les sept chakras et leur pouvoir inhérent seront décrits en détail. Nous nous pencherons tout particulièrement sur les peurs qui occasionnent une perte de pouvoir. Tout en vous familiarisant avec ces notions, réfléchissez à votre propre personne en vous donnant comme objectif de découvrir « à qui vous avez vous-même recommandé votre âme ».

Seconde partie

LES SEPT VÉRITÉS SACRÉES

La façon dont je conçois le système des chakras découle de ma pratique en tant qu'intuitive médicale[*]; partager en quoi cette dernière consiste me semble analogue à donner au lecteur une visite guidée de mon cerveau et de mon laboratoire. Je vous engage à ne retenir que ce qui semble convenir à votre cœur et à votre esprit, et à mettre le reste de côté.

Chaque chakra est abordé séparément dans cette deuxième partie, de telle sorte que vous puissiez vous familiariser avec ses caractéristiques spécifiques, sa portée et son contenu. Il faut cependant rappeler qu'en procédant à l'analyse d'une maladie à l'intérieur du cadre fourni par la médecine éner-

[*] Il existe de nombreuses interprétations du système des chakras; voici quelques sources dont je partage l'approche. Une des perspectives les plus reconnues est celle de Joseph Campbell dans son ouvrage *The Mythic Image* (Princeton, N.J., Princeton University Press, 1974). Le philosophe transpersonnel et médecin W. Brugh Joy traite des chakras dans *A Map for the Transformational Journey* (New York, Tarcher/Putnam, 1979). Barbara Ann Brennan incorpore les chakras dans sa pratique de la guérion énergétique, sujet qu'elle aborde dans *Le pouvoir bénéfique des mains : comment se soigner par les champs énergétiques* (Tchou, 1993); enfin, l'interprétation qu'en fait Harish Johari, dans *Chakras : Energy Centers of Transformation* (Destiny Books, 1987), est d'inspiration profondément spirituelle.

gétique, je fais également une évaluation globale du patient, laquelle comprend les symptômes physiques, les habitudes mentales, les rapports avec autrui, le régime alimentaire, les pratiques spirituelles et la profession. Rappelez-vous, tandis que vous étudierez le système énergétique humain, qu'un bilan complet doit inclure une analyse de tous les chakras sans exception, quel que soit le site de la maladie, ainsi que de tous les aspects de la vie du patient.

À mesure que vous lirez les chapitres qui suivent, vous vous rendrez compte que les premier, deuxième et troisième chakras abordent des questions qui mobilisent l'énergie de la plupart des gens. Ce n'est d'ailleurs pas une coïncidence si la majeure partie des maladies résultent d'une perte d'énergie à l'un de ces trois niveaux. Même lorsqu'une maladie, telle que les troubles cardiaques ou le cancer du sein, se développe dans une partie supérieure du corps, la cause de la défaillance énergétique peut habituellement être retracée jusqu'aux caractéristiques du stress présentes dans les trois chakras inférieurs, que celles-ci concernent le mariage ou la vie conjugale, la famille ou la profession. Les émotions, telles que la rage et la colère, atteignent physiquement la région du corps située sous la ceinture, alors qu'une émotion s'apparentant à celle d'une tristesse réprimée est associée aux affections se développant dans la portion supérieure. Par exemple, les émotions principales pouvant être liées aux tumeurs et au cancer du sein sont la blessure morale, le chagrin, de même que les questions non résolues ayant trait au don de soi. Le don de soi constitue également un facteur important de la santé de nos rapports à autrui, ceux-ci étant considérés comme des questions liées au premier et au deuxième chakra. Par conséquent, la maladie ne peut être véritablement comprise qu'en fonction de plusieurs, sinon de tous les chakras.

La nature des énergies qui circulent dans notre système est fort complexe et l'exemple le plus probant de ceci est sans contredit le premier chakra, puisque celui-ci constitue la source, ou la racine, de l'énergie corporelle.

Veuillez noter que les questions et les maladies énumérées dans le tableau qui suit doivent être appréhendées en fonction des précisions suivantes : une question d'ordre affectif qui serait exacerbée chez un individu peut jouer un rôle significatif dans le développement de n'importe lequel des dysfonctionnements notés pour chacun des chakras.

ANATOMIE DE L'ÉNERGIE	
CHAKRAS	ORGANES
1	Support du corps physique Base de la colonne vertébrale Jambes, ossature Pieds Rectum Système immunitaire
2	Organes génitaux Gros intestin Vertèbres lombaires Bassin Appendice Vessie Région des hanches
3	Abdomen Estomac Intestin grêle Foie, vésicule biliaire Reins, pancréas Glandes surrénales Rate Partie médiane de la colonne vertébrale

PROBLÈMES DE NATURES MENTALE ET AFFECTIVE	DYSFONCTIONS PHYSIQUES
La famille naturelle et le sentiment de sécurité et de confort au sein du groupe L'aptitude à subvenir aux nécessités vitales L'aptitude à se défendre Le sentiment d'être chez soi L'ordre et la cohésion au sein de la famille et de la société	Douleurs chroniques au bas du dos Sciatique Varices Tumeurs rectales et cancer du rectum Dépression Dysfonctions du système immunitaire
Les sentiments de blâme et de culpabilité L'argent et le sexe Le pouvoir et le contrôle La créativité L'éthique et l'honneur dans les rapports avec autrui	Douleurs chroniques au bas du dos, sciatique Troubles gynécologiques et obstétriques Douleurs au bas du dos et dans la région du bassin Virilité, troubles urinaires
La confiance La peur et l'intimidation L'amour-propre, la confiance en soi, et le respect de soi La capacité à veiller au bien-être de soi-même et d'autrui La capacité d'être responsable des décisions que l'on prend L'attitude envers la critique L'honneur personnel	Arthrite, ulcères de l'estomac ou du duodénum, problèmes intestinaux et du côlon Pancréatite, indigestion chronique ou aiguë Anorexie ou boulimie Dysfonctionnement du foie Hépatite Dysfonctionnement des glandes surrénales

ANATOMIE DE L'ÉNERGIE (SUITE)	
CHAKRAS	ORGANES
4	Cœur et appareil circulatoire Poumons Épaules et bras Côtes/seins Diaphragme Thymus
5	Gorge Thyroïde Trachée Vertèbres cervicales Bouche Dents et gencives Œsophage Parathyroïde Hypothalamus
6	Cerveau Système nerveux Yeux et oreilles Nez Glande pinéale Glande pituitaire
7	Système musculaire Squelette Peau

PROBLÈMES DE NATURES MENTALE ET AFFECTIVE	DYSFONCTIONS PHYSIQUES
L'amour et la haine Le ressentiment et l'amertume Le chagrin et la colère L'égocentrisme La solitude et l'engagement Le pardon et la compassion L'espoir et la confiance	Insuffisance cardiaque, infarctus du myocarde, prolapsus valvulaire mitral, cardiomégalie Asthme/allergies, cancer du poumon, bronchopneumonie Région dorsale supérieure, épaules, cancer du sein
Le choix et la force de la volonté L'expression personnelle La capacité de réaliser ses rêves La capacité de canaliser son pouvoir individuel pour créer L'assuétude, le jugement et la critique La foi et la connaissance La capacité à prendre des décisions	Voix rauque Angines chroniques Ulcères de la bouche Problèmes de gencives Articulation temporo-mandibulaire Scoliose, laryngite Hypertrophie ganglionnaire Dysfonctionnement de la thyroïde
L'auto-évaluation La vérité Les capacités intellectuelles Se sentir à la hauteur Être ouvert aux idées d'autrui Savoir tirer des leçons de ses expériences L'intelligence affective	Tumeur du cerveau /hémorragie/ictus Troubles neurologiques Cécité/surdité Problèmes de la colonne vertébrale Difficultés d'apprentissage Crises et attaques
La capacité à faire confiance à la vie Les valeurs, l'éthique et le courage Les valeurs humanistes L'altruisme, l'aptitude à avoir une vision globale La foi et l'inspiration La spiritualité et la dévotion	Dysfonctions énergétiques Dépression de nature mystique Épuisement chronique non associé à une cause physique Extrême sensibilité à la lumière, aux bruits et autres facteurs liés à l'environnement

CHAPITRE PREMIER

LE PREMIER CHAKRA :
LE POUVOIR TRIBAL

La teneur énergétique du premier chakra, ou *chakra tribal*, est associée au pouvoir de même nature. Le terme *tribu* n'est pas seulement un synonyme de famille mais il désigne aussi un archétype, ce qui lui confère des connotations allant bien au-delà de sa définition conventionnelle : celles-ci ont trait à l'identité collective, de même qu'à la force, à la volonté et aux croyances d'un groupe. Toutes ces dimensions sont contenues dans l'énergie du premier chakra. Ce dernier nous sert de fondation. Il nous relie aux croyances traditionnelles léguées par la famille, lesquelles constituent le fondement de notre identité et contribuent à affirmer notre sentiment d'appartenance à une collectivité dans un lieu géographique donné.

Afin de vous sensibiliser à l'énergie du premier chakra, portez votre attention pendant quelques instants sur un élément pouvant susciter en vous une émotion de cette nature tribale, comme :
• écouter l'hymne national ;
• regarder un spectacle militaire ;
• regarder la remise d'une médaille olympique à un athlète ;

- assister au mariage d'un de vos proches ;
- apprendre qu'on a donné votre prénom à un enfant.

Tout en vous concentrant sur une de ces expériences, prenez conscience du fait que la partie du corps qui génère une émotion correspond au chakra tribal.

Emplacement : Base de la colonne vertébrale (au coccyx).

Lien énergétique au corps physique : Colonne vertébrale, rectum, jambes, ossature, pieds et système immunitaire.

Lien énergétique au corps affectif et mental : Du premier chakra dépend la santé affective et mentale. La stabilité psychologique et affective se développe au sein de la cellule familiale et de l'environnement social dans lequel se déroule l'enfance. Diverses maladies mentales sont associées à des perturbations au sein de la famille et incluent les personnalités multiples, le trouble obsessif-compulsif, la dépression et les comportements destructeurs tels que l'alcoolisme.

Lien symbolique et perceptuel : L'énergie du premier chakra se manifeste dans le besoin de logique, d'ordre et de structure. Elle nous oriente en fonction du temps, de l'espace et de nos cinq sens. Au cours de l'enfance, nous percevons le monde physique et en faisons l'apprentissage par l'intermédiaire des sens. L'énergie qui découle du premier chakra ne facilite pas une interprétation symbolique de la vie, puisque les sens ne nous permettent de percevoir les choses que dans leur sens littéral et en vertu de leur apparence. C'est avec l'âge que nous parvenons à donner aux événements et aux rapports à autrui un sens de nature symbolique.

Lien aux sefirôt et aux sacrements : La sefira de Shekhinah, dont le sens littéral renvoie à la communauté d'Israël, symbolise la communauté spirituelle formée par tous les êtres humains de même que l'esprit féminin de la Terre connu sous le nom de Gaïa. Le sens symbolique porté par le sacrement du baptême réfère à la nécessité d'honorer sa famille biologique et d'accepter que celle-ci a été choisie par le Divin comme la tribu au sein de laquelle nous sommes amenés à débuter notre quête.

Peurs fondamentales : Elles sont liées à la survie matérielle, à l'abandon et à la désorganisation.

Forces fondamentales : L'identité tribale et familiale, les liens affectifs, le code d'honneur tribal ; le soutien et la loyauté grâce auxquels nous nous sentons en sécurité et en rapport avec le monde physique.

Vérité sacrée : La vérité sacrée inhérente au premier chakra nous communique que *Tout est un*. Nous en faisons l'apprentissage et en explorons le pouvoir créateur par le biais des expériences marquées par la dynamique tribale. Nous sommes reliés à tout ce qui constitue la vie ; tout choix que nous effectuons et toute croyance que nous entretenons entraînent des conséquences pour la vie dans sa globalité. La sefira de Shekhinah nous rappelle que, sur le plan symbolique, nous faisons tous partie d'une seule et unique communauté spirituelle. Cette vérité sacrée ressort de notre développement spirituel et de notre santé biologique, et elle trouve son expression matérielle dans l'honneur, la loyauté, la justice, les liens affectifs avec la famille et le groupe, le sentiment d'appartenance, le besoin de valeurs spirituelles fondamentales et la capacité d'employer la force physique à des fins de survie matérielle.

C'est au sein de la tribu ou de la famille que nous nous éveillons au principe en vertu duquel *Tout est un*. Faire partie d'une tribu est un besoin fondamental, puisque nous dépendons entièrement de cette dernière pour répondre à nos besoins de subsistance :

pour obtenir la nourriture, l'habitation et les vêtements nécessaires. Chaque milieu dans lequel nous évoluons, que ce soit la tribu biologique, les tribus que nous formons avec nos collègues de travail ou par nos liens affectifs avec nos amis, constitue un cadre matériel à l'intérieur duquel des occasions nous sont données d'explorer le pouvoir créateur porté par la vérité *Tout est un*.

LA CULTURE TRIBALE

Nul ne fait ses premiers pas dans la vie en étant un « individu » conscient, doté d'une force de volonté consciente. Le sens de l'identité émerge beaucoup plus tard et passe par diverses étapes de développement de l'enfance à l'âge adulte. En commençant notre existence au sein d'une tribu, nous nous imprégnons de la conscience collective de cette dernière et de la volonté qui la caractérise, absorbant par là ses forces et ses faiblesses, ses croyances, ses superstitions et ses peurs.

Dans nos interactions avec les membres de la famille et d'autres groupes, nous apprenons à mesurer la force qui se dégage d'une croyance partagée par plusieurs personnes. Nous réalisons aussi combien il peut être douloureux d'être exclu d'un groupe et de l'énergie qui le constitue. Nous saisissons toute la portée du code moral et éthique qui nous est transmis de génération en génération. Celui-ci guide le comportement des enfants grandissant au sein d'une tribu et leur inculque le sens de la dignité et de l'honneur.

Les expériences vécues au sein de la tribu établissent un lien de nature énergétique entre ses membres, tout comme le font aussi les attitudes tribales, que celles-ci prennent la forme de perceptions raffinées comme « nous sommes tous frères et sœurs » ou de superstitions telles que « le chiffre treize est malchanceux ».

Le pouvoir tribal et toutes les questions qui s'y associent ont également un lien de nature énergétique avec la santé du système immunitaire des individus, de même qu'avec nos jambes, nos os, nos pieds et notre rectum. Si on le considère de manière symbolique, le système immunitaire agit pour le corps de la même façon que le pouvoir tribal pour le groupe : il le protège intégralement des influences externes et potentiellement nocives. Les dysfonctions sur le plan immunitaire, les douleurs chroniques et les perturbations de l'ossature sont activées par le biais de l'énergie qui découle de faiblesses personnelles associées à des problèmes d'ordre tribal. Être confronté à des difficultés de cette nature entraîne une perte d'énergie au niveau du premier chakra chez un individu ; si ce dernier finit par vivre une situation de stress intense, il sera alors plus susceptible de contracter une maladie affectant le système immunitaire, laquelle peut aller du rhume de cerveau au lupus.

Le chakra tribal est associé aux expériences de groupe, que celles-ci soient négatives ou positives. Une épidémie est une expérience négative à laquelle nous sommes, en termes énergétiques, davantage susceptibles de succomber si les peurs et les attitudes qui sont recueillies par notre premier chakra correspondent à celles qui sont entretenues au sein du « premier chakra » de la culture générale ambiante. Les épidémies de type viral et autres reflètent de manière frappante les questions sociales auxquelles est confrontée une tribu particulière de même que l'état de santé du « système immunitaire » global de cette dernière. Voilà une constatation fondamentale, puisque chacun de nous est lié à sa propre culture et aux attitudes qui en découlent par l'intermédiaire de son premier chakra.

L'épidémie de polio qui a sévi durant les années 1930 et 1940 illustre de manière dramatique comment l'énergie d'une tribu sociale entière peut favoriser l'apparition d'une maladie. Au mois d'octobre 1929, l'économie américaine s'écroulait, marquant le début de la Grande Dépression dont a souffert toute la nation américaine. En décrivant ce qu'éprouvait le peuple américain, les journalistes et les politiciens, les hommes d'affaires et les travailleurs, les hommes et les femmes, tous se sont décrits comme ayant été « handicapés » par le désastre économique.

Au début des années 1930, une épidémie de polio se propagea aux États-Unis, laquelle peut être interprétée comme un symbole de l'esprit handicapé de la nation américaine à l'époque. Ceux qui, du point de vue financier, s'étaient sentis le plus handicapés, que ce soit réellement ou à cause de la peur qu'ils éprouvaient, furent aussi ceux qui, sur le plan énergétique, étaient susceptibles de contracter le virus de la polio. Les enfants américains étaient tout aussi vulnérables face à la menace du virus qu'à celle que posait le mal-être économique, puisque ceux-ci absorbent directement l'énergie de la tribu. *Tout est un* : lorsqu'une tribu entière devient infectée par la peur, l'énergie qui en découle est communiquée à ses enfants.

La psyché des électeurs américains était imprégnée de ce sentiment d'impuissance à un point tel que ces derniers allèrent même jusqu'à élire un président qui avait été victime de la polio : Franklin D. Roosevelt, symbole vivant de la faiblesse physique et du ressort invincible. Un événement à caractère tribal et de nature physique dut avoir lieu pour que l'esprit tribal des Américains puisse être guéri ; ce fut la Seconde Guerre mondiale. Le sentiment d'héroïsme et d'unité tribale fut ravivé, ce qui, avec l'accroissement du nombre d'emplois, contribua à rétablir la fierté, la puissance et l'honneur au sein de la tribu américaine.

Au terme de la guerre, la nation américaine avait récupéré son rôle de leader dans le monde. De fait, les États-Unis devinrent *le* leader du monde libre grâce à la mise au point des armes nucléaires ; le chakra tribal se trouva ainsi fortifié grâce à l'énorme fierté et à la puissance ressenties. Les porte-parole de la tribu se mirent à évoquer ce redressement en affirmant qu'on avait « remis d'aplomb » l'économie du pays. L'esprit de la tribu était manifestement guéri, vu cette transformation de la culture ; il devenait donc possible de vaincre la polio puisqu'on était désormais plus fort que le virus. Par conséquent, la découverte du vaccin contre la polio par Jonathan Salk au début des années 1950 n'avait rien d'une coïncidence.

Un exemple de cette dynamique qui nous touche de plus près est celui du VIH. Aux États-Unis, ce virus affecte particulièrement les toxicomanes, les prostituées et les homosexuels. Dans d'autres pays tels que la Russie et les nations africaines, il fait des ravages là où la qualité de vie des individus arrive à peine à dépasser le niveau de subsistance. En Amérique latine, il se développe chez les femmes de la classe moyenne mariées à des dons juans ; ceux-ci ne sont pas homosexuels mais ils auront des rapports sexuels avec des hommes pour entretenir une certaine image de l'homme macho. Quelle que soit la façon dont elles ont contracté le VIH, les personnes qui sont touchées ont en commun le sentiment d'être victimisées par leur propre tribu.

Il nous arrive à tous à un moment ou à un autre de devenir la victime de quelqu'un ou de quelque chose ; cependant, une conscience caractérisée par un sentiment de victimisation découle de l'impuissance ressentie par un individu au sein de la culture, que ce soit à cause de l'orientation sexuelle, de la pauvreté ou d'un statut social inférieur. Les Latino-Américains auxquels nous faisions allusion ne croient pas posséder des moyens adéquats pour se protéger. Les femmes latino-américaines qui sont séropositives, même celles ayant épousé des hommes prospères, ne peuvent s'indigner contre le comportement de leur mari parce que la culture n'accorde encore aucun poids à l'opinion des femmes. Si on examine la chose du point de vue symbolique, l'émergence du VIH aux États-Unis coïncide avec le déferlement d'un sentiment de victimisation. L'énergie de la culture de notre pays est affaiblie par ceux qui ne savent se sentir puissants qu'aux dépens d'autrui ; l'immunité biologique de la collectivité en subira sans contredit les contrecoups.

Sur le plan individuel, il est nécessaire, pour entretenir la santé du premier chakra, de faire face aux problèmes d'ordre personnel qui découlent de notre rapport à la tribu. Par exemple, si on se sent victimisé par la société, il faut œuvrer à changer cette perception négative afin qu'elle n'entraîne pas une perte d'énergie au sein de l'organisme. Solliciter un soutien thérapeutique, développer ses aptitudes en fonction d'un emploi, se représenter la situation de manière symbolique, ou s'engager sur le plan politique afin de transformer les attitudes sociales sont parmi les solutions à un tel problème. Si au contraire nous nous contentons simplement de nourrir le sentiment d'amertume que nous éprouvons envers la tribu, notre énergie risque de s'enliser dans un conflit intérieur sans issue, lequel nous empêchera d'accéder au pouvoir guérisseur qui émane de la vérité sacrée *Tout est un*.

C'est par l'entremise de nos tribus respectives que nous prenons connaissance « du monde extérieur ». Nous y apprenons que le monde est sans risque ou qu'il est dangereux, que c'est un lieu où l'on peut donner ou recevoir, que l'abondance ou la misère existe, et qu'on peut être éduqué ou ignorant. Notre conception même de la réalité est forgée au sein de la tribu ; nous pouvons par exemple croire que l'existence que nous vivons présentement n'est qu'une parmi plusieurs ou, au contraire, qu'il n'y en aura qu'une seule. La tribu nous inculque les attitudes qu'elle entretient à l'égard d'autres groupes religieux, ethniques ou raciaux. Elle « met en action » nos processus cognitifs.

Il nous arrive à tous d'entendre prononcer des généralisations au sujet de tel groupe ethnique ou de tel autre : « Tous les Allemands ont un sens de l'organisation très poussé » ; « les Irlandais sont des conteurs-nés ». Dieu et le monde invisible nous sont expliqués de diverses manières, de même que les rapports que les êtres humains entretiennent avec ces notions : « Il est interdit de causer du tort à autrui parce que cela se retournera contre nous », ou encore « il ne faut pas se moquer d'autrui, parce que Dieu risque de nous punir ». De même, nous nous imprégnons de perceptions au sujet de l'un et l'autre sexe : « Les hommes sont plus intelligents que les femmes » ; « les petits garçons adorent les sports et les petites filles aiment jouer à la poupée ».

Les croyances tribales dont nous héritons sont un mélange de vérité et de fiction. Certaines d'entre elles ont une valeur éternelle ; tel est le cas de « tu ne tueras point ». D'autres témoignent au contraire de l'esprit de clocher, lequel est motivé par le désir d'ériger des barrières entre les tribus, violant la vérité sacrée *Tout est un*. Il nous est demandé au cours de notre démarche de croissance spirituelle de conserver les influences tribales positives et d'écarter celles qui causent du tort à autrui.

Notre pouvoir spirituel s'accroît dans la mesure où nous parvenons à dépasser les contradictions inhérentes aux enseignements de notre tribu et à aspirer à atteindre la vérité profonde. Chaque pas de plus effectué sur la voie de la conscience symbolique a une influence positive sur notre énergie et sur la santé de notre système biologique. Du même coup, nous faisons don d'énergie positive au corps collectif, à la tribu dans son entier. Pensez à cette démarche de maturation sur le plan spirituel comme à une sorte « d'homéopathie spirituelle ».

RÉPERCUSSIONS DES CROYANCES
SUR LE PLAN ÉNERGÉTIQUE

Que les croyances faisant partie du patrimoine familial soient « vraies » ou non, chacune d'elles oriente une part de notre énergie en fonction d'un acte de création. Chaque conviction et chaque action entraînent des répercussions directes et, lorsqu'elles sont partagées par des groupes entiers, les membres de ces derniers bénéficient tous de l'énergie qui en résulte et prennent part aux événements de nature physique ainsi créés. Voilà en quoi consiste l'expression symbolique et créative de la vérité sacrée en vertu de laquelle *Tout est un*. Lorsque nous appuyons un candidat dans une campagne électorale et que ce dernier remporte ses élections, nous avons le sentiment d'avoir contribué à cette victoire par notre énergie et notre soutien physique ; de plus, nous croyons que, dans une certaine mesure, le candidat ou la candidate se fera le porte-parole de nos préoccupations. Voilà donc une manière possible de faire l'expérience du pouvoir unificateur contenu dans la vérité *Tout est un*.

Carl Jung avait un jour fait remarquer que l'esprit collectif est la forme de conscience la plus « élémentaire », parce que les participants à une action collective n'acceptent que rarement d'assumer quelque responsabilité que ce soit envers le rôle qu'ils ont joué et les gestes qu'ils ont posés. Cette constatation révèle le côté obscur de la vérité *Tout est un*. De fait, selon une loi tacite de la tribu, ce sont les chefs qui doivent endosser cette responsabilité à la place des autres membres. Le procès de Nuremberg qui a suivi la Seconde Guerre mondiale constitue un exemple classique des limites de la responsabilité tribale. La plupart des nazis accusés d'avoir dirigé et perpétré le génocide de onze millions de personnes (six millions de Juifs et cinq millions de non-Juifs) ont déclaré n'avoir fait « qu'obéir aux ordres ». Pourtant, ils se sentaient sûrement fiers à cette époque d'avoir rempli leurs obligations tribales, mais ils furent incapables d'en accepter les conséquences durant le procès.

Étant donné le pouvoir que peuvent exercer les croyances unificatrices (bonnes ou mauvaises) sur les individus, il est très difficile d'exprimer ses divergences au sein de sa propre tribu. On nous inculque que nos choix doivent être approuvés par la tribu, et que nous devons adopter les us et coutumes, l'étiquette vestimentaire et les attitudes qu'elle préconise. Nous nous adaptons à ces exigences, cet assentiment traduisant l'union de la volonté individuelle à la volonté collective. Faire partie d'un groupe, ou d'une famille, dans lequel on se sent à l'aise procure une sensation de puissance tant sur les plans spirituel et affectif que physique. Une telle union nous fortifie, elle contribue sur le plan énergétique à accroître notre pouvoir individuel et créateur ; et cela se poursuivra tant et aussi longtemps que les choix que nous faisons s'accorderont à ceux du groupe. Nous nous unissons pour créer.

Or, chacun éprouve aussi le désir inné et irrésistible d'explorer ses propres talents créateurs, de développer son pouvoir et son autorité propres. Cette volonté est le moteur de la *conscience*. L'un des buts de la quête humaine universelle consiste à prendre conscience de notre pouvoir individuel et de la façon dont on peut en faire usage. Devenir conscient de la responsabilité inhérente à l'acte de choisir, voilà ce qui constitue l'essence de cette recherche.

Du point de vue énergétique, développer sa conscience exige qu'il faudra faire preuve d'endurance. Remettre en question ses propres croyances personnelles et se séparer des personnes qui ne nous apportent plus aucun appui dans notre démarche de croissance peut être difficile, voire douloureux. La transformation est l'essence même de la vie ; tout est constamment en mouvement, que ce soit à l'intérieur ou autour de soi. Au fil de notre évolution intérieure, nous nous rendons compte que certaines croyances ne nous conviennent plus, tandis que d'autres acquièrent de plus en plus de poids. Les premières croyances que nous remettons en question sont celles que nous a léguées la tribu, puisque notre développement spirituel se fait selon la structure de notre système énergétique ; nous nous départons des vieilles idées dans un mouvement qui part du bas pour aller vers le haut, en commençant par les plus anciennes et les plus élémentaires.

Remettre ses croyances en question constitue une nécessité sur les plans spirituel et biologique. Notre corps physique, notre esprit et notre âme doivent se nourrir de nouvelles idées afin de s'épanouir. Il existe par exemple des groupes qui n'accordent que très peu d'importance à l'exercice physique et à une alimentation saine, du moins jusqu'à ce qu'un de ses membres soit atteint d'une maladie. Un nouveau régime d'exercices et une diète mieux adaptée seront alors prescrits à ce dernier, et les autres membres de la famille se trouveront exposés à une réalité entièrement différente : la santé exige que nous fassions des choix responsables et conscients et que nous apprenions à tirer profit des propriétés bénéfiques de l'alimentation et de l'exercice en matière de guérison.

Sur le plan symbolique, les moments de crise nous indiquent qu'il est temps de se délester des croyances qui ne contribuent plus à notre développement personnel. C'est alors qu'il nous faut choisir entre le changement et la stagnation, ce qui constitue un des défis les plus importants qu'il nous sera donné de relever au cours de notre existence. Une nouvelle croisée des chemins sur notre parcours nous signale que nous allons entamer un nouveau cycle de transformation, qu'il s'agisse d'adopter un nouveau régime de santé ou d'entreprendre une nouvelle pratique spirituelle. C'est à cette occasion qu'il nous faut apprendre à laisser derrière nous certaines personnes qui nous ont été proches et continuer notre route vers d'autres étapes de vie.

Au cours de mes ateliers, je rencontre bon nombre de personnes qui sont coincées entre deux mondes : elles doivent se défaire de l'ancien mais elles ont peur d'entrer de plain-pied dans le nouveau. La possibilité d'accéder à une conscience « plus élevée » exerce un attrait sur nous, mais elle nous effraie tout à la fois puisqu'elle signifie que nous devons prendre une plus grande part de responsabilité dans notre vie, en ce qui concerne la santé, la carrière, les attitudes et les pensées. Accepter d'entreprendre une telle démarche, même si cela ne commence qu'avec une partie de notre vie, signifie qu'il ne nous sera plus jamais possible d'invoquer la « raison tribale » pour justifier nos comportements.

La conscience tribale ne définit pas la responsabilité individuelle en termes précis ; il devient ainsi plus facile d'éviter d'avoir à faire face aux conséquences que peut entraîner l'exercice de son libre arbitre. La responsabilité tribale s'étend principalement aux sphères *matérielles* de nos vies, en ce sens que les individus sont imputables sur le plan pécuniaire, sur le plan des préoccupations sociales et des rapports, et sur celui de l'occupation professionnelle. La tribu n'exige pas que ses membres soient responsables des attitudes dont ils héritent. Suivant ce raisonnement, il est acceptable d'excuser ses préjugés en disant : « Dans ma famille, tout le monde pense de cette façon. » Renoncer au confort que procure une telle attitude est extrêmement difficile ; vous n'avez qu'à réfléchir au nombre de fois où vous vous êtes dit : « Tout le monde le fait, alors pourquoi pas moi ? » Cette manière de s'esquiver est l'expression la plus rudimentaire de la vérité sacrée *Tout est un* ; on y a couramment recours afin de pouvoir escamoter sa responsabilité vis-à-vis de toutes sortes d'actes immoraux, comme l'évasion fiscale, l'adultère ou le fait de garder la monnaie de trop qu'un caissier vous a remise par erreur. En revanche, les adultes dotés de conscience spirituelle ne peuvent plus se prévaloir de l'option de continuer à s'appuyer sur ce type de raisonnement. L'évasion fiscale devient une forme délibérée de vol ; l'adultère équivaut à rompre un serment ; garder l'argent qui ne nous appartient pas revient à commettre un vol.

Il est bien souvent nécessaire de se pencher sur son propre attachement aux préjugés de la tribu avant que la guérison puisse entamer son processus. Un jour, un homme du nom de Gérald prit rendez-vous avec moi parce que, disait-il, il se sentait épuisé. En scrutant son énergie, je reçus l'impression qu'une tumeur maligne s'était développée au niveau du côlon. Je lui demandai s'il avait subi des tests médicaux ; il hésita pendant un moment, puis il m'avoua qu'on avait diagnostiqué un cancer du côlon. Il ajouta qu'il avait besoin de mon aide afin de pouvoir croire qu'il pouvait vraiment en guérir. Une partie de cet homme tentait de se débrancher de l'attitude qu'avait toujours manifestée sa tribu à l'égard du cancer, parce que tous ceux qui en avaient souffert dans sa famille en étaient morts ; ni lui ni les membres de sa famille ne croyaient qu'on pouvait en guérir. Nous avons discuté des différentes méthodes auxquelles il pourrait avoir recours, par exemple ces nombreuses thérapies, telle la visualisation, pouvant aider les personnes à développer une attitude positive. Gérald avait compris intuitivement, et c'était là un fait important, que le lien énergétique qu'il entretenait avec l'attitude qui lui avait été transmise par sa tribu posait un problème tout aussi sérieux que la maladie physique elle-même. Au cours de son processus de guérison, Gérald alla chercher le soutien thérapeutique nécessaire pour pouvoir délester ses idées préconçues sur le cancer ; il se montra disposé à se plier à toute option susceptible de l'aider à guérir.

LES EFFETS PERNICIEUX DU POUVOIR TRIBAL

C'est au sein de la tribu que nous prenons connaissance de notions telles que la loyauté, l'honneur et la justice, ces attitudes d'ordre moral essentielles à notre bien-être et au sens de la responsabilité individuelle et collective. Celles-ci traduisent la vérité sacrée liée à la sefira, au chakra et au sacrement premiers : *Tout est un*. Elles peuvent cependant devenir contraignantes ou pernicieuses si elles sont interprétées de manière trop étroite.

La loyauté

La loyauté est de l'ordre de l'instinct, une loi non écrite à laquelle peuvent se référer les membres d'une tribu donnée, particulièrement en temps de crise. La loyauté fait donc partie intégrante du système de pouvoir au sein de la tribu ; elle peut même exercer une influence plus grande que l'amour. Il est possible d'éprouver un sentiment de loyauté vis-à-vis d'un membre de sa famille que l'on n'aime pas, ou envers des inconnus issus des mêmes racines ethniques que nous. Les attentes que crée la loyauté peuvent exercer un pouvoir énorme sur les individus au sein d'un groupe, particulièrement lorsque le sentiment de forte allégeance qu'on peut éprouver envers une cause ou une personne va à l'encontre de ce qui est dicté par la collectivité.

Au cours d'une séance avec un jeune homme qui se plaignait de fatigue chronique, l'image suivante s'imposa dans mon esprit : les jambes de celui-ci s'étaient détachées de son corps et parcouraient seules les rues de sa ville natale ; son premier chakra y transférait la force de son esprit et de ses membres inférieurs. Cette fragmentation de son énergie était la cause de la fatigue chronique dont il souffrait. Lorsque je lui fis part de mes impressions, il répondit qu'il n'avait jamais vraiment voulu autrefois quitter sa ville natale parce que sa famille dépendait beaucoup de lui ; mais la compagnie pour laquelle il travaillait l'avait muté ailleurs. Je lui demandai s'il aimait son travail, et il répondit : « Comme ci, comme ça. » Je suggérai qu'il abandonne son emploi afin de pouvoir retourner chez lui, puisqu'il se sentait si peu intéressé par ce qu'il faisait. Deux mois après sa visite, je recevais une lettre de sa part. Dans les jours qui avaient suivi notre conversation, m'écrivait-il, il avait remis sa démission et était retourné dans sa ville natale. Les symptômes de fatigue chronique avaient disparu ; même s'il n'avait pas encore déniché un nouvel emploi, il se sentait dans une forme extraordinaire.

La loyauté est une qualité tribale exemplaire, particulièrement lorsqu'on l'éprouve de manière consciente ; elle exprime alors un engagement qui procure des avantages aussi bien à l'individu qu'au groupe. À l'autre extrême cependant, il y a des types de loyauté qui nous empêchent de protéger notre intégrité, et il est nécessaire que nous arrivions à nous dissocier de ceux-ci. L'histoire du cas qui suit traite d'une violation au premier degré des préceptes tribaux ; elle illustre la portée symbolique du sacrement qu'est le baptême.

Un homme âgé de trente-deux ans, Tony, issu d'une famille d'immigrants de l'Europe de l'Est, était âgé de cinq ans lorsque ses parents déménagèrent aux États-Unis avec leurs sept enfants. Les premières années furent marquées par la difficulté, les parents ayant du mal à subvenir aux besoins élémentaires de la famille et même quelquefois à se procurer la nourriture nécessaire pour subsister. À l'âge de huit ans, Tony obtint un emploi chez un marchand de bonbons du coin, où on lui donna diverses tâches d'entretien léger à effectuer.

Les membres de la famille de Tony lui étaient profondément reconnaissants du revenu supplémentaire qu'il rapportait à la maison : dix dollars par semaine. Au bout de deux mois, cette somme était passée à vingt dollars, et le garçon était extrêmement fier de lui-même ; il voyait combien ses parents appréciaient sa contribution. Or, une fois établie cette dynamique, le propriétaire de la boutique se mit à faire des avances sexuelles à l'endroit de Tony. Elles se manifestèrent d'abord par des contacts physiques subtils ; plus tard, le jeune garçon se retrouva sous l'emprise absolue du pédophile, à un point tel qu'il devait téléphoner à celui-ci tous les soirs pour l'assurer que tout ceci restait « leur secret ».

Bien sûr, la double vie que menait Tony fragilisa peu à peu l'équilibre psychologique de celui-ci. Il savait que ses rencontres fréquentes avec le marchand de bonbons étaient immorales, mais sa famille comptait désormais sur un apport mensuel ayant atteint presque cent dollars par mois. Tony trouva un jour le courage de décrire à sa mère, à mots couverts, ce qu'il devait faire pour gagner cet argent. Celle-ci lui interdit d'en parler à quiconque. Toute la famille comptait sur ce job, lui intima-t-elle.

Tony travailla chez le marchand de bonbons jusqu'à l'âge de treize ans. Les conséquences des sévices qu'il avait endurés se répercutèrent jusque dans ses études. Il parvint à peine à terminer sa deuxième année du cours secondaire ; à quinze ans, il avait déserté les bancs d'école. Il devint apprenti auprès d'un travailleur de la construction et, à la même époque, il se mit à boire.

La nuit, Tony faisait des cauchemars dans lesquels les expériences d'abus remontaient en surface ; l'alcool les éloignait et le calmait. Il buvait tous les soirs après le travail et, à seize ans, il était déjà adepte des combats de rue et fauteur de troubles dans le quartier. La police le ramena plusieurs fois à la maison après qu'il eut causé des bagarres ou participé à des actes mineurs de vandalisme. Sa famille tenta en vain de le forcer à cesser de consommer. Un soir, une fois que ses amis l'eurent ramené à la maison après une soirée passée à boire, il s'insurgea contre ses parents et ses frères en les accusant de ne pas l'avoir protégé du marchand de bonbons. Il savait que sa mère avait glissé un mot au père des sévices qu'il avait subis puisqu'ils avaient interdit malgré tout à ses frères les plus jeunes de mettre les pieds dans la boutique. Tony réalisa éventuellement que ses frères avaient eux aussi compris ce qui s'était passé, mais ils se moquaient de lui, allant même parfois jusqu'à suggérer qu'il en avait tiré quelque plaisir.

Lorsqu'il eut vingt-cinq ans, Tony mit sur pied sa petite entreprise de construction; ses cinq employés et lui effectuaient des travaux mineurs de réparation sur les maisons du quartier. Il réussit à faire d'assez bonnes affaires jusqu'à ce qu'il atteigne l'âge de vingt-huit ans. Mais il buvait à un point tel qu'il était devenu la proie de crises de paranoïa durant lesquelles il s'imaginait que des démons l'entouraient et l'intimaient de se suicider. Un an plus tard, Tony avait perdu sa maison et son entreprise. Il se tourna entièrement vers l'alcool dans une tentative désespérée de s'en sortir.

Je fis par hasard la rencontre de Tony un mois après qu'il se fut remis à travailler. Il avait été embauché pour effectuer des réparations sur une maison non loin de la mienne. Il buvait même pendant les heures de travail, tout en continuant à diriger ses hommes. Je fis un commentaire à ce sujet. Il me répondit : « Vous feriez la même chose si vous aviez les mêmes souvenirs que moi. » Je le contemplai un instant, et je sus immédiatement qu'on avait abusé de lui lorsqu'il était enfant, à cause de la manière dont il se tenait. Je lui demandai s'il désirait en parler. Sans que je sache trop pourquoi, il s'ouvrit à moi et, dans un flot de paroles, me confia ce chapitre sombre de sa vie.

Nous nous sommes rencontrés ensuite à quelques reprises pour parler de son passé. Je me rendis compte que le fait que sa famille ne lui ait porté aucun secours lui était plus pénible encore que le fait d'avoir subi des sévices de nature sexuelle. Tous le considéraient désormais comme un ivrogne et s'attendaient à ce qu'il ne fasse qu'aller d'échec en échec tout au long de sa vie. Se sentant trahi, la douleur qu'il éprouvait était en train de le détruire à petit feu. Curieusement, il avait déjà pardonné au marchand de bonbons ; c'était avec les membres de sa famille qu'il avait encore des choses à régler.

Deux mois après notre rencontre, Tony prit volontairement la décision de se soumettre à une cure de désintoxication. Une fois qu'il eut terminé celle-ci, il me rejoignit pour me faire part des effets salutaires que lui avaient apportés les séances offertes au sein du programme. Il savait que l'étape suivante consistait à faire face aux sentiments négatifs qu'il entretenait à l'égard de sa famille.

Dans la plupart des cercles thérapeutiques, la réconciliation consiste à s'expliquer directement avec la ou les personnes qui nous ont causé du tort et à lécher ses plaies en leur présence. Dans le meilleur des cas, des excuses nous seront présentées, et un pas vers le renouveau ou la réconciliation sera alors franchi. Or, Tony se rendit compte que sa famille ne pourrait jamais reconnaître qu'elle l'avait trahi ; la honte qu'éprouveraient ses parents serait tellement insupportable qu'ils ne pourraient même pas écouter ce qu'il avait à dire. Ils étaient incapables, sur le plan émotif, d'admettre qu'ils savaient ce que Tony avait dû endurer pour gagner de l'argent à cette époque. Tony décida donc de se tourner vers la prière et la psychothérapie.

Après s'être engagé sur la voie de la sobriété et de la prière pendant au moins une année, Tony me confia que la colère qu'il éprouvait envers sa famille avait fini par se dissiper. Je partageais cette conviction. Étant donné l'expérience de pauvreté et de peur qu'avaient vécue ses parents dans leur nouveau pays, dit-il, ils s'étaient peut-être sentis acculés. Tony s'employa à établir de nouvelles relations avec sa famille ; sa nouvelle entreprise prospéra. Les membres de sa famille se mirent à parler de lui avec fierté ; aux yeux de Tony, cela sut remplacer les excuses qu'il avait attendues toutes ces années.

Tony fut donc capable d'accorder sa bénédiction à sa famille et d'accepter que c'est au sein de cette dernière qu'il avait acquis la force qu'il était allé chercher au fond de lui-même. Sa quête lui avait fait parcourir le chemin de l'ostracisme vers la guérison, puis vers l'amour et l'acceptation d'autrui, symbole du sacrement du baptême.

Georges se présenta un jour à un de mes ateliers parce que sa femme l'avait fortement encouragé à le faire. Ce n'était pas un participant comme les autres. Il se désigna comme un « spectateur » et nous fit savoir, dès l'entrée en matière, que tous ces « galimatias » étaient l'affaire de sa femme, et qu'il n'était pas concerné.

Je commençai la séance en introduisant quelques notions sur le système énergétique humain, tandis que, de son côté, Georges faisait des mots croisés. Plus tard, il fit un somme durant une partie de ma conférence sur les rapports entre les attitudes et la santé physique. Lors de la pause, je lui apportai une tasse de café. « Puis-je vous offrir quelque chose à boire ? », lui lançai-je, insinuant par là que je préférais que mes étudiants gardent l'œil ouvert pendant mes ateliers.

J'abordai ensuite les questions liées au premier chakra et à la nature de l'influence tribale. Il y eut du mouvement du côté de Georges ; je pensai d'abord que la caféine était en train de faire son effet. Or, en expliquant les répercussions que pouvaient avoir nos expériences initiales sur l'organisme biologique, Georges fit la remarque suivante : « Vous essayez de me dire que toutes les choses que mes parents m'ont dites se trouvent toujours dans mon corps ? » Le ton était plutôt sarcastique, mais on sentait bien que mon propos avait éveillé quelque chose chez lui.

Je lui répondis que ce n'était peut-être pas tout ce que ses parents lui avaient dit qui se trouvait toujours contenu dans son énergie, mais qu'assurément plusieurs choses l'étaient encore. «Dites-moi par exemple, lui dis-je, quels souvenirs gardez-vous du temps où vos parents approchaient l'âge de la vieillesse?» J'avais posé cette question parce que je savais que Georges venait d'avoir soixante ans.

Les autres participants attendirent en silence que Georges formule une réplique. Lorsqu'il se rendit compte qu'il avait l'attention de tous, il adopta une attitude analogue à celle d'un enfant et devint très embarrassé. «Je ne sais pas. Je n'ai jamais pensé à cela auparavant», fut sa réponse.

«Voilà donc une occasion d'y réfléchir», lui dis-je, et je répétai ma question. La conjointe de Georges s'était avancée sur le bord de sa chaise, et semblait se préparer à répondre à sa place. Je lui lançai un regard qui signifiait «N'y pensez même pas», et elle se tint coite.

«Je ne sais trop que dire. Mes parents m'ont toujours dit de travailler fort et de mettre mes sous de côté. Ils disaient qu'il fallait que je sois capable de subvenir à mes besoins lorsque j'atteindrais l'âge de la vieillesse.»

«Et à partir de quel âge pensez-vous que vous serez vieux?», lui demandai-je. Georges semblait incapable de répondre à cette nouvelle question, alors je la reformulai. «À quel âge vos parents sont-ils devenus vieux à vos yeux?

— Mais lorsqu'ils eurent atteint l'âge de soixante ans, évidemment.

— Donc, vous avez décidé que vous étiez vieux, maintenant que vous avez atteint cet âge.

— Tout le monde devient vieux à soixante ans, répondit Georges. C'est la vie. Voilà pourquoi c'est l'âge à partir duquel nous prenons notre retraite, parce que nous sommes vieux.»

Les commentaires de Georges ouvrirent la voie à une discussion qui dura tout l'après-midi. Georges confia aux autres membres du groupe qu'il avait toujours cru que la vieillesse commençait à soixante ans parce que c'était là le message que lui avaient sans cesse répété ses parents, lesquels n'avaient pas dépassé l'âge de soixante-dix ans.

Au cours de la discussion, nous avons constaté combien il est difficile de se défaire d'une conviction somme toute fausse mais qui exerce malgré tout du «pouvoir» sur soi. À la surprise générale, dont celle de sa femme et de la mienne, Georges saisit immédiatement toute la portée de ces propos, comme un enfant à qui on aurait offert un nouveau jouet. «Vous voulez dire que si je me détache d'une idée, celle-ci n'aura plus "son mot à dire" dans ma vie ? »

Le moment suprême survint lorsque Georges se tourna vers sa conjointe et lui dit : « Je n'ai plus envie d'être vieux, qu'en penses-tu ? » Celle-ci se mit à rire et à pleurer en même temps, et tous les participants firent de même. Je ne comprends toujours pas ce qui aura permis à Georges de saisir aussi rapidement que, s'il s'était mis à vieillir, c'était parce qu'il était convaincu qu'il n'avait pas d'autre choix à partir de la soixantaine. Depuis, Georges s'est mis à profiter de la vie, et à être à l'écoute de sa propre horloge interne, plutôt que de celle qui nous est imposée par la société.

L'honneur

Il n'y a pas que le sentiment de loyauté qui unisse les membres d'une même tribu ; il y a aussi l'honneur. Chaque code d'honneur est un amalgame de traditions et de rituels d'origines religieuse et ethnique. Des rites comme le baptême et les autres formes de bénédiction tribale créent des liens de nature énergétique entre les nouveaux membres du groupe en investissant ceux-ci du pouvoir spirituel propre à la tribu. Le sens de l'honneur nous procure de la force, nous incite à nous soumettre aux liens du sang et de l'ethnie et nous enseigne la valeur de l'intégrité dans nos paroles et dans nos actes.

Bien que le sens de l'honneur ne soit pas généralement vu comme une composante de la santé, mon expérience m'a menée à considérer qu'il est en fait un des éléments les plus importants, au même titre que l'amour. L'honneur fournit une énergie très puissante et bénéfique au système spirituel et biologique, au système immunitaire, à notre ossature et à nos jambes. Sans conception de l'honneur, il est difficile, voire impossible, pour un individu de défendre son intégrité avec fierté et dignité ; ce qui lui fait défaut, c'est un cadre de référence selon lequel il peut mesurer son comportement et ses choix. Il est par conséquent incapable d'avoir confiance en lui-même ou envers autrui.

Le sens de l'honneur fait partie des enseignements sur le rituel fondamental que constitue le mariage et que toute tribu transmet à ses membres. Une femme qui était le dernier membre de sa lignée me raconta un jour que son père agonisant lui avait fait promettre qu'elle aurait un enfant. Elle avait répondu qu'elle n'avait pas encore rencontré l'homme de sa vie. Les dernières paroles du père furent alors les suivantes : « Épouse n'importe qui, pourvu que la famille se perpétue. »

La façon dont les gens mariés se comportent fournit, du point de vue éthique, des normes à la génération suivante. L'adultère est chose proscrite ; pourtant, les aînés qui, au sein d'une tribu, le commettent accordent par le fait même à leurs enfants la permission de désobéir aux règles une fois que ceux-ci auront atteint l'âge adulte. Un père doit subvenir aux besoins de sa famille ; or, un père qui ne s'acquitte pas de ses obligations léguera à ses enfants une image dénaturée de ce que sont l'engagement et la responsabilité. On apprend aux individus à se traiter les uns les autres avec respect ; mais des parents qui n'en démontrent aucun envers autrui finissent par élever des enfants qui se comporteront de la même façon une fois adultes. Sans la stabilité que procure un code d'honneur du point de vue moral, les enfants finissent par devenir des adultes incapables de mener une vie stable.

Il est essentiel de pouvoir donner sa parole et de la respecter, que ce soit vis-à-vis d'autrui ou de soi-même. On doit pouvoir se faire confiance, mener ce qu'on a entrepris jusqu'au bout et respecter ses engagements ; sinon, tout ce qui nous entoure nous apparaîtra fragile et temporaire, puisque intérieurement c'est ce que nous ressentons. Un homme me fit un jour la confidence suivante : « Je ne veux pas imiter la manière dont ont vécu mes parents, lesquels vivaient perpétuellement dans le mensonge. Mais je ne peux m'empêcher de penser que j'ai hérité de ce trait et que je me comporterai de la même façon si jamais les circonstances le permettent. » L'absence d'honneur individuel s'étend au-delà des frontières de la tribu et peut affecter la vie en société dans son sens large.

À l'occasion d'un autre atelier, je fis la rencontre d'un homme appelé Sam ; il raconta ouvertement l'histoire de sa vie. Il avait grandi dans la pauvreté, sans avoir accès à un modèle paternel. Il éprouvait désespérément le besoin d'être un leader, même si cela voulait dire être chef d'un gang ; c'était sa façon à lui de s'attribuer un sens de l'honneur. Il était devenu un important trafiquant de drogues et gagnait jusqu'à soixante-quinze mille dollars par semaine. Des « employés » travaillaient pour lui et l'aidaient à conclure des marchés qui rapportaient des sommes d'argent énormes.

Un jour, Sam était au volant de sa voiture et, en allumant la radio, il tomba sur un entretien qui attira son attention. Il allait changer de fréquence lorsqu'il entendit l'invitée faire un commentaire sur la présence des anges dans nos vies. Elle affirmait que toute personne est accompagnée par un ange gardien qui veille sur elle et sur ses activités. Tout comme se le remémora Sam plus tard : « Je n'avais rien à faire de ce qu'elle racontait mais, tout d'un coup, je ne pus m'empêcher de penser aux histoires que me racontait ma grand-mère quand j'étais petit au sujet de mon ange gardien. Cela m'était complètement sorti de la mémoire, jusqu'à ce que j'entende cette femme en parler à la radio. »

Sam était en route pour faire une livraison de drogues, mais il ne pouvait se défaire de la sensation que son ange épiait désormais tout ce qu'il faisait. « Tout au long de cette journée-là, j'étais obsédé par l'idée que, si je mourais, je ne saurais pas comment expliquer ce que j'avais fait pour gagner ma vie. »

Pour la première fois de son existence, Sam sentit qu'il était confronté à un problème qu'il ne savait pas comment résoudre. « Vous voyez, un tas de gars comptaient sur moi. Je ne pouvais pas simplement leur dire : "Écoutez les gars, il faut tout changer maintenant parce qu'il y a des anges qui nous regardent et il ne faut pas les mettre en colère." J'avais affaire à des durs à cuire et je ne savais pas comment me sortir de cette situation. »

Un soir, quelques jours après le fameux entretien à la radio, la voiture de Sam heurta un lampadaire ; il se retrouva à l'hôpital avec des blessures assez graves aux jambes et au dos. Ses « employés » lui donnèrent l'assurance qu'ils allaient se charger de poursuivre les activités du commerce, mais Sam se rendit compte que cet accident constituait une chance de réorienter le cours de sa vie. Les médecins lui dirent que de pouvoir marcher à nouveau prendrait beaucoup de temps et d'efforts, et qu'il souffrirait peut-être de douleurs chroniques jusqu'à la fin de ses jours. Sam se mit alors à parcourir des ouvrages sur la guérison et sur les anges.

« J'avais l'impression que, si je faisais la promesse de ne jamais retourner à la vie dans la rue, mes jambes parviendraient à guérir. J'annonçai donc à mes compères que la pression m'était devenue insupportable et, je ne sais trop pourquoi, ils me crurent. Je pense qu'ils reluquaient ma part du gâteau et voyaient là une occasion de se l'approprier ; cela me convenait à moi aussi. Je quittai le quartier dès que j'en fus capable et je recommençai ma vie à zéro. »

Sam finit par se joindre à un tout autre type de « gang », un groupe de jeunes qui se rencontraient le soir venu dans un YMCA du voisinage. Il se consacra à les aider à éviter de mener la vie qu'il avait lui-même connue. « Je ne gagne pratiquement rien aujourd'hui par rapport à mon salaire antérieur, mais croyez-moi, cela ne me préoccupe pas du tout ; je m'organise. Lorsque je vois ces jeunes et qu'ils me racontent leurs rêves, je leur dis que tout est possible, parce que je sais que cela est vrai. Je leur dis même à quel point il est important qu'ils soient fiers de ce qu'ils entreprennent, et quelquefois je leur parle de leur ange gardien. Ces jeunes donnent un sens véritable à ma vie ; je n'avais jamais ressenti cela auparavant et, il faut que je vous dise, c'est une sensation qui vaut mille fois n'importe quelle drogue que j'ai vendue. Pour la première fois de ma vie, je sais ce que veut dire être pur jusqu'au tréfonds de son âme et être fier de qui on est. » Sam est désormais un tout autre type de « chef de gang » ; il est devenu un exemple inspirant auprès des jeunes qui apprennent ainsi ce que le mot « honneur » signifie.

Sam marche maintenant en boitant, mais il a réussi à réapprendre à marcher. Il dit en plaisantant : « Qui eût cru qu'avec ma démarche claudicante je me tiendrais plus droit qu'avant ? » Il traverse encore des journées de grande douleur physique, mais sa vie est désormais traversée par un sentiment de joie illimitée. Son attitude inspire tous ceux et celles qui le rencontrent ; il y transpire une grande estime de soi et un amour véritable de la vie. Il n'y a aucun doute dans mon esprit que la guérison de Sam a été facilitée par le fait d'avoir découvert que sa vie avait un sens.

La justice

C'est au sein de la tribu dans laquelle nous naissons que nous nous familiarisons avec l'idée de justice ; celle-ci se résume souvent à des lois du type « œil pour œil, dent pour dent », ou « traitez les autres de la même façon que vous voudriez être traité ». Ou encore, la notion de justice peut correspondre à la loi karmique en vertu de laquelle « les mauvaises actions peuvent se retourner contre nous ». La justice tribale vise à maintenir l'ordre. On peut la résumer en ces termes : ce n'est que justice de se venger des actes non justifiés qui nous ont causé du tort, de faire ce qui est nécessaire pour se protéger soi-même et sa famille, d'aider des membres de sa famille à perpétrer des actes dans le but de se protéger ou de se venger. Il est injuste de mettre un membre de la famille en danger pour son profit personnel ; de ne pas obéir jusqu'au bout à un ordre donné par la tribu ; d'aider quiconque représente une menace pour la tribu. La règle selon laquelle on ne doit pas déshonorer sa famille exerce un ascendant énorme sur tous les membres qui la constituent.

Lorsqu'un membre de la tribu pose un acte honorable aux yeux des autres membres, tous partagent alors ce que l'on pourrait appeler une « récompense » sur le plan énergétique. Il n'est pas inhabituel qu'un membre de la tribu « se nourrisse » du pouvoir obtenu par ceux qui ont acquis une réputation sur la scène publique. « Que cache un nom ? » demande-t-on quelquefois sur un ton méprisant. Pourtant, un patronyme peut valoir beaucoup : il est porteur de l'énergie de fierté ou de honte qui est ensuite transmise du premier chakra d'un individu. Transgresser les règles de justice tribale peut toutefois devenir la cause d'une perte de pouvoir au sein du système énergétique de l'individu qui commet cet acte ; le sentiment qui en résulte peut aller jusqu'à se sentir déstabilisé en permanence et à éprouver de sérieuses difficultés à tisser des liens avec autrui.

La tribu perpétue la croyance selon laquelle des raisons logiques et humaines expliquent comment les choses doivent se passer. De telles convictions peuvent être la cause de chagrin énorme. Certaines personnes peuvent se demander pendant des années pourquoi elles ont eu à supporter tel ou tel incident douloureux ; ne pouvant trouver une raison satisfaisante, elles finissent par vivre dans une espèce de brouillard, incapables d'aller de l'avant ou de s'affranchir du passé. Bien que la loi tribale constitue un mécanisme nécessaire pour régir l'ordre social, elle ne correspond toutefois pas à la logique divine. Si nous réfléchissons au symbolisme contenu dans le sacrement du baptême, il est possible de découvrir une voie spirituelle qui nous libère du carcan de la justice humaine et nous fait saisir la nature du raisonnement divin. Nous pouvons alors considérer que les circonstances tribales fournissent les conditions nécessaires pour que nous avancions sur le plan spirituel, plutôt que d'assurer le seul confort matériel ;

nous pouvons ensuite comprendre que les événements douloureux qui s'y déroulent sont essentiels à notre développement personnel, plutôt que de les considérer comme un châtiment.

Lorsque la justice tribale en vient à faire obstacle à notre avancement sur le plan spirituel, il est nécessaire que nous parvenions à nous libérer de son emprise. Voilà un des défis les plus difficiles à relever, et il est associé au premier chakra ; cela exige bien souvent que nous soyons forcés de nous séparer physiquement de notre famille ou d'un groupe de personnes avec lesquelles nous avions tissé des liens.

Patrick, un homme extraordinairement charmant, s'était un jour présenté à un de mes ateliers. Il flirtait avec toute femme qui se trouvait dans un rayon de moins de six mètres de sa personne. Tous ceux et celles qui le rencontraient trouvaient que c'était un homme jovial, chaleureux et affectueux. Patrick travaillait comme auxiliaire médical dans une salle d'urgence ; c'était aussi un conteur doué qui, lorsqu'il partageait des bribes sur sa vie, réussissait à hypnotiser son auditoire. Peu de gens semblaient remarquer qu'il souffrait de douleurs chroniques aux jambes et au dos. Il n'arrivait pas à rester assis pour la durée d'une conférence entière, il devait se lever de temps en temps pour s'étirer quelque peu. Il marchait en boitant légèrement.

Tous tenaient pour acquis que Patrick devait faire preuve d'une légèreté de cœur semblable dans sa vie privée, même si celui-ci était originaire de l'Irlande du Nord, réputée pour ses interminables conflits religieux et politiques, et qu'il avait dû voir défiler dans sa salle d'urgence sa ration de blessures par balles et de victimes de voitures piégées.

Un matin, Patrick et moi avons pris le petit déjeuner ensemble ; il me demanda d'effectuer un bilan à son intention, même si sa requête le rendait mal à l'aise. Je lui demandai son âge et j'étais sur le point d'entrer dans cet état rêveur à partir duquel les impressions se mettent à surgir quand il me dit nerveusement : « Qu'est-ce que vous réussissez à voir ? » Je sentis sur-le-champ que Patrick était un militaire et que les douleurs intenses qu'il ressentait aux jambes étaient dues au fait qu'il avait été battu si durement qu'il en résultait un dommage permanent.

« Pourquoi ai-je l'impression que vous menez une double vie, partagée entre l'armée et l'hôpital ? Êtes-vous engagé dans une organisation militaire ou quelque chose du genre ? »

Je sentis tout l'être de Patrick se figer. D'un homme chaleureux il se transforma en un étranger glacial, et je me rendis compte que je venais de pénétrer en terrain dangereux.

Il me répondit : « Il faut être prêt à se protéger là où je vis », faisant évidemment référence aux conflits de longue date qui sévissaient dans son pays. Pourtant, je sentais bien que l'énergie qui se dégageait de sa personne était associée non pas à la nécessité de se défendre mais bien à l'agression pure et simple. Je déclarai : « J'ai la conviction que votre incapacité à vous guérir des douleurs chroniques dont vous souffrez est liée au stress que vous ressentez à cause de votre association avec une organisation militaire. À mon avis, vous devez réduire vos rapports avec ce groupe au minimum, sinon le quitter à tout jamais. »

Patrick repondit : « Certaines choses sont dans l'ordre du possible, d'autres pas. Une personne ne peut se défaire comme elle veut du poids de l'histoire, même si c'est là son vœu le plus cher. Un seul individu ne peut changer les choses. La vengeance mène toujours à plus de vengeance ; une semaine, ce sont mes jambes qui sont touchées, la semaine suivante, ce seront les leurs. C'est un parcours insensé, mais une fois le cycle enclenché, il est impossible de l'arrêter. »

Nous sommes restés silencieux pendant un moment, et puis il me dit : « Je dois partir maintenant. Nous avons assez parlé. » J'ai cru qu'il voulait dire qu'il avait besoin de se lever de table mais c'est l'atelier qu'il quitta, et je ne le revis plus jamais.

Je ne sais si Patrick fut jamais forcé d'enlever la vie ; mais je suis convaincue que le poids que représentait pour lui sa double vie était le facteur qui bloquait la guérison de ses jambes. C'était un homme incapable de se séparer de sa « tribu militaire », en dépit du fait que cette affiliation représentait une menace pour sa santé, et qu'il se sentait coincé entre son sentiment de justice personnel et l'atmosphère de légitime vengeance dans laquelle il évoluait.

L'ultime leçon que nous enseigne le premier chakra, c'est qu'il n'y a de justice véritable que celle qui est régie par le divin. Il me fut donné de saisir toute la profondeur de cela lors d'une séance que je fis à l'intention d'une femme dont l'organisme était complètement envahi par le cancer. Une image de la crucifixion avait surgi dans mon esprit. Elle n'était en rien associée à la religion, mais plutôt au sentiment que me communiquait cette femme : elle cherchait à se remettre d'un baiser de Judas, d'un sentiment de trahison profond.

En réfléchissant au sens que portait cette allusion à Judas, je me rendis compte qu'elle représentait une expérience archétype. Il existe toujours des moments dans la vie où la raison et la justice humaine nous déçoivent ; nous n'avons pas le pouvoir de changer le cours des événements et d'arranger les choses pour qu'elles correspondent à ce que nous souhaitons. La leçon que nous pouvons tirer de cette image de Judas, c'est que la justice humaine est faillible et qu'il est plutôt préférable d'investir sa foi dans l'autorité divine. Cela signifie qu'il faut accepter de croire que la vie est gouvernée «par la justice divine» même si nous ne pouvons en être témoin. Nous devons faire tous les efforts nécessaires pour éviter de sombrer dans l'amertume ou de nous complaire dans le rôle de victimes, lorsque nous nous sentons trahis ou que nous ne pouvons obtenir ce que nous désirons; voilà ce qui était arrivé à cette femme, qui avait fini par développer un cancer à cause d'une telle expérience. Nous devons nous convaincre que nous ne sommes pas des victimes et que les expériences douloureuses nous incitent à réévaluer en qui nous avons mis notre foi. L'histoire qui suit, celle d'Érik, constitue un exemple classique de ce que cela représente.

C'est au cours d'un atelier que je donnais en Belgique que je fis la connaissance d'Érik. Il était demeuré silencieux pendant toute la durée de l'atelier et, lorsque celui-ci fut terminé, il m'annonça que c'était lui qui devait me conduire à Amsterdam. J'étais épuisée et j'aurais voulu dormir quelque peu, mais une fois en route il m'annonça : «Laissez-moi tout vous raconter à mon sujet.» La perspective de cet entretien ne m'enchantait guère ou me faisait plaisir à peu près autant, en fait, que de recevoir un coup de poing dans l'œil. Je répondis tout de même de bonne grâce : «Bon, d'accord, je suis tout ouïe.»

Dix années auparavant, la vie entière d'Érik s'était écroulée. Les deux associés avec lesquels il était engagé dans deux propositions d'affaires lui annoncèrent qu'ils ne désiraient plus travailler avec lui ; à deux contre un, il n'y avait pas grand-chose à faire pour les faire revenir sur leur décision. Ils lui firent la proposition suivante : ou ils lui offraient trente-cinq mille dollars ou ils lui laissaient la totalité des actions d'une société dont ils étaient tous trois propriétaires, mais qui n'avaient aucune valeur.

Abasourdi, Érik quitta son bureau et rentra à la maison. Il confia à sa conjointe qu'il avait besoin de lui parler, ce à quoi elle répondit : « Moi aussi il faut que je te parle. Je vais demander le divorce. Il y a quelqu'un d'autre dans ma vie. »

Comme le soulignait Érik : « Trois de mes partenaires ont demandé le divorce à l'intérieur d'une seule et même journée. J'étais tellement dépassé par les événements que je me suis dit, même si j'étais athée, qu'il n'y avait que le Ciel qui pouvait bouleverser ma vie à ce point. Ce soir-là, je pris la décision de me mettre à prier. Je dis à Dieu : "Si Tu es derrière tout cela, fais-moi signe. J'irai dans la direction que Tu m'indiqueras." »

« Cette nuit-là, je fis un rêve. Je traversais les Alpes en voiture durant une horrible tempête de neige. Les routes étaient dangereusement glacées et j'étais agrippé au volant de ma voiture pour éviter une embardée. À un moment, j'eus l'impression que j'allais perdre le contrôle et tomber du flanc de la montagne mais cela ne se produisit pas. Je réussis enfin à atteindre le sommet et, lorsque je traversai de l'autre côté, la tempête était finie ; le soleil brillait, et on pouvait rouler en toute sécurité. Je continuai mon chemin jusqu'à parvenir à un petit chalet ; une bougie brillait à la fenêtre, et un repas chaud m'attendait à l'intérieur.

« Je décidai à la suite de ce rêve d'accepter les parts sans valeur qu'on m'offrait parce que la société dont il s'agissait fabriquait de la nourriture pour chats et que la voiture que je conduisais dans mon songe était une Jaguar. Mes associés jubilaient, convaincus qu'ils venaient d'épargner trente-cinq mille dollars. Je sentais, même si je ne comprenais pas pourquoi, qu'après avoir accepté ce marché il fallait les laisser sortir de ma vie et oublier ma colère. Je devais tout simplement leur dire au revoir, bien qu'ironiquement à ce moment-là c'était eux qui croyaient s'être débarrassés de moi. Peu de temps après, plusieurs occasions de renflouer ma petite société se présentèrent ; comme l'avait prédit le rêve que j'avais fait, je dus travailler d'arrache-pied durant les premiers mois pour qu'elle se mette à prospérer. Mais j'avais bon espoir de parvenir au but et j'ai tenu bon.

« Je suis aujourd'hui propriétaire d'une des sociétés belges les plus prospères et je consacre une grande part de mon temps à mettre de nouvelles sociétés sur pied. Je me suis remarié avec la femme la plus merveilleuse qui soit, une partenaire dans tous les sens du mot. Jamais je n'aurais songé que ceci m'arriverait ; Dieu seul pouvait le savoir. Je prie chaque jour en me levant, remerciant Dieu d'avoir mis fin à ma vie antérieure, parce que je n'aurais jamais eu le courage de quitter ces trois personnes de mon propre chef. Maintenant, lorsque je rencontre des gens dont la vie est sens dessus dessous, je leur dis : "Dieu est derrière vous. Il n'y a pas de raison de vous inquiéter. Je le sais de source sûre." »

Toutes les histoires de cas que j'ai présentées dans ce chapitre fournissent des exemples de situations dans lesquelles la vérité sacrée *Tout est un* peut nous être enseignée. Le pouvoir spirituel contenu dans la sefira de Shekhinah ainsi que dans le sacrement du baptême, combiné à l'énergie du chakra tribal, nous confère « l'intuition du premier chakra », afin de nous aider à vivre de manière honorable les uns avec les autres et à se défaire des fausses perceptions qui contredisent cette vérité. L'étape suivante de notre développement consistera à explorer, dans le prochain chapitre, les thèmes soulevés par le deuxième chakra et par la vérité sacrée *Honorez-vous les uns les autres*.

QUESTIONS POUR UN EXAMEN
DE CONSCIENCE

Quelles croyances avez-vous héritées de votre famille ?

Parmi ces croyances, pouvez-vous identifier celles qui sans raison continuent à exercer une emprise sur vous ?

Quelles superstitions entretenez-vous ? Lesquelles ont davantage d'ascendant sur vous que votre propre capacité de raison ?

Respectez-vous un code d'honneur ? En quoi consiste-t-il ?

Avez-vous déjà transigé sur l'honneur ? Si tel est le cas, quelles mesures avez-vous prises pour faire en sorte qu'il soit rétabli ?

Reste-t-il encore des choses que vous devez régler avec des membres de votre famille ? Si tel est le cas, faites une liste des raisons qui vous empêchent de vous réconcilier avec eux.

Faites une liste de tous les bienfaits dont vous croyez avoir hérité de votre famille.

Si vous élevez présentement une famille, faites une liste des valeurs que vous souhaitez inculquer à vos enfants.

Quels sont les traditions et les rites que vous contribuez à perpétuer au sein de votre famille ?

Décrivez les traits hérités de la tribu que vous souhaitez cultiver en vous.

LE DEUXIÈME CHAKRA :
LE POUVOIR DES RAPPORTS HUMAINS

Le deuxième chakra est le chakra de l'association. L'énergie qu'il diffuse commence à se manifester vers l'âge de sept ans, stade à partir duquel les enfants acquièrent une indépendance et se mettent à avoir des rapports avec des enfants et des adultes autres que les membres de leur famille. Ils commencent ainsi à s'individualiser, à établir des liens avec autrui et à expérimenter avec la volonté de choisir. L'énergie se modifie avec le deuxième chakra ; elle passe d'une attitude d'obéissance envers l'autorité tribale à l'exploration des rapports pouvant satisfaire certains besoins sur les plans personnel et matériel. Elle nous incite à entrer en rapport avec les forces extérieures, tout en demeurant une énergie caractéristique des chakras inférieurs. Le deuxième chakra dégage une force très puissante.

Emplacement : Entre le bas de l'abdomen et la région du nombril.

Lien énergétique au corps physique : Organes génitaux, gros intestin, vertèbres inférieures, bassin, région des hanches, appendice et vésicule biliaire.

Lien énergétique au corps affectif et mental : Ce chakra se fait sentir dans le besoin que nous éprouvons d'établir des liens avec autrui et de maîtriser dans une certaine mesure notre environnement matériel. Tout ce qui communique la sensation d'exercer une certaine emprise sur notre vie, l'autorité, les gens qui nous entourent, ou l'argent, est en rapport avec le deuxième chakra ; le champ énergétique et le corps physique servent d'intermédiaires. Les maladies qui se développent à partir de ce centre d'énergie sont activées par la peur de perdre le contrôle ; les cancers de la prostate ou de l'ovaire, les douleurs chroniques au dos et dans les hanches, de même que les rhumatismes sont parmi les plus fréquentes. Les problèmes qui surgissent durant la ménopause, comme les bouffées de chaleur et la dépression, sont également liés à un dysfonctionnement de l'énergie du deuxième chakra. Les fibromes sont causés par une énergie créatrice n'ayant pas été actualisée, ou une énergie vitale orientée vers des emplois sans débouchés ou vers des rapports qui se trouvent dans une impasse.

Lien symbolique et perceptuel : L'énergie du deuxième chakra permet de développer l'identité personnelle et les mécanismes de défense. Alors que nous ne cessons de mesurer notre force individuelle en regard du monde extérieur et de ses attraits matériels (tels que l'argent, le sexe, les substances psychotropes, certaines personnes), l'énergie qui se dégage d'un ego en santé au niveau du deuxième chakra nous permet d'établir un rapport avec ces objets de séduction sans pour autant avoir à transiger ou à « se vendre ». C'est l'énergie de l'autosuffisance, l'instinct de survie lié au fait d'être dans le monde.

Lien aux sefirôt et aux sacrements : Le deuxième chakra est en ligne directe avec la sefira de Yesôd, laquelle représente le phallus, l'énergie mâle de la procréation. Du chakra de l'association émane également l'énergie de « l'alliance ». Cette énergie procréatrice est à la fois de nature biologique et spirituelle : nous désirons donner naissance à des enfants, tout comme nous souhaitons donner forme aux idées créatives que nous avons, ce qui est essentiel pour la santé physique et spirituelle. Le sacrement de la communion fait vibrer l'énergie de ce chakra et symbolise les liens que nous tissons avec autrui. Cela englobe des communions de plusieurs types représentées par l'acte qui consiste à « partager le pain ».

Peurs fondamentales : Elles sont liées à la crainte de perdre la maîtrise de soi ou d'être dominé par autrui, à cause du pouvoir que peuvent exercer certains événements et quelques circonstances sur l'individu : la toxicomanie, le viol, la trahison, l'impuissance, les pertes financières et l'abandon par un conjoint ou par des collègues. Une autre peur peut aussi nous habiter : celle de perdre sa force physique.

Forces fondamentales : La capacité de subvenir à ses besoins pécuniaires et physiques et la résistance nécessaire pour ce faire, ainsi que pour se défendre et se protéger ; l'instinct qui nous pousse à agir en luttant ou en prenant la fuite ; la capacité de prendre des risques ; le ressort grâce auquel il est possible de se remettre de la perte d'un être cher, d'un conjoint, d'un associé, de ses biens, de son emploi ; la force de se rebeller et de recommencer sa vie à neuf ; enfin, la capacité de prendre des décisions sur les plans personnel et professionnel.

Vérité sacrée : La vérité sacrée inhérente au deuxième chakra est la suivante : *Honorez-vous les uns les autres*. Ce précepte s'applique à tous les rapports que nous entretenons avec autrui et avec toute forme de vie. Du point de vue de la spiritualité, tout rapport que nous établissons, du plus informel au plus intime, sert à faire de nous des êtres toujours plus conscients. Certains rapports comportent nécessairement leur part de chagrin, puisque appréhender le soi et faire face à ses limites n'est pas une tâche que nous entreprenons généralement de gaieté de cœur. Certaines conditions spirituelles doivent être «créées» afin que nous acceptions de nous plier à cet exercice.

Les énergies archétypes de la sefira de Yesôd, du sacrement de la communion de même que du deuxième chakra, ont en commun la même symbolique : les rapports avec autrui fournissent l'occasion de saisir des messages qui sont essentiellement d'ordre spirituel. Ils servent à nous révéler nos forces et nos faiblesses. Que ce soit par le biais des rapports que nous établissons dans notre foyer, au travail, dans la communauté ou dans les activités politiques, tout ce qui nous relie à autrui a une valeur sur le plan spirituel et nous aide à nous développer en tant qu'individus. Il est plus facile d'apprécier la valeur symbolique des rapports lorsqu'on réussit à se défaire du besoin compulsif de tout juger et d'évaluer, et à se concentrer sur la nécessité de respecter les autres et sur la tâche dans laquelle nous nous trouvons engagés.

L'énergie du deuxième chakra comporte une dualité inhérente. L'énergie unifiée du premier chakra, qui est représentée par l'esprit tribal, se retrouve ici divisée en deux pôles. Plusieurs concepts existent qui visent à nommer cette polarisation des forces : le yin et le yang, l'anima et l'animus, le masculin et le féminin, le soleil et la lune. Pour résoudre les questions soulevées par rapport au deuxième chakra, il est essentiel d'arriver à saisir la portée de ces principes opposés. Les énergies de la sefira de Yesôd et du sacrement de la communion se combinent à l'énergie double du deuxième chakra en vue d'assurer que nous «attirerons» vers nous les rapports qui nous aideront à mieux nous connaître en tant qu'individu. Des expressions comme « qui se ressemblent s'assemblent », ou « lorsque l'élève sera prêt, le maître se manifestera », font allusion au fait que l'énergie « œuvre dans les coulisses », qu'elle paraît orchestrer les rencontres que nous ferons au cours de notre vie, et ce toujours au moment propice. Apprendre à agir en toute conscience dans nos rapports avec autrui, voilà le défi spirituel que porte le deuxième chakra ; il nous faut arriver à créer des unions qui favorisent la croissance et à se délester des liens qui l'entravent.

Dans les sciences physiques, on reconnaît implicitement l'énergie du deuxième chakra dans la loi de la cause à effet (à chaque action correspond une réaction égale mais opposée) et dans la loi du magnétisme (deux particules de charges opposées s'attirent). Si l'on applique ces principes aux rapports entre les individus, cela signifie que l'énergie qui se dégage de notre être attirera vers nous des personnes qui sont, dans une certaine mesure, nos contraires et qui ont quelque chose à nous apprendre. Rien n'est aléatoire : avant qu'un lien avec quelqu'un s'établisse, une porte s'était déjà entrouverte par l'entremise de l'énergie que nous générons. Voilà pourquoi nous familiariser avec le dualisme inhérent au deuxième chakra peut constituer une source d'émerveillement : plus nous prenons conscience de la dynamique à l'œuvre, plus nous saurons sciemment faire usage de l'énergie qui la caractérise.

LE POUVOIR DE CHOISIR

Grâce à l'énergie du deuxième chakra, nous pouvons aspirer à dépasser l'énergie collective de la tribu. La possibilité de faire un choix repose sur l'existence d'éléments contraires ; la dualité inhérente au deuxième chakra nous incite continuellement à effectuer des choix dans un monde où coexistent des éléments opposés, ceux-ci étant caractérisés par une énergie positive ou négative. Lorsque nous faisons un choix, nous libérons un courant subtil transmis à l'univers, lequel réagit à son tour à l'influence de la conscience humaine.

Savoir s'y prendre pour faire usage du pouvoir de choisir, avec tout ce que cela implique sur les plans spirituel et de la créativité, *constitue l'essence même de l'expérience humaine*. Tous les enseignements spirituels nous incitent à saisir l'importance de cette dynamique, laquelle sert à convertir l'âme en matière et les paroles en chair. Choisir est au cœur même du processus de création.

Notre âme s'entremêle aux événements par l'entremise des choix que nous faisons; voilà la raison pour laquelle les grandes traditions spirituelles s'accordent sur un principe essentiel : il importe de faire preuve de sagesse dans les choix que nous faisons, puisque chacun de ceux-ci constitue un acte créateur de portée spirituelle dont la responsabilité nous incombe. De plus, un choix fondé sur la foi sera appuyé par la puissance du divin, puisque « la foi transporte les montagnes ». Un choix motivé par la peur, cependant, fait violence à cette énergie que confère la foi.

Or, l'acte de choisir comporte un aspect mystérieux, car nous ne pouvons jamais en saisir toute la portée. L'enseignement principal contenu dans le deuxième chakra traite de la nature paradoxale du choix : une décision qui semblait être bonne peut finir par entraîner des conséquences négatives. Alors que tout paraissait se dérouler normalement et sans heurts, voilà que le chaos s'installe.

Paradoxalement, bien que l'énergie du deuxième chakra nous incite à exercer une maîtrise sur nos vies, elle nous enseigne du même coup que nous n'avons aucun contrôle sur les événements. Nous sommes malgré tout constamment à la recherche du choix ultime qui nous permettra de mettre à tout jamais de l'ordre dans nos vies, et de stopper l'inexorable roue du changement juste assez longtemps pour que nous puissions avoir le dessus sur tout et sur tous ceux qui nous entourent. Ai-je choisi la bonne carrière ? Le bon conjoint ? Le milieu de vie ? De fait, en se concentrant uniquement sur la question de savoir si on a fait le choix le plus judicieux possible, on se laisse vaincre par la peur, face au changement perpétuel que nous impose le rythme de la vie. En n'aspirant qu'à tomber sur *la* personne ou *la* chose qui nous prodiguera à jamais la paix, la stabilité, l'amour et la santé, nous évacuons la force beaucoup plus authentique qui existe « derrière nos yeux et non pas directement en face de nous ». La vérité qui se cache au cœur de cette notion paradoxale que constitue le dualisme est la suivante : ce n'est nullement *ce que* nous choisissons qui a de l'importance, mais bien *les raisons* qui nous motivent à effectuer un certain choix ; ces dernières seules peuvent avoir un effet sur le déroulement ultime des événements.

Effectivement, le deuxième chakra nous met au défi de déceler les motivations qui nous poussent à effectuer des choix. Ce faisant, nous apprenons aussi à scruter notre âme. Cette dernière est-elle habitée par la peur ou par la foi ? L'énergie qui découle de ces deux attitudes opposées investit chacun de nos choix ; les résultats découlant de toute décision seront dans une certaine mesure un reflet de l'une ou l'autre émotion. La dynamique inhérente au choix fait en sorte qu'il devient impossible d'esquiver les questions qui nous concernent et les décisions que nous avons à prendre au cours de notre vie.

LES RAPPORTS AVEC AUTRUI
ET L'ACTE DE CHOISIR

Parce qu'elle est de nature créatrice, l'énergie qui caractérise le deuxième chakra est extrêmement volatile. Elle est également associée aux questions ayant trait à la survie physique : au sexe, au pouvoir, à l'argent et aux relations. À partir du moment où nous nous mettons à essayer de nous tailler une place au sein du monde matériel, le conflit interne entre la foi et la peur qui nous habite se retrouve bien souvent enseveli sous des questions pressantes de l'ordre de la survie : serai-je capable de gagner ma vie ? De me trouver un conjoint ? De subvenir à mes besoins ?

Le côté obscur du deuxième chakra abrite nos peurs prédominantes devant l'éventualité du viol, de la trahison, de la faillite et de la pauvreté, de l'abandon, de l'isolement, de l'impuissance et de l'incapacité à subvenir à nos besoins. Celles-ci peuvent exercer une telle emprise sur nous qu'elles réussissent à nous juguler et à orienter les actes que nous poserons au cours de notre existence. Pour emprunter une expression tirée des Saintes Écritures, de telles peurs constituent ce qu'on pourrait appeler des « faux dieux ».

Afin de parvenir à comprendre nos motivations profondes – nos « faux dieux », en l'occurrence –, nous avons besoin d'être en relation avec autrui. En établissant un rapport avec quelqu'un, nous mobilisons une partie de notre énergie ou de notre pouvoir individuel. Diverses questions se posent alors, parfois même de manière inconsciente : cette relation m'apporte-t-elle quelque chose ou bien draine-t-elle mes forces ? Où commence l'autre, où finit-on soi-même ? Quel est le rapport de forces entre nous ? Quel type de compromis ai-je accepté en échange de la sécurité matérielle et affective, de l'argent ou du statut social ?

Bien qu'il soit salutaire de s'interroger sur la nature de nos rapports avec autrui, une telle réflexion fait d'abord et avant tout appel à des notions de différenciation et d'opposition qui dénotent le conflit : toi ou moi, le tien ou le mien, bon ou mauvais, vainqueur ou perdant, bien ou mal, riche ou pauvre.

Sur le plan symbolique, de tels conflits sont également reflétés dans le rapport que la plupart des gens entretiennent avec Dieu et qui s'expriment par les termes suivants : ma force ou la Tienne ; Dieu m'accompagne-t-Il vraiment en ce bas monde, ou dois-je tenter seul(e) de tout maîtriser moi-même ? Et même s'il existe une puissance divine qui agit dans l'ombre, comment savoir quels choix je dois faire ? De telles interrogations sur la foi sont fondamentales et soustendent chacune de nos relations avec autrui.

Paradoxalement, le défi que nous avons à relever, afin de maintenir ces énergies conflictuelles en échec, est de ne pas perdre de vue que celles-ci sont partie intégrante du caractère unifié de l'univers. Dès les premiers moments de notre quête spirituelle, nous faisons l'expérience de l'antagonisme : les rapports humains génèrent les conflits, ceux-ci nous forcent à faire des choix, lesquels créent du mouvement pour nous mener vers de nouvelles situations conflictuelles. Il est possible d'échapper à ce cycle en effectuant des choix qui transcendent le dualisme et les divisions perçues entre soi et les autres, de même qu'entre soi et Dieu. Aussi longtemps que nous essaierons de dominer autrui en oubliant que ce dernier est en fait le miroir dans lequel se reflètent nos propres défauts et qualités, nous ne ferons qu'attiser le conflit en nous-mêmes. S'arrêter au symbolisme inhérent aux rapports à autrui nous aide à réconcilier nos différences. Voilà la portée symbolique qui émane du sacrement de la communion.

MOBILISER ET CANALISER
L'ÉNERGIE CRÉATRICE

Les énergies qui se dégagent du deuxième chakra sont motivées par le besoin de créer de la vie, de « faire tourner la Terre », de contribuer de quelque façon au continuum que constitue la vie. L'énergie créatrice est essentiellement de nature physique et terrestre, par opposition à l'inspiration, qualité émanant quant à elle du septième chakra. Elle nous communique une sensation physique, celle d'être bien vivant. L'énergie du deuxième chakra nous dote des intuitions et de l'instinct nécessaires à la survie, de même qu'elle entretient en nous le désir de créer par le biais de la musique, de la peinture, de la poésie et de l'architecture, et la curiosité nous incitant à sonder la nature dans les domaines de la science et de la médecine. Notre énergie interne nous entraîne dans un dialogue interne mettant en rapport les parties opposées du moi et ses penchants contradictoires ; elle nous oblige à résoudre cette polarité par le dynamisme des liens que nous créons avec le monde extérieur.

L'énergie créatrice parvient à nous faire rompre avec les vieilles habitudes sur le plan du comportement, de la pensée et des relations. L'habitude peut devenir cet enfer auquel les gens s'accrochent malgré tout par peur du changement ; l'énergie créatrice résiste cependant à la répétition à laquelle nous confine la routine. La répétition et la créativité sont deux forces discordantes au sein de la psyché humaine ; elles nous incitent à conférer un sens personnel au chaos de ce monde et à lui redonner forme.

L'énergie qui se dégage du deuxième chakra constitue l'une des ressources principales grâce auxquelles nous pouvons composer avec les événements quotidiens et trouver des solutions créatives aux problèmes d'ordre mental, physique et spirituel qui surviennent. Bloquer cette énergie peut mener à des dysfonctions telles que l'impuissance, l'infertilité, les infections vaginales, l'endométriose et la dépression, tout en interférant avec le processus de maturation sur le plan spirituel. Cela équivaut à affirmer : « Je ne désire pas aller plus loin, je refuse d'approfondir mes connaissances ou de poursuivre ce processus d'apprentissage qu'est la vie. » En revanche, si on la laisse couler librement, l'énergie créatrice continuera sans cesse à refaçonner nos vies et à nous aider à comprendre le pourquoi des choses dans toute leur profondeur.

Une femme du nom de Kate prit un jour rendez-vous avec moi, peu après que son mari, alors dans la jeune trentaine, mourut dans un accident d'automobile. Elle se voyait désormais forcée de subvenir aux besoins de deux enfants sans paraître bien préparée pour accomplir cette tâche, n'ayant ni diplôme ni aptitudes particulières. Kate m'avoua qu'il ne lui restait tout simplement plus assez d'énergie « pour continuer à vivre ».

Il m'apparaissait évident que Kate souffrait de dépression ; elle-même était parvenue à la même conclusion. Au cours de mon évaluation, je pris note du fait qu'un kyste bénin s'était développé sur un de ses ovaires, ce dont elle n'avait pas encore pris connaissance. Nous avons discuté ensemble de la nécessité pour elle d'oublier le passé et de trouver la motivation nécessaire pour aller de l'avant, mais cela semblait être au-dessus de ses forces. Je lui recommandai d'aller consulter son médecin au sujet du kyste et d'entreprendre toute tâche, si insignifiante soit-elle, qui puisse exprimer un désir de reconstruire sa vie. Je voulais qu'elle voie celle-ci comme une activité qui insufflerait une énergie nouvelle dans sa vie.

Il ne me semblait pas étonnant qu'une excroissance se soit développée au niveau de l'ovaire : elle venait de perdre son conjoint et un style de vie, et elle se demandait maintenant comment elle arriverait à subvenir aux besoins de sa famille sur les plans physique et pécuniaire. Tout comme je l'ai mentionné, la survie est une des questions importantes liées au deuxième chakra.

Kate décida de se mettre à jardiner, parce que cette activité symbolisait un renouveau. À chaque fleur qu'elle plantait, elle se rappelait qu'elle était en train de recréer une vie pour elle-même et ses enfants. De jour en jour, elle travailla à ramener son énergie dans le moment présent, refusant de revenir sans cesse sur les souvenirs vécus avec son mari. Elle se soumit également à un examen médical, et le médecin confirma qu'un kyste bénin s'était développé sur l'ovaire. Il n'y avait aucun danger immédiat, lui dit-il, mais il faudrait périodiquement vérifier comment ce dernier évoluerait. Puis Kate ajouta une nouvelle tâche à ses activités de jardinage ; tout en sarclant, elle se disait que c'était son kyste qu'elle extirpait.

Six semaines plus tard, Kate se mit à penser à ce qu'elle pourrait faire pour gagner sa vie. Elle avait toujours eu du talent pour les activités domestiques telles que la cuisine et la couture, mais en faire un métier n'avait jamais effleuré son esprit. Une de ses amies fit un jour appel à Kate ; elle s'était foulé un poignet et se trouvait dans l'impossibilité de terminer les costumes qu'elle devait coudre pour une production théâtrale locale. Elle demandait à Kate de la remplacer.

Kate accepta ; elle se rendit au théâtre pour recevoir les instructions nécessaires et retourna à la maison tissu et mesures en main. En étudiant les maquettes, elle vit qu'elle pourrait y apporter quelques améliorations; elle téléphona à la responsable en charge et celle-ci lui donna le feu vert. Les costumes de Kate eurent tant de succès que, peu de temps après, son téléphone se remit à sonner; on lui proposait de réaliser d'autres projets, au théâtre et pour des particuliers.

Depuis, Kate a ouvert sa propre boîte de conception, et celle-ci connaît beaucoup de succès. Son kyste ovarien a disparu. Elle n'hésite pas à recommander, aux personnes qui se sentent dans une impasse et souhaitent repartir de zéro, de se mettre au jardinage en se disant : « Je vais semer une idée créatrice. »

L'histoire de Kate nous démontre comment l'énergie créatrice peut nous propulser sur des voies insoupçonnées et actualiser les choix affirmatifs que nous faisons. Une idée créative génère son propre champ d'énergie, de même que le synchronisme nécessaire pour rassembler les personnes et les circonstances qui contribueront à ce que l'idée puisse passer à une autre étape de sa réalisation. Sur le plan symbolique, cette histoire illustre comment, grâce aux énergies spirituelles découlant de la sefira de Yesôd (force de création) et du sacrement de la communion, la force magnétique qui irradie de notre être ira chercher le secours dont nous avons besoin au moment opportun.

La volatilité et la puissance qui caractérisent l'énergie créatrice nous engagent à ne faire qu'un usage consciencieux de celle-ci; voilà qui peut exiger beaucoup d'efforts de notre part. Nous faisons souvent appel à la créativité dans l'intimité de nos pensées, mais les énergies créatrices sont aussi à l'œuvre dans nos rapports avec autrui. Il peut nous arriver, par exemple, de changer les détails des histoires que nous racontons pour les adapter à nos propres desseins; ou encore, de manipuler quelqu'un afin d'obtenir ce que nous désirons. Voilà des actes qui utilisent l'énergie créatrice à mauvais escient. Les potins et la manipulation ont pour conséquence de drainer l'énergie du deuxième chakra.

Les pensées et les actes négatifs trouvent leur origine dans la peur. C'est dans la mesure où nous craignons d'être trahis par autrui, d'être blessés dans une relation intime, ou d'être victimes d'escroqueries, que nous serons enclins à poser des gestes négatifs. Mettre sa foi en quelque chose apporte toujours des résultats, que l'objet de son attention soit de nature positive ou négative. Investir sa foi dans le sentiment de peur produit des effets pernicieux, en commençant par nous démunir de notre aptitude à entretenir des rapports de confiance avec le monde extérieur.

Lorsque la peur devient le principe moteur dans notre vie, nous sommes alors beaucoup plus susceptibles d'être séduits par les faux dieux que sont le sexe, le pouvoir et l'argent, et tout ce que ceux-ci représentent. Ce faisant, nous abdiquons et nous nous laissons enchaîner par un objet de séduction ; celui-ci peut être une relation intime dysfonctionnelle, une source d'argent ou de sécurité dont on dépend, le souvenir d'une expérience à laquelle on reste accroché, ou une dépendance envers les drogues ou l'alcool. La voix de la peur nous hypnotisant, nous devenons ainsi incapables de réfléchir ou d'agir clairement, car nous sommes contaminés par des craintes qui entravent le flux de l'énergie et des idées créatrices émanant du deuxième chakra. Ce dernier constitue le canal de la naissance, à la fois dans le sens littéral et sur le plan symbolique. Bien qu'une idée nouvellement conçue possède son propre champ énergétique et qu'elle luttera pour assurer sa survie, tout comme le font les nouveau-nés, le sentiment de peur la fera bien souvent avorter. Certaines personnes craignent d'accorder toutes les conditions nécessaires pour permettre aux idées ou aux relations de s'épanouir. On peut se sentir menacé lorsque, en réalisant un projet, on arrive à l'étape où il faut faire appel à l'expertise d'autrui. De même, on peut se considérer comme seul propriétaire d'une idée, lui ayant « donné naissance » en quelque sorte, et l'on cherchera alors à dominer toute chose et toute personne qui y est rattachée. Les deux types de réactions ici évoquées se soldent fréquemment par une « suffocation de l'énergie », résultat de la contrainte exercée par un partenaire, ou par un parent craintif et dominateur.

Un homme appelé Jean vint assister à un de mes ateliers avec l'intention de trouver, grâce à l'intuition, une nouvelle orientation en matière de carrière. Dans son entourage, on s'était toujours attendu à ce qu'il fonde un jour sa propre maison de production vidéo. À la veille de son quarantième anniversaire, Jean décida que c'était « maintenant ou jamais » le temps de réaliser ce projet. Il s'allia à deux autres partenaires, et tous trois mirent sur pied une société qui, espéraient-ils, allait devenir une entreprise prospère. Un plan d'affaires avait été élaboré, et ils se mirent à frapper à la porte des investisseurs potentiels. Tout se passa bien entre les associés pendant cette étape de planification et de « rêve ». Ils étaient tous trois enthousiastes, énergiques et ambitieux, croyant qu'ils s'acheminaient tout droit vers le succès ; cette conviction se raffermit encore davantage lorsqu'ils réussirent à se gagner l'appui de cinq investisseurs différents.

Or, une fois le capital versé, les rapports entre les associés se désintégrèrent, plutôt que de les lancer vers la deuxième étape de création et de développement. L'attitude de Jean envers l'argent se transforma radicalement. Il se mit à insinuer qu'il était le seul véritable créateur au sein de l'équipe et que, par conséquent, c'était lui qui devrait être responsable des décisions à l'étape suivante. L'attitude compétitive de Jean entrava l'élan créateur qui avait inspiré les trois associés jusque-là ; six mois plus tard, ils avaient dépensé une portion importante de leur capital de départ, mais ils n'avaient pas réussi encore à produire une seule vidéo. Ils se virent forcés de mettre fin à leur association et de déclarer faillite. Jean rejeta toute la faute de cet échec sur le dos de ses associés en disant que ceux-ci s'étaient montrés jaloux de son talent.

Comme nous l'avons vu, le potentiel créateur est un des attributs du deuxième chakra, tout comme l'est, cependant, l'éventualité du conflit. La vérité sacrée et le thème associés à ce chakra, *Honorez-vous les uns les autres*, sont une source prépondérante de force spirituelle et peuvent apporter un élément de solution au défi spirituel qui nous est ainsi posé. Si nous agissons de manière à respecter cette vérité, nous ferons alors appel au meilleur de nous-mêmes et d'autrui. Sur le plan symbolique, les énergies combinées de la sefira de Yesôd et du sacrement de la communion doivent être utilisées dans le respect de l'être humain, que ce soit en trouvant intuitivement les mots qui doivent être prononcés, ou en reconnaissant à sa juste valeur le rôle qu'autrui joue dans une relation. La création est une forme de communion ; elle rassemble les énergies vitales de chacun dans la réalisation d'un objectif commun. On fait souvent allusion à la créativité comme des « semences », autre métaphore associée à l'énergie phallique qui se dégage de la sefira de Yesôd.

Dans le cas qui nous occupait précédemment, Jean était incapable d'accepter que ses associés puissent eux aussi avoir du talent, de l'imagination et de l'ambition. Il aurait pu leur témoigner du respect et collaborer avec eux, mais la menace que ceux-ci représentaient à ses yeux était trop importante. Au cours du bilan privé que j'effectuai à son intention dans l'espoir de lui faire comprendre à quel niveau se situait la source de ses peurs, j'eus l'impression qu'il était paralysé par la peur d'être impuissant. À ses yeux, partager l'autorité équivalait à devenir impuissant tant sur le plan de la sexualité que sur ceux de l'argent et de la création. Pourtant, la perspective de collaborer à une démarche de création l'attirait. Jean aurait pu résoudre ces questions à l'aide de la psychothérapie, mais il rejeta ma suggestion. Il affirma qu'à son avis toute entreprise ne devait avoir à sa tête qu'un seul leader, et que son problème serait résolu s'il arrivait à trouver une équipe de gens talentueux qui acceptaient cela. La thérapie ne changerait rien à la manière dont il concevait la gestion d'une société, dit-il, et ne lui apporterait donc rien qui vaille. Tant que Jean demeurera incapable de remettre en question ces convictions, les projets qu'il mettra sur pied iront d'échec en échec. Mais celui-ci quitta l'atelier toujours déterminé à trouver une équipe qu'il pourrait diriger.

Qu'ils soient de nature physiologique ou énergétique, les avortements qui sont le produit d'une décision motivée par la peur peuvent avoir des conséquences importantes sur les plans affectif et physique. Les femmes qui se soumettent à un avortement parce que leur conjoint les rejette ou ne veut pas de l'enfant, ou que la perspective de ne pouvoir fournir un foyer adéquat terrifie, seront souvent touchées par un dérèglement du système reproducteur, soit par exemple des fibromes. Je me rappelle un cas qui m'avait été référé par Norm Shealy ; une de ses patientes était victime de graves hémorragies vaginales sans qu'il puisse déterminer de cause physiologique identifiable. En effectuant un bilan énergétique, je pris note du fait qu'elle avait subi deux avortements contre son gré. Je demandai à Norm : « Votre patiente vous a-t-elle parlé de ses deux avortements ? » Il s'avéra qu'elle ne l'avait pas fait, et lorsque Norm lui demanda de lui parler des sentiments qu'elle éprouvait à cet égard, elle fondit en larmes ; elle put enfin se soulager de la douleur et de la culpabilité qui la tenaillaient depuis tant d'années. Ces traumatismes étaient donc la cause énergétique des hémorragies dont elle souffrait.

Parmi les femmes que j'ai rencontrées, celles qui ont subi volontairement des interruptions de grossesse n'ont pas rapporté avoir été traumatisées par cette expérience. Elles avaient plutôt senti que le temps n'était pas encore venu pour elles de devenir mères ou d'avoir un autre enfant, et elles savaient qu'elles avaient le plein droit de prendre une décision en ce sens ; ces deux facteurs contribuèrent de manière significative à ce qu'elles puissent vivre en paix avec la décision qu'elles avaient prise. Une femme m'a raconté qu'avant de subir une interruption de grossesse elle avait élaboré une cérémonie dans le but de communiquer avec l'âme de l'enfant qu'elle portait, pour lui dire qu'elle se sentait incapable de lui fournir des conditions stables. Elle était convaincue que le message avait été reçu, puisque, peu après l'avortement, elle avait fait un rêve dans lequel elle avait croisé un esprit qui lui avait dit : « Tout va bien. »

Les avortements de nature énergétique, d'une idée ou d'un projet, se produisent beaucoup plus souvent que les interruptions de grossesse ; les hommes tout comme les femmes en font l'expérience. Un avortement de type physiologique peut entraîner de sérieuses répercussions sur les plans affectif et physique ; de même, un avortement de type énergétique peut laisser des séquelles. Ce dernier peut entraîner chez les hommes et chez les femmes des problèmes sur le plan physique, parmi lesquels on compte notamment l'infertilité. Nombre de femmes très occupées à se forger une carrière semblent éprouver beaucoup de mal à tomber enceintes. De même, certains hommes dans la même situation peuvent souffrir de problèmes reliés à la prostate ou éprouver des difficultés sur le plan de la virilité.

Un homme de ma connaissance se rappelait qu'il avait investi une grande partie de son temps, de son énergie et de son argent à mettre sur pied une nouvelle société. N'ayant pas tous les fonds nécessaires pour démarrer cette dernière, il alla chercher de l'aide financière auprès de personnes de son entourage et, fort de l'appui que celles-ci lui promettaient, se mit à l'ouvrage. Après plusieurs mois de travail, une fois toutes les conditions en place, il reprit contact avec ses associés mais ceux-ci firent marche arrière. Il ne put réaliser son projet et se sentit profondément blessé ; selon les termes qu'il employa, il n'avait pas pu « donner naissance » à celui-ci. Pendant des années, il porta sur ses épaules ce « deuil » semblable à un avortement. Puis, il développa une tumeur maligne au côlon et en mourut quelques années plus tard. Le désir de donner naissance à quelque chose est de même nature qu'il s'agisse de la psyché masculine ou féminine ; le besoin inassouvi chez cet homme fut donc la cause d'un avortement énergétique.

Un homme me raconta un jour que son épouse avait eu un avortement sans lui en faire part parce qu'elle affirmait qu'il lui appartenait à elle seule d'en décider. Lorsqu'il apprit la nouvelle, l'énergie de cet avortement se diffusa au sein de son organisme, produit de la colère et de la culpabilité. Cela le rendit même impuissant, son corps manifestant ainsi son refus de reproduire dorénavant la vie.

MOBILISER ET CANALISER
L'ÉNERGIE SEXUELLE

La sexualité et toutes les attitudes que nous manifestons à son égard sont modelées au sein du deuxième chakra. La sexualité est une force à l'état brut ; elle nous permet de forger des liens solides et de tisser une relation intime, de laquelle peut surgir la vie. Avoir un compagnon ou une compagne de vie, fonder un foyer, avec ou sans enfants, représente pour nous, en tant qu'adultes, la stabilité. Cela inclut également l'union avec un conjoint de même sexe. Ayant réussi au sein de notre culture à nous défaire des restrictions limitant les formes d'expression sexuelle, les individus peuvent désormais aspirer à établir des relations qui correspondent à leurs besoins ; cela a permis à la communauté homosexuelle de pouvoir aspirer enfin à la dignité au sein d'une société dominée par les rapports hétérosexuels.

Le deuxième chakra est le siège du désir, de même que celui de la capacité à donner la vie. La grossesse et l'accouchement réconcilient les forces antagonistes qui opposent deux individus de manière plus tangible que n'importe quelle autre forme d'expression de l'unité.

Mis à part la possibilité qu'elle offre de créer la vie, la sexualité constitue également une forme d'expression personnelle ; elle met en lumière notre seuil de confort quant aux liens physiques que nous entretenons avec le monde dans lequel nous évoluons. Elle nous éveille à notre propre corps et à nos besoins physiques, ainsi qu'à la possibilité d'explorer les voies de l'érotisme et de la sensualité. L'érotisme est une forme de libération, autant sur le plan spirituel que sur les plans physique et affectif. Comment cela est-il possible ? La raison est la suivante : la nature du plaisir érotique est d'être « dans le moment présent » ; celui-ci survient lors d'une rencontre au cours de laquelle nous laissons tomber nos barrières et nous nous abandonnons au plaisir du contact physique avec un autre être humain. Lorsqu'elle est explorée en toute liberté et sans honte, l'énergie érotique peut contribuer à élever le corps et l'âme, allant même quelquefois jusqu'à provoquer un état d'extase.

Le cycle biologique de la femme est une illustration physique du cycle continu de l'énergie se transformant en matière, tout au long des étapes de la grossesse, de l'accouchement et de la naissance. Le cycle vital de la femme effectue une progression naturelle sur le plan de l'énergie sexuelle. Chez la plupart des femmes, la kundalinî, ou énergie de nature à la fois sexuelle et spirituelle, se met à s'élever de manière naturelle à partir de l'âge de quarante ans, activant un à un les chakras par lesquels elle passe. Tout ce qui n'aura pas été résolu au niveau des chakras inférieurs se manifestera durant les années de préménopause et de ménopause. Par exemple, chez les femmes n'ayant fait qu'une expérience limitée du plaisir sexuel, la kundalinî ou énergie sexuelle ainsi réprimée pourra se manifester par des bouffées de chaleur. Ces dernières peuvent également survenir lorsque l'énergie créatrice est demeurée latente ou lorsqu'on a fait l'expérience de conflits sur ce plan.

Chez une femme n'ayant pas encore atteint l'âge de quarante ans, les problèmes liés au cycle menstruel, les crampes et le syndrome prémenstruel signalent que celle-ci éprouve des sentiments ambigus envers le fait d'être une femme, ou envers le rôle qu'elle joue au sein de la tribu et vis-à-vis des exigences que cette dernière lui impose. La majeure partie des problèmes liés aux saignements et à l'irrégularité des règles sont souvent causés par une dose trop élevée de stress affectif, combinée à la conviction que l'on n'exerce aucune maîtrise sur sa vie, et que ce sont les autres qui contrôlent nos choix. Les dérèglements du système sont souvent exacerbés par le fait qu'une femme a intériorisé les messages contradictoires que la famille ou la société lui a transmis concernant son propre plaisir et ses propres besoins sexuels. Une femme peut par exemple éprouver du désir mais elle se sentira coupable ou incapable d'exprimer directement son envie. Elle peut même ne pas être consciente qu'il existe chez elle un tel conflit.

Les problèmes liés aux trompes de Fallope et à la fertilité tournent autour de la question de « l'enfant-en-soi » chez une femme ; ils signalent que des blessures morales ayant été causées durant l'enfance n'ont pas été résolues, ou que des réserves d'énergie n'ont pas été utilisées. La production d'ovules peut être entravée parce que le moi n'a pas atteint la maturité requise pour se sentir fertile, qu'il n'a pas reçu les soins nécessaires à son épanouissement, ou encore parce qu'il n'est pas parvenu à la guérison. L'organisme d'une femme peut demeurer en partie au stade de la prépuberté, à cause de l'ambivalence qu'elle peut éprouver, de manière inconsciente, devant la possibilité de donner la vie ; on pourrait dire, en quelque sorte, qu'elle-même n'est pas encore « sortie de l'œuf ».

Les énergies émanant de la kundalinî sont d'un type opposé à celles de la psyché et du corps. Elles s'enroulent autour de la colonne vertébrale, partant du premier chakra situé à la base de celle-ci, et allant jusqu'au sommet de la tête dans un mouvement de spirale qui enveloppe chacun des sept chakras. Le yoga kundalinî enseigne la discipline grâce à laquelle on peut arriver à maîtriser l'énergie sexuelle et faire l'expérience de cet état d'extase spirituel appelé kundalinî. Plutôt que de permettre à l'énergie sexuelle d'être libérée par la voie de l'orgasme, la pratique kundalinî vise à canaliser celle-ci afin qu'elle remonte le long de la colonne vertébrale et atteigne son point culminant dans une union spirituelle avec le Divin. On dit de nombre de mystiques qu'ils auraient fait l'expérience d'autres niveaux de conscience durant des séances de méditation profonde qui incluraient un tel orgasme.

L'érotisme mène généralement à l'orgasme, et la dose d'énergie qui est ainsi relâchée constitue un facteur essentiel de la santé sur les plans physiologique, mental et psychologique. L'orgasme est une des façons, sans contredit l'une des plus agréables, de se débarrasser des « débris énergétiques » que nous avons accumulés au cours des rapports humains courants ; on peut parvenir au même but par le biais de l'exercice physique ou de l'activité créatrice. L'énergie non relâchée peut s'accumuler dans le système d'un individu et, si elle n'est pas consciemment maîtrisée, entraîner des réactions qui peuvent aller de la dépression à la violence. Il est cependant possible que des expériences spontanées de kundalinî se produisent.

Il fut une époque où l'idée qu'un rapport sexuel puisse créer un lien spirituel m'avait semblé totalement ridicule. Or, l'histoire qui suit révèle les vérités profondes que cachent les enseignements de la kundalinî et du tantrisme.

Il y a de cela plusieurs années, je fis la rencontre d'une femme nommée Linda alors que nous étions toutes deux les invitées d'une amie réciproque. Souffrant de crampes prémenstruelles, je demandai à Linda si elle n'avait pas un peu d'aspirine, en ajoutant nonchalamment : « Vous devez savoir ce que c'est. » Mais elle me répondit : « Non, je n'en ai jamais fait l'expérience. Je n'ai jamais eu de règles de toute ma vie. » Voyant mon air incrédule, elle ajouta : « Je ne vous raconte pas d'histoires. Vous pouvez me faire un bilan si vous le désirez. » Je m'exécutai.

L'impression qui me vint immédiatement au sujet de Linda était que cette dernière avait subi une hystérectomie, mais il y avait quelque chose d'extrêmement curieux par rapport à cette image puisque c'était une enfant que je voyais en train d'être opérée. Aussi, je sentis qu'une énergie sexuelle intense et salutaire circulait abondamment et à travers son deuxième chakra ; voilà une image que l'on obtient que très rarement chez les femmes n'ayant plus leurs organes génitaux. Je partageai mes impressions avec Linda en lui avouant mon embarras.

Tout sourire, Linda me confirma qu'elle avait effectivement subi une hystérectomie. La suite de son histoire, m'assura-t-elle, conférerait tout leur sens aux images dont je lui avais fait part.

Linda et son mari Steve avaient été des amis de cœur pendant l'adolescence, au début des années 1960. Il était encore rare à cette époque d'avoir des rapports sexuels à cet âge. Linda craignait intensément le moment où sa relation avec Steve allait franchir l'étape de la sexualité, parce qu'on avait découvert, alors qu'elle avait seize ans, que ses organes reproducteurs ne s'étaient pas développés suffisamment. Elle n'aurait donc jamais de cycle menstruel normal, ni ne pourrait jamais tomber enceinte. Linda était embarrassée et n'osait rien révéler de tout cela à Steve parce qu'elle craignait que s'il apprenait qu'elle ne pouvait enfanter, il refuserait de l'épouser, ne la considérant plus comme une femme « normale ». Il lui semblait également possible qu'il ne la désire plus sur le plan sexuel non plus. Elle ignorait même si les relations sexuelles allaient être chose possible avec un homme ; mais elle désirait vivement épouser Steve, quoi qu'il en soit.

Alors qu'elle était au lycée, Linda se découvrit des affinités pour le dulcimer, un instrument à cordes du folklore américain. À l'occasion de la remise des diplômes, Steve lui fit cadeau d'un dulcimer qu'il avait fabriqué de ses mains. Ce soir-là, ils firent l'amour pour la première fois. Linda n'avait encore rien révélé à Steve ; elle était terrifiée à l'idée que ce dernier découvrirait qu'il y avait quelque chose qui n'allait pas chez elle, une anomalie sexuelle.

Une fois au lit, Linda se mit à respirer bruyamment, non pas tant à cause de la passion que de la peur. Elle se mit à prier incessamment pour que Dieu leur accorde d'être ensemble jusqu'à la fin de leurs jours. Dans cet état de ferveur spirituelle et de passion sexuelle, Linda sentit une énergie se propager à toute vitesse et passer de son corps à celui de Steve ; elle eut l'impression qu'ils étaient devenus une masse d'énergie unique. Elle fut alors convaincue qu'ils allaient se marier malgré le fait qu'elle ne puisse avoir d'enfants.

Or, moins d'une semaine après cette soirée mémorable, Steve annonça à Linda qu'il souhaitait faire un bout de chemin seul pendant un certain temps. Cela se passa de manière si soudaine et si peu de temps après leur première nuit ensemble que Linda fut persuadée qu'il y avait chez elle quelque chose d'anormal. Steve avait décidé qu'il ne voulait plus d'elle, imagina-t-elle, et c'est ce qu'il lui signifiait en partant ailleurs. Ils allèrent donc chacun de leur côté.

Quatre années passèrent, durant lesquelles Linda et Steve s'étaient mariés, chacun de leur côté et, curieusement, à un mois d'intervalle. Bien que Linda ait eu l'intention de tirer le meilleur parti possible de son mariage, elle n'avait jamais cessé d'aimer Steve. Elle n'était plus depuis un bon moment préoccupée par les réactions des hommes ou d'un éventuel mari à son sujet. Un an et demi après son mariage, Linda dut subir une hystérectomie parce que tout indiquait qu'une excroissance était en voie de se développer.

Steve et Linda avaient tous deux déménagé dans une autre ville après leurs mariages respectifs, lesquels durèrent cinq ans et se terminèrent à une semaine d'intervalle, aussi difficile à croire que cela puisse sembler. Ils retournèrent vivre dans leur ville natale presque au même moment. Pas une seule fois au cours de cette période Linda et Steve n'avaient été en contact, ni directement ni par amis interposés.

Après son retour, les ressources de Linda s'amenuisèrent, si bien qu'elle fut forcée de mettre en gage ses objets de valeur, dont le précieux dulcimer, son dernier lien avec Steve. Deux heures plus tard, Steve entrait au même endroit pour y déposer des bijoux. Il aperçut le dulcimer et demanda depuis combien de temps il était là. Lorsqu'il apprit que Linda venait tout juste de quitter le mont-de-piété, il se précipita au-dehors pour la retrouver, dulcimer sous le bras. Ils furent réunis ce soir-là et ne se sont jamais plus quittés depuis. En apercevant le dulcimer, lui avait-il déclaré, il s'était senti envahi par le souvenir et inondé par l'amour. Il savait qu'elle devait être dans une situation pécuniaire difficile puisque jamais elle n'aurait accepté de se séparer du dulcimer.

Le même soir, Linda fit part de son état de santé à Steve et lui confia qu'elle avait cru qu'il l'avait laissée parce qu'elle ne pourrait jamais avoir une vie sexuelle normale. Steve avoua que, s'il l'avait quittée, c'est parce que, cette nuit-là, il avait senti un courant extraordinaire traverser son corps ; il s'était senti uni à elle pour l'éternité, envahi d'une émotion proche de l'euphorie. Mais, en y réfléchissant quelques jours plus tard, il avait pris peur et il n'avait depuis ce moment songé qu'à s'enfuir. Linda fut ébahie en entendant ces mots.

Ils décidèrent de se marier durant la semaine. En faisant l'amour le soir de leurs retrouvailles, ils partagèrent la même expérience qu'auparavant, éprouvant la même montée d'énergie, conscients cette fois de ce qui leur arrivait. Ils crurent que c'était simplement à cause du bonheur de se retrouver, mais ce courant d'énergie ne fit que s'intensifier au fur et à mesure de leur vie sexuelle commune. Steve avait pris connaissance de la kundalinî au fil de ses lectures et ils commencèrent à canaliser l'énergie qu'ils partageaient vers une jouissance à la fois physique et spirituelle. Je compris donc en écoutant cette histoire pourquoi j'avais senti un flux d'énergie salutaire circuler à travers le deuxième chakra de Linda, en dépit de l'hystérectomie qu'elle avait dû subir.

L'union sexuelle, au-delà des nombreux plaisirs physiques qu'elle procure, est également un symbole de la communion spirituelle entre deux individus. Il est fort possible que chez les personnes qui s'aiment profondément, le courant d'énergie sexuelle qui passe de l'un à l'autre se transforme en courant d'énergie spirituelle, créant entre elles un lien de nature transcendantale. Voilà ce qui permit à Linda et à Steve d'atteindre cet état de conscience qu'est la kundalinî, l'expression ultime des forces convergentes de la sefira de Yesôd, du sacrement de la communion et du deuxième chakra, ou chakra de l'association.

La vérité *Honorez-vous les uns les autres* est facilement, et bien souvent, mise à l'écart lors des rapports sexuels, en grande partie parce que l'énergie sexuelle est dominée par la peur ou par des désirs non refrénés. Les hommes ont peur de ne pas être assez virils alors que, pourtant, la plupart des tribus permettent aux garçons d'agir de façon débridée sur le plan sexuel, jusqu'à ce qu'ils aient atteint une certaine « maturité ». À partir de ce moment, ils sont tenus de se comporter de manière responsable sur ce plan, comme si cette attitude pouvait être adoptée sur commande. Selon la perception tribale courante, les jeunes garçons doivent « faire les quatre cents coups » avant de pouvoir s'établir, ce qui décharge les mâles aux mœurs légères de toute responsabilité et de tout blâme. C'est la nature, après tout, qui commande.

En revanche, on n'accorde toujours pas aux femmes semblable liberté, malgré un mouvement de libération qui dure depuis maintenant trente ans. Les femmes sont encore tenues de bien se comporter, de réprimer leur énergie sexuelle, alors que les hommes jouissent de la licence qu'ils ont toujours eue. Nombre de femmes ont peur de perdre la maîtrise d'elles-mêmes, ou même d'être perçues comme des êtres sexuels à part entière. Une participante à un de mes ateliers nous avait décrit comment, chaque fois qu'elle s'habillait pour une sortie avec des amis, sa mère lui faisait sentir qu'elle était « impure ». Les insinuations de sa mère lui laissaient croire que de s'attirer un regard flatteur faisait automatiquement d'elle une prostituée. Ce chantage émotionnel de la part de la mère faisait violence à l'énergie de sa fille.

Cette façon de concevoir l'énergie sexuelle, c'est-à-dire comme une force nécessaire qu'il faut harnacher, contribue de manière prépondérante à l'attitude schizophrène de la société envers l'expression de la sexualité. D'une part, on encourage les femmes à être séduisantes, à s'habiller et à agir comme telles ; mais d'autre part, si elles sont victimes de violence, la société a encore du mal à en faire porter le blâme par le responsable, qu'il soit violeur, batteur de femmes ou meurtrier. Les femmes victimes d'une agression sexuelle doivent encore subir des interrogatoires au cours desquels on leur demande de décrire ce qu'elles portaient au moment de l'incident, et de donner des détails sur leur vie sexuelle et privée. Les femmes victimes de violence conjugale ou de viol perpétré par leur conjoint reçoivent du soutien de la part des groupes mis sur pied spécifiquement pour les protéger, mais non de la société en général. On pose encore aux victimes des questions telles que : « Mais s'il est si impossible à vivre, pourquoi restez-vous auprès de lui ? » en insinuant que l'acte d'agression pourrait être évité grâce à la thérapie, sans avoir à être passible de poursuite judiciaire. Les peines minimales que reçoivent les violeurs ne font que contribuer à perpétuer l'attitude tribale selon laquelle les agressions sexuelles ne sont pas tout à fait de nature criminelle, comparées à d'autres types d'offenses plus « graves ».

Le dualisme inhérent aux énergies du deuxième chakra s'étend, d'une part, à la conception sociale selon laquelle l'énergie sexuelle serait une force déchaînée et, d'autre part, à la grande valeur accordée à la maîtrise de soi. Ainsi, la sexualité constituerait une menace à notre aptitude à nous maîtriser ou à dominer les autres. Toute relation suscite en nous le réflexe de nous protéger ; cependant, ce sont les liens de nature sexuelle qui font remonter à la surface nos peurs les plus intenses et en particulier la crainte d'être trahi, cette dernière pouvant être si intense qu'elle peut déstabiliser une relation intime.

La sexualité est conçue de manière différente selon les cultures et les sociétés. La culture américaine a été grandement influencée par le puritanisme et accorde une très grande estime à la maîtrise de soi sur le plan sexuel ; ces deux facteurs contribuent de manière appréciable à la honte que ressentent les Américains envers leur corps et leur sexualité. Au cours de mes ateliers, le nombre de participants qui avouent avoir une vie sexuelle insatisfaisante est égal au nombre de personnes qui y assistent dans le but d'améliorer leur état de santé. Plusieurs d'entre eux rapportent que, même s'ils ont vécu avec la même personne pendant des années, voire des décennies, il n'y a jamais eu entre eux une seule discussion au sujet de leurs besoins respectifs sur le plan sexuel. Lorsqu'on les interroge sur le pourquoi de cet état de choses, ils offrent tous une variante de ce qui constitue un sentiment de même origine, lequel va de la gêne à une ignorance de ses propres besoins sur ce plan.

Ce sentiment de honte envers la sexualité, si répandu dans l'esprit des Américains, contribue au besoin que nous ressentons comme société d'établir des règles de comportement sur le plan sexuel et de distinguer entre ce qui est acceptable et ce qui ne l'est pas ; voilà qui reflète un autre paradoxe inhérent au deuxième chakra. Puisque l'énergie qui se dégage de celui-ci tend à nous projeter vers autrui, la peur caractéristique qui découle d'un tel attrait se manifeste dans le besoin de contrôler les comportements sexuels. Ainsi la tribu favorise-t-elle les couples mariés et monogames, en tentant de couvrir de honte ceux qui ne se conforment pas à ce modèle. Dans quelques États américains, certains types de comportement sexuel, au lieu d'être considérés comme inacceptables seulement, sont jugés comme des actes criminels, sans égard au fait qu'il puisse s'agir d'un acte volontaire entre adultes consentants. En particulier, ce genre de loi vise à condamner les homosexuels.

La honte dont fait l'objet la sexualité s'étend aux maladies transmises sexuellement comme la syphilis, l'herpès et le sida. Les personnes qui souffrent d'une maladie de ce type se sentent obligées de rendre public leur vécu personnel sur le plan sexuel, afin que l'on n'en déduise pas qu'elles sont de mœurs légères.

Les agressions sexuelles et criminelles (le viol, l'inceste et les viols d'enfants) constituent davantage qu'un viol de l'intégrité physique d'un individu ; elles portent également atteinte à leur intégrité du point de vue énergétique. On peut aussi faire violence en prononçant des paroles abusives ou blessantes, ou par des attitudes qui réduisent autrui à l'impuissance. Dans l'exemple qui suit, le rapport entre Bill, un participant à un de mes ateliers, et son père illustre de manière frappante les répercussions que peuvent entraîner les violences affective et morale.

Pendant toute son enfance, le père de Bill lui avait sans cesse répété «qu'il n'arriverait jamais à rien dans la vie». Une fois arrivé à l'âge adulte, Bill tenta pendant longtemps de prouver que son père avait tort, mais ses tentatives échouèrent. Le décès de son père le jeta dans une paralysie affective ; jamais son discours à l'égard de Bill n'avait changé. Celui-ci souffrait de dépression chronique ; il était incapable de garder un emploi et il était de plus impuissant. Bien que les attaques du père visaient l'aptitude de Bill à se débrouiller dans la vie et non sa sexualité, il n'en reste pas moins que la productivité et la sexualité sont toutes deux des énergies agissant au niveau du deuxième chakra et qui, par conséquent, sont intimement liées.

De telles violences portent atteinte à l'intégrité du champ énergétique d'un individu et sont analogues au viol et à l'inceste ; elles sont motivées par le désir d'atrophier le sentiment d'indépendance chez autrui et sa capacité de s'épanouir par ses propres moyens. Les organes génitaux accumulent les dommages causés par une attitude semblable et de tels actes. Nombre de gens ayant souffert de problèmes tels que l'impuissance, l'infertilité et le cancer des organes reproducteurs se rappellent avoir fait l'objet de critiques constantes, que ce soit au sujet de leurs aptitudes et de leurs ambitions professionnelles, de leurs réussites ou de leur apparence physique. On peut affirmer que l'intégrité de ces personnes a effectivement été violée par leurs parents, car ces actes les ont privées du ressort nécessaire pour accéder à la santé et à la réussite.

Les actes de violence qui portent atteinte à l'intégrité du champ énergétique sont sans doute plus courants que les agressions physiques telles que le viol ou l'inceste. Lorsqu'on décrit ce type de situation en ces termes, un nombre égal d'hommes et de femmes admettent alors qu'ils ont déjà été victimes de violence. Lorsque je pose la question suivante aux participants : « Combien d'entre vous ont déjà senti que leur dignité ou leur estime de soi a été violée au travail ou au foyer ? », j'observe qu'une majorité de mains se lèvent.

À la question : « Combien d'entre vous ont fait violence à l'énergie d'autrui ? », le nombre de mains levées diminue quelque peu, ce qui n'est guère surprenant. Pourtant, lorsque nous nous sentons intimidés par les talents physiques de quelqu'un et que cela nous incite à entretenir une attitude négative à son égard, ou à lui chercher querelle, nous nous trouvons alors à lui faire violence, en tentant de le neutraliser ou de le priver de tout pouvoir. Les intentions négatives que nous manifestons envers autrui s'accumulent dans nos organes génitaux : faire violence à l'énergie d'autrui cause autant de mal à celui ou celle qui commet un tel acte qu'à celui ou celle qui en est victime. Le système énergétique de l'offenseur se contamine alors, de même que son organisme biologique. Violer l'énergie d'autrui, c'est s'attirer une justice différente de celle qu'exercent les êtres humains, c'est-à-dire une forme de justice transcendante liée à la notion de karma ; bien que parfois les personnes qui commettent des actes criminels semblent s'en tirer à bon compte, particulièrement dans les cas de viol ou d'inceste, il faut se souvenir que justice sera toujours faite sur le plan énergétique, qu'on en soit témoin ou non. Voilà la raison pour laquelle les enseignements spirituels insistent sur la nécessité du pardon et nous encouragent à poursuivre notre chemin malgré tout. Du point de vue de la spiritualité, l'ordre divin est une force qui œuvre à rétablir l'équilibre dans nos vies et dont l'efficacité augmente dans la mesure où nous arrivons à nous délester de l'envie de décider du sort d'autrui. Que nous soyons témoins ou non de la façon dont justice sera faite n'a aucune pertinence ; c'est malgré tout un « fait spirituel » que nous avons beaucoup de mal à intégrer dans nos vies.

La sexualité constitue une forme d'échange et, selon les circonstances, un type de commerce. Pour de nombreuses personnes, le sexe devient une façon d'atteindre un but avant de se rendre compte qu'elles se sentent elles-mêmes comme des victimes de viol, une fois qu'elles ont échoué dans leur tentative de manipuler autrui. Consentir à des relations sexuelles dans le but d'obtenir un emploi ou de se rapprocher d'une personne influente risque de créer une situation dans laquelle tôt ou tard quelqu'un finira par se sentir manipulé. Cependant, avoir recours au sexe en considérant que les termes de l'échange sont « équitables » ne produira pas de vibrations énergétiques associées au viol.

La forme la plus ancienne de commerce sexuel est bien entendu la prostitution, un des actes les plus avilissants qui soient pour l'être humain. Il arrive plus souvent que l'on se prostitue sur le plan énergétique que physique, comme c'est le cas de ces femmes et de ces hommes innombrables qui supportent certaines situations parce qu'ils en retirent une sécurité relative et un confort, mais qui sentent tout de même que, ce faisant, ils vendent une part de leur âme.

L'ÉNERGIE ET L'ARGENT

Il existe dans la psyché de chacun de nous une disposition pour la prostitution, pour autant que l'offre qui nous est faite soit assez alléchante du point de vue pécuniaire pour que nous décidions de l'accepter, que ceci se produise dans nos relations d'affaires ou dans nos rapports personnels.

L'argent, comme l'énergie, est un élément neutre, mais qui peut être influencé par les intentions qu'on lui prête. Or, un des phénomènes les plus fascinants en ce qui concerne l'argent, c'est qu'il peut se substituer à la force vitale dans la psyché humaine. Lorsque l'argent devient synonyme d'énergie vitale dans la vie de quelqu'un (un phénomène souvent inconscient), les conséquences que cela entraîne sont généralement négatives, puisque chaque somme dépensée équivaut, à son insu, à une perte d'énergie. Une insuffisance de fonds se traduira alors dans l'organisme par une pénurie d'énergie, et ce sans que nous nous en apercevions.

Une telle équation entre argent et force vitale, lorsque combinée à une perte soudaine sur le plan pécuniaire, peut entraîner de graves problèmes de santé : cancer de la prostate, impuissance, endométriose, problèmes reliés aux ovaires, douleurs au bas du dos et au nerf sciatique. Nombre de problèmes de santé découlant de difficultés sur le plan pécuniaire affectent en particulier les organes génitaux ; voilà une manifestation symbolique de l'énergie du phallus, représenté par la sefira de Yesôd, et signe que l'argent est devenu synonyme de force sexuelle chez la personne touchée.

Nous sommes tous enclins à des degrés divers à établir un lien entre l'argent et la force vitale. Le défi consiste à arriver à isoler ces deux entités, tout en préservant l'attraction naturelle qu'exerce l'énergie sur l'argent. Plus notre rapport à l'argent sera marqué par le détachement, plus nous serons en mesure d'utiliser à bon escient l'énergie que ce dernier dégage dans nos vies.

On ne peut nier que l'argent ait une influence même sur les plans du symbolisme et de l'énergie. Des expressions telles que « joindre l'acte à la parole » (en faisant allusion à l'argent) et « où l'or parle, toute langue se tait » correspondent bien à la notion selon laquelle la façon dont les gens disposent de leur argent en dit long sur leurs intentions cachées.

L'argent est ce moyen par lequel nous affichons publiquement nos croyances et nos objectifs personnels. L'énergie précède l'action ; par conséquent, la teneur de nos intentions influencera considérablement les résultats que nous obtiendrons dans toute chose.

Les croyances qui entourent la notion d'argent influencent aussi les attitudes et les pratiques d'ordre spirituel. On croit souvent que Dieu récompensera matériellement les personnes ayant cherché à faire le bien et que faire la charité nous protégera de la pauvreté. Selon ces croyances, la communication qui s'établit entre nous et Dieu peut s'accomplir par la voie matérielle.

Que les attitudes décrites ici relèvent de la mythologie ou de la vérité n'a que peu d'importance. Nous accordons souvent plus de poids à de tels adages que nous ne l'avouons, et ce fait même devrait nous faire réfléchir au lien que nous faisons entre foi et argent. Il faut en conclure que le rapport le plus sage que nous puissions établir avec ce dernier, c'est de le concevoir comme un bien pouvant être attiré dans nos vies grâce à la foi.

Accorder plus d'importance à la foi qu'à l'argent, c'est remettre ce dernier à la place qui lui convient, c'est-à-dire de jouer un rôle de serviteur plutôt que de maître. La foi capable de transcender les richesses libère l'individu afin de lui permettre de suivre son intuition et sa conscience sans que les préoccupations d'ordre financier exercent trop d'ascendant sur lui. Évidemment, il est nécessaire d'honorer nos dettes et de conserver une attitude sensée face à l'argent, mais ce dernier ne mérite pas plus d'attention que cela.

Chercher à faire nôtre cette attitude de détachement face à l'argent, c'est faire un pas de plus vers la maturité spirituelle. Une personne adulte sur le plan spirituel peut prendre des décisions d'ordre financier qui, aux yeux d'une personne âpre au gain, pourraient sembler tout à fait insensées ou risquées. Dans plusieurs mythes spirituels, le Ciel intervient auprès d'une personne qui a la foi et lui fournit toute la « manne » nécessaire pour qu'elle puisse accomplir une tâche qui lui a été désignée. De tels mythes s'inscrivent dans une large mesure dans le courant symbolique de la sefira de Yesôd. Une part de la manne ainsi reçue comprend une dose d'énergie analogue à celle qui se dégage de l'argent. Autant que je sache, nul personnage de la littérature religieuse n'a regretté d'avoir observé les conseils donnés par le Divin.

Un jeune homme de vingt-sept ans du nom d'Andrew prit un jour rendez-vous avec moi parce qu'il souhaitait que je l'aide à interpréter un rêve qu'il faisait souvent. Dans ce rêve, Andrew déménageait dans une ville du Montana ; jamais pourtant il n'était allé dans cet État, et il n'y connaissait personne. Il avait tenté de se départir de ces images en les traitant comme si elles représentaient une scène de cinéma restée quelque part dans son inconscient. Peu à peu, il se rendit compte que le songe lui faisait prendre conscience du fait qu'il ne gardait son emploi actuel que pour des motifs financiers. Il me demanda ce que j'en pensais et je lui répondis : « Si j'étais vous, j'envisagerais sérieusement de déménager au Montana. »

Andrew répliqua qu'il n'y avait jamais mis les pieds et qu'il n'éprouvait nullement le désir de s'y rendre. Je suggérai qu'il devrait peut-être y faire un voyage pour voir si l'endroit lui disait quelque chose. Il répondit qu'il allait y penser et qu'il m'en reparlerait.

Environ six mois plus tard, je reçus de ses nouvelles. Il était encore visité par son rêve, mais la sensation qu'il éprouvait s'était intensifiée : il avait maintenant l'impression de se prostituer en effectuant son travail. Étant donné qu'il se considérait comme un homme honorable et que le rêve qui venait le hanter semblait suggérer qu'il compromettait son intégrité, il éprouvait beaucoup de mal à terminer sa journée au bureau. Je l'encourageai une fois de plus à se rendre au Montana pour une visite, en ajoutant qu'il ferait mieux d'entreprendre le voyage dès que possible. Il me répondit qu'il allait y réfléchir sérieusement.

Le lendemain matin, je reçus un coup de fil de sa part ; il avait remis sa démission. Il n'avait eu d'autre choix en entrant au bureau le matin, me dit-il ; le sentiment qui le narguait était incontournable. Il annonça donc qu'il déménageait au Montana, et ses associés crurent qu'il s'était déniché un poste important là-bas. Il leur répondit que non seulement il n'avait pas d'emploi qui l'attendait, mais qu'en fait il avait décidé de réaliser un rêve.

Un mois plus tard, Andrew déménageait au Montana. Il loua une chambre chez les propriétaires d'un ranch. Comme ceux-ci avaient besoin d'aide, ils l'embauchèrent comme homme à tout faire. D'une chose à l'autre et à mesure que les mois s'écoulaient, Andrew se retrouvait ainsi à travailler avec ses mains plutôt qu'avec sa tête, quelque chose de tout à fait nouveau pour lui. Noël arriva, et il décida de rester auprès de ses nouveaux amis plutôt que de retourner dans l'est du pays pour les vacances ; il fit la rencontre de la fille des propriétaires du ranch qui était en visite. L'été suivant, ils se marièrent et, tout au long des cinq années qui suivirent, il apprit à gérer le vaste ranch dont sa femme et lui hériteraient un jour.

Consciemment ou non, en étant à l'écoute du rêve qu'il avait fait, il avait pris parti en faveur de la liberté. Il déclarait ainsi ouvertement qu'il était plus important à ses yeux de faire face à l'inconnu que de compromettre son honneur en échange de la sécurité financière. Il reçut en retour bien plus qu'il n'aurait jamais pu imaginer.

Un autre jeune homme du nom d'Allen me rendit visite en disant qu'il avait peur des femmes et qu'il avait besoin d'aide pour arriver à en comprendre les raisons. En effectuant son bilan, je me rendis compte qu'il était impuissant et je reçus très nettement l'impression qu'il se considérait lui-même comme un perverti sexuel ; mais je ne sentis pas qu'il avait en fait agressé qui que ce soit. Il ne possédait pas non plus l'énergie de quelqu'un ayant été lui-même victime d'agression pendant l'enfance ; toutes ces images me déconcertaient donc quelque peu. Je lui fis part de mes impressions et je lui demandai pourquoi il se percevait de la sorte. Il me raconta que lorsqu'il était adolescent, il s'était adonné avec d'autres garçons à une séance de masturbation en groupe. La mère d'un des garçons les avait surpris et avait crié qu'ils étaient tous des pervertis et qu'ils devraient avoir honte. Elle avait fait part de l'incident à toutes les autres mères et était allée jusqu'à tout raconter au directeur de l'école en affirmant qu'on ne pouvait faire confiance à ces garçons dans l'entourage des filles et des petits enfants. La nouvelle se répandit dans la petite ville, et jusqu'à la fin de leurs études au lycée les garçons furent exclus de toute activité sociale. Allen quitta la ville dès qu'il eut obtenu son diplôme, mais il était déjà convaincu qu'il était un déviant.

Allen avoua qu'il était impuissant et me dit qu'il n'était jamais encore sorti avec une femme. Je lui fis remarquer que la masturbation en groupe était chose très courante, tellement en fait qu'elle pouvait être considérée comme un rite de passage chez les garçons à l'adolescence. « Je n'en crois pas un mot », répliqua Allen. Nous nous sommes mis d'accord sur le fait qu'il devrait consulter afin de résoudre son problème et se convaincre que l'expérience qu'il avait vécue ne révélait chez lui aucune propension à la perversion sexuelle.

Environ un an plus tard, je reçus une lettre d'Allen ; il me faisait part des progrès qu'il avait faits grâce à la thérapie. Il écrivait qu'il commençait à se sentir « normal » sur le plan social, ce qui constituait pour lui une nouvelle expérience. Il avait entrepris de sortir avec une femme avec laquelle il se sentait assez en confiance pour lui parler de son expérience traumatisante. Elle avait réagi avec compassion ; l'événement ne lui inspirait aucune répugnance. Allen se sentait optimiste ; sa blessure allait bientôt se refermer.

De manière subtile, les énergies émanant du deuxième chakra ramènent à la surface les souvenirs qui ne demandent qu'à être relâchés et nous incitent constamment à prendre les mesures nécessaires pour devenir un être toujours plus intègre matériellement et spirituellement.

ÉNERGIE ET ÉTHIQUE

Le deuxième chakra est le siège corporel de l'éthique. Le premier chakra est associé à la loi et à l'ordre social, tandis que tout ce qui relève de la morale et de l'éthique personnelle correspond au deuxième chakra. L'énergie qui se dégage de la sefira de Yesôd et du sacrement de la communion exerce sur nous une influence spirituelle visant à nous doter d'un code d'éthique personnel fort ; elle nous incite à développer des rapports avec autrui et nous prévient intuitivement dans les situations où il y a danger de trahir notre code d'honneur.

De plus, le deuxième chakra « enregistre » toutes les fois où nous « donnons notre parole » à autrui, lorsque nous nous engageons à faire quelque chose ou que nous acceptons une promesse de la part d'autrui. Un code d'éthique personnel fort dégage une qualité d'énergie pouvant être perçue. De même, sont enregistrées les promesses que l'on se fait à soi, par exemple les résolutions prises le premier de l'an et autres décisions visant à modifier certains comportements dans notre vie.

Le premier chakra gouverne cette dimension physique qui nous permet de nous sentir en sécurité, car les lois qui s'en dégagent nous rappellent que notre milieu est organisé, ordonné. Les principes éthiques et moraux associés au deuxième chakra nous fournissent un vocabulaire grâce auquel nous pouvons communiquer ce qui, dans les rapports humains, nous semble acceptable ou non. L'éthique joue un rôle fondamental dans nos relations : nous cherchons à nous associer à qui entretient des notions semblables aux nôtres sur le bien et le mal et à nous séparer des intimes qui dévient de la norme morale et éthique. Nous espérons toujours que les desseins du dieu que nous vénérons ne sont pas aléatoires et nous tentons sans cesse de déchiffrer le code divin selon les principes du bien et du mal, de la récompense et du châtiment, pour tenter de comprendre pourquoi « des choses terribles peuvent arriver aux personnes honorables ». Nous sommes réconfortés à l'idée que si la justice humaine peut quelquefois nous décevoir, il y aura toujours une justice divine, laquelle verra à ce que tous soient récompensés au mérite.

Le deuxième chakra étant le siège des peurs que suscite la tâche de survie, nous avons mis au point un système juridique externe qui entretient un certain degré de transparence, essentiel à notre bien-être. La possibilité d'avoir recours au pouvoir juridique, ou même de référer au vocabulaire juridique, offre une sorte de soupape permettant de libérer les tensions qui s'accumulent au deuxième chakra. L'institution juridique procure, du moins en théorie, un mécanisme grâce auquel nous pouvons désigner des coupables et punir les actes de violation. Un verdict confirmant l'innocence équivaut bien souvent à rétablir l'honneur d'un accusé ; les compensations financières accordées à une victime restituent à celle-ci une partie de sa dignité personnelle. La dynamique ainsi établie peut être interprétée comme la version sociale de la vérité sacrée *Honorez-vous les uns les autres*.

Nous ressentons ce besoin de justice et d'ordre public au sein même de notre organisme ; nous observons les règles qu'exige le maintien de la santé en faisant de l'exercice, en nous alimentant convenablement, en surveillant consciemment notre niveau de stress et en veillant à maintenir dans une certaine mesure l'ordre et la cohérence. Ces lois indiquent à notre organisme que nous sommes en sécurité et que le milieu dans lequel nous évoluons est fiable. L'instabilité, en revanche, stimule un fort taux d'adrénaline, et garde notre instinct de survie continuellement en alerte. Le corps physique est incapable de subir un stress pendant de longues périodes sans manifester une réponse biologique négative. Les ulcères et les migraines comptent parmi les indicateurs de stress les plus courants, signalant que la vie d'une personne a atteint un degré excessif de désorganisation.

Paul, un avocat âgé de quarante-deux ans, vint me voir pour un bilan parce que, disait-il, le stress qu'il subissait dans son milieu de travail commençait à l'embêter. J'eus l'impression en l'examinant qu'une énergie de nature toxique cherchait à pénétrer son deuxième chakra, comme si quelqu'un ou quelque chose cherchait à le dominer. Puis je me rendis compte que Paul souffrait de douleurs chroniques : migraines, douleurs au dos, au cou et dans les épaules.

Paul confirma ces impressions, disant qu'il souffrait de ces maux à divers degrés depuis une dizaine d'années. Il avait consulté un thérapeute, mais sans succès. Il consommait des calmants comme si c'étaient des friandises, ce qui expliquait mon sentiment que quelque chose tentait de l'envahir : l'idée qu'il était en train de développer une assuétude à ces médicaments le terrifiait. Il souffrait, lui expliquai-je, parce qu'il était sans cesse déterminé à ce que les choses se passent selon ses propres prévisions. Il fallait qu'il soit gagnant dans tout, que cela concerne le travail, les sports ou les jeux de cartes. Il aspirait à tout maîtriser ; or, avec les comprimés qu'il avalait pour contrer la douleur, il risquait de devenir lui-même victime d'une dépendance. Aux yeux de Paul, évoluer dans cette direction signifiait qu'il allait perdre tout sens de l'honneur. Il croyait que, s'il se laissait dominer par quelque chose ou quelqu'un, il risquerait de compromettre son intégrité, selon le code d'honneur qu'il avait fait sien.

Je suggérai à Paul, puisqu'il était avocat, de rédiger un contrat dans lequel il s'engagerait à réorganiser sa vie, étape par étape. Il pourrait ainsi puiser dans la nature même de son caractère ce qui l'aiderait à transformer peu à peu son besoin de dominer l'aboutissement de tout ce qu'il entreprenait. Chaque progrès réalisé, lui dis-je, lui fournirait l'énergie susceptible de calmer la douleur physique. Cette idée lui plut énormément, sans aucun doute parce qu'elle lui permettait de décider lui-même du contenu du contrat. Il m'assura qu'il se mettrait immédiatement à la tâche et qu'il m'enverrait une copie du résultat par télécopieur, ce qu'il fit dès le lendemain.

Trois mois plus tard, je recevais un mot de lui me faisant part des progrès qu'il avait effectués depuis qu'il s'était « engagé par contrat » à guérir. Pour se défaire du besoin compulsif de gagner, il s'interdisait de prendre des gageures sur quoi que ce soit ; il ne lui accordait une place que dans son travail d'avocat, là où il pouvait l'utiliser à bon escient. Jamais auparavant il ne s'était rendu compte, écrivait-il, que tous les membres de son entourage le considéraient comme un être « compétitif et insupportable ». Ses douleurs se dissipaient, ses migraines s'espaçaient et son dos s'améliorait à un point tel qu'il avait pu recommencer à faire de l'exercice.

Le cas de Paul démontre comment il est possible d'entrer en communion avec soi-même, c'est-à-dire en acceptant de prendre les mesures nécessaires pour devenir un être intègre et équilibré. Aussi longtemps qu'un aspect négatif de notre nature continuera à influencer le reste de notre organisme, nos réserves d'énergie s'en trouveront réduites et divisées. Paul, quant à lui, fut capable de prendre un engagement envers lui-même et de se rétablir.

C'est dans la nature des êtres humains que d'aspirer à l'ordre au sein d'une société ; voilà pourquoi nous tombons facilement sous l'emprise des personnes qui projettent une image d'autorité et cherchent à dominer. Or, en vertu de l'énergie qui se dégage de la vérité *Honorez-vous les uns les autres*, nous sommes enclins à faire confiance à nos proches et à nos collègues de travail ; il est contre nature d'avoir à être constamment sur le qui-vive lorsqu'on essaie de collaborer à quelque chose avec autrui.

Pourtant, nombre de personnes cherchent à dominer plutôt qu'à offrir leur aide à autrui.

Dans les relations intimes, il apparaît normal de se mettre d'accord sur un certain nombre de règles : pas de rapports sexuels en dehors du couple, interdiction de jouer pour de l'argent, d'acheter quelque chose d'important sans consulter l'autre, etc. Cependant, établir des règles visant à juguler la croissance affective, mentale, psychologique ou spirituelle d'autrui est une action destructrice sur le plan énergétique. En général, lorsqu'un couple est incapable d'encourager la croissance de chaque individu en s'entendant sur de nouvelles modalités, la relation ira vers la désintégration. De la même manière, les parents qui, voulant asseoir leur autorité, imposent des règles trop sévères font violence à leurs enfants sur les plans affectif et spirituel.

La vengeance personnelle constitue une autre manière d'utiliser à mauvais escient l'énergie du deuxième chakra. Ce dernier est le siège de l'autodéfense ; les armes sont d'ailleurs souvent portées dans la région de ce chakra. Bien que les pages de journaux soient remplies de cas de personnes qui se vengent à l'aide de balles de revolver, le plus souvent « se faire justice » signifie employer des moyens affectifs et psychologiques pour parvenir à ses fins, comme se venger de quelqu'un qui nous a fait du mal de quelque façon. L'énergie de la vengeance est la plus pernicieuse qui soit pour l'organisme ; elle peut causer des dysfonctionnements allant de l'impuissance au cancer des organes génitaux.

LE POUVOIR INDIVIDUEL ASSOCIÉ AU DEUXIÈME CHAKRA

Alors que la créativité, la sexualité, la moralité et l'argent constituent des formes variées de l'énergie du deuxième chakra, il nous reste également à soulever la question du pouvoir individuel, qui est une manifestation de la force vitale ; nous en avons besoin pour vivre et nous épanouir. La maladie est le compagnon naturel des personnes dépourvues ou impuissantes. Notre vie entière fait intervenir d'une façon ou d'une autre ce principe énergétique que l'on appelle le pouvoir.

Comme nous l'avons vu, le sentiment de force qui se dégage du premier chakra est associé au fait de se retrouver dans un groupe de personnes avec lesquelles nous entretenons des liens, un peu comme si un courant électrique passait entre nous. L'enthousiasme manifesté par les amateurs de sport pour leur équipe préférée, ou par les participants à un congrès politique unis par une même cause, en est un exemple typique. Le pouvoir émanant du deuxième chakra se manifeste sous une forme physique, que ce soit par le matérialisme, l'autorité et le contrôle, la propriété, le magnétisme sexuel, la sensualité et l'érotisme, ou l'assuétude. Toute forme matérielle que peut prendre le pouvoir, et qui est susceptible d'exercer un attrait et de séduire, est liée au deuxième chakra. De plus, contrairement au caractère collectif du pouvoir émanant du premier chakra, il est de nature individuelle en ce qui concerne le second. Chacun d'entre nous éprouve à un moment donné le besoin d'explorer le rapport qui nous lie au pouvoir matériel. Nous devons tous apprendre quand et comment nous entrons sous la domination d'une force externe, et identifier ce qui nous rend le plus vulnérables.

Comprendre que le pouvoir constitue une force vitale est inné chez l'être humain. Dès l'enfance, nous commençons à mettre à l'épreuve notre aptitude à déceler la nature du pouvoir, à discerner entre ceux qui en ont et ceux qui n'en ont pas, à en obtenir et à en faire usage. Dans la mesure où nous nous découvrons des forces, où nous nous savons capables de les attirer, nous nous mettrons alors à rêver à ce que nous aimerions accomplir lorsque nous serons adultes. Dans le cas contraire, cependant, nous entrons dans une sorte de vide et nous nous trouvons en mal de pouvoir ; nous ne sommes capables d'envisager les termes de notre survie qu'à travers les autres, en nous alimentant, en quelque sorte, de leurs réserves d'énergie plutôt que des nôtres.

Chez les personnes persuadées qu'elles réussiront à s'attirer le pouvoir nécessaire, les rêves ordinaires peuvent se transformer en fantasmes. Ceux-ci peuvent même aller jusqu'à devenir des illusions de grandeur dans les pires cas. La raison doit alors s'éclipser devant une soif de pouvoir qui peut motiver des comportements allant au-delà des limites de ce qui est acceptable ; tous les moyens deviennent alors bons pour parvenir à ses fins. Cet appétit pour le pouvoir peut devenir insatiable et aller jusqu'à défier la volonté de Dieu. Le désir effréné de pouvoir constitue le thème de nombreux écrits sacrés et mythes dans lesquels les êtres humains ayant contesté la volonté divine finissent par être remis à leur juste place.

Le défi que nous avons tous à relever en tant qu'êtres humains, c'est d'éviter que le pouvoir devienne en lui-même notre unique raison de vivre, en développant suffisamment de force intérieure pour établir un rapport avec celui-ci sans que nous ayons à vendre notre âme. Voilà le sens profond de la maxime « être dans ce siècle mais pas de ce monde ». Les personnes qui parviennent à résister aux attraits du monde physique nous fascinent ; nous en faisons des héros sur les plans social et religieux.

Gandhi est un de ces êtres qui ont entretenu un rapport sain avec le pouvoir. Sa volonté d'améliorer les conditions de vie des Indiens était inspirée par des motifs altruistes plutôt que personnels. Assurément, dans sa vie privée, il fut la proie de grands tourments en relation avec le pouvoir, spécifiquement sur le plan sexuel. Cependant, ses souffrances personnelles confèrent une crédibilité encore plus grande à ses réalisations : il était conscient de ses imperfections et faisait tous les efforts possibles pour que celles-ci n'interfèrent pas avec son œuvre sociale, tout en cherchant à évoluer sur le plan spirituel.

Le personnage de cinéma Forrest Gump s'est gagné la faveur de millions de spectateurs, et cela à cause de son comportement à l'égard du pouvoir dans le monde matériel. Mais curieusement, Gump n'est pas un être très porté sur la spiritualité et ne rejette ni le sexe, ni le pouvoir, ni l'argent. C'est plutôt grâce à son innocence et à son détachement envers les choses du monde qu'il réussira à atteindre tous les buts mis de l'avant par le deuxième chakra. Jamais il ne succombera, malgré la peur et la solitude, à la tentation de vendre son âme.

Au cours de mes ateliers, lorsque je demande aux participants de me décrire le rapport qu'ils entretiennent avec le pouvoir, l'atmosphère se transforme habituellement de manière dramatique. Le degré de tension qui s'installe alors me fait vouloir creuser cette question encore davantage. En général, les personnes changent de position sur leur chaise, de telle sorte que leur deuxième chakra est dissimulé. Elles peuvent par exemple croiser les jambes, ou se pencher vers l'avant, les coudes appuyés sur les cuisses et la tête posée entre les mains. Elles me regardent en ayant l'air de dire : « En voilà une question fascinante, mais surtout ne bougez pas, restez là où vous êtes. »

Les premières réponses à cette question traitent invariablement du pouvoir en tant qu'aptitude à maîtriser son milieu ou comme mécanisme permettant d'accomplir des choses. Puis on se met à décrire cette notion comme une force intérieure, laquelle nous permettrait d'exercer un contrôle de soi. Ce qui constitue peut-être le trait caractéristique le plus frappant de l'ensemble de ces réponses, c'est qu'elles conçoivent toutes le pouvoir en fonction d'un *objet*, que celui-ci fasse partie du monde extérieur ou qu'il soit à l'intérieur de soi. Bien que le pouvoir intérieur soit certainement perçu comme un idéal à atteindre, il semble que dans la pratique on lui accorde moins d'importance qu'au pouvoir extérieur, d'abord parce que ce dernier est d'une plus grande utilité sur le plan pratique et ensuite parce que acquérir une force intérieure correspond ni plus ni moins à la nécessité de se séparer de plus en plus du monde matériel.

À ce stade de notre évolution en tant que culture et en tant qu'individus, nous sommes en mesure de reconnaître qu'un certain degré de pouvoir externe et physique est un élément nécessaire à la santé. L'état de santé découle directement des principes d'ordre spirituel et thérapeutique que nous assimilons dans la vie de tous les jours. Aujourd'hui, dans les domaines de la spiritualité et de la psychothérapie, le pouvoir individuel est vu comme une donnée fondamentale de la réussite matérielle et de l'équilibre spirituel, et comme participant directement à la création de notre univers personnel de même que de notre état de santé.

Un an avant sa mort en 1986, David Chetlahe Paladin (lequel est son nom véritable) partagea avec moi les détails de son histoire personnelle, laquelle témoigne de la faculté des êtres humains à parvenir à une force intérieure défiant les limites imposées par la matière. Lorsque je fis sa rencontre, je fus impressionnée par la force qui se dégageait de sa personne ; il fallait que je sache par quelle voie il avait réussi à atteindre ce que tant de gens recherchent. David a été l'un de mes meilleurs maîtres ; il avait saisi dans toute sa profondeur la vérité sacrée, *Honorez-vous les uns les autres*, et l'énergie de la sefira de Yesôd et du sacrement de la communion se dégageait de toute sa personne.

David était un indien Navajo, et il grandit sur une réserve durant les années 1920 et 1930. Dès l'âge de onze ans, il était alcoolique. Il quitta la réserve vers l'âge de quinze ans, erra un peu partout pendant quelques mois, puis fut embauché sur un navire de la marine marchande. Il n'avait que quinze ans, mais il prétendit qu'il en avait seize.

Une fois à bord, il se lia d'amitié avec un jeune Allemand et avec un autre Amérindien. Ils voyagèrent ensemble vers de nombreux ports sur les bords de l'océan Pacifique. Pour se distraire, David se mit à dessiner ; il fit, entre autres, des esquisses des bunkers que construisaient les Japonais sur diverses îles des mers du Sud. On était alors en 1941.

Les dessins faits par David finirent par se retrouver entre les mains de l'armée américaine. Lorsqu'il fut appelé, il crut d'abord qu'il continuerait son travail en tant qu'artiste. Il fit plutôt partie d'une opération secrète contre les nazis. L'armée américaine avait recruté des Navajos, ainsi que d'autres Amérindiens, pour constituer un réseau d'espions. Ceux-ci furent envoyés au front avec pour mission de communiquer des renseignements à la base principale des opérations militaires en Europe. Les transmissions radio pouvant être interceptées, on utilisait les langues amérindiennes afin de s'assurer que, si un message l'était, il ne pourrait pas être interprété.

David fut capturé par un groupe de soldats nazis alors qu'il était au front. Il fut torturé ; entres autres, on cloua ses pieds au sol et on le força à rester debout dans cet état pendant des jours. Après avoir survécu à de telles horreurs, il fut envoyé dans un camp d'extermination, parce qu'il était d'une « race inférieure ». Alors qu'on le poussait à bord du train, il sentit un fusil sous ses côtes tandis que quelqu'un lui criait de se dépêcher. Il se retourna vers le soldat et se rendit compte que c'était l'ami allemand avec qui il s'était lié d'amitié dans la marine marchande.

Cet ami s'arrangea pour que David soit muté dans un camp pour prisonniers de guerre, et c'est là que ce dernier passa les dernières années du conflit. Lorsque les camps furent libérés, les Américains trouvèrent David, sans connaissance et agonisant. Ils le ramenèrent aux États-Unis, et il passa deux ans dans le coma dans un hôpital militaire de Battle Creek, dans l'État du Michigan. Lorsqu'il sortit enfin du coma, son corps était dans un état si faible, à cause des traumatismes qu'il avait subis au camp, qu'il était incapable de marcher. On lui fabriqua de lourdes orthèses et, s'appuyant sur des béquilles, il réussit à avancer péniblement sur de courtes distances.

David avait décidé de retourner à la réserve pour saluer une dernière fois ses proches, avant d'entrer dans un hôpital pour vétérans et d'y passer le reste de sa vie. Lorsqu'il arriva à la réserve, ses parents et amis furent horrifiés de constater ce qui lui était arrivé. Ils se réunirent pour chercher un moyen de lui venir en aide ; au terme de la réunion, les anciens de la tribu s'approchèrent de David, lui arrachèrent ses orthèses, nouèrent une corde autour de sa taille et le jetèrent à l'eau. « David, tu dois rappeler ton âme à toi, lui intimèrent-ils. Ton âme n'habite plus ton corps. Si tu ne peux y arriver, nous te laisserons aller ; personne ne peut survivre sans âme. Elle est force de vie. »

Comme me le raconta David, « rappeler mon âme à moi fut la chose la plus difficile qu'il m'ait été donné de faire de toute mon existence ; plus pénible même que de me faire clouer les pieds au sol. Je revis les visages des soldats nazis ; je revécus tous ces mois passés au camp de prisonniers. Je savais qu'il fallait que je me libère de toute la colère et de la haine que je ressentais. Je passai à un cheveu de me noyer, mais je priai pour que la colère quitte mon corps. Ce fut mon unique prière, et elle fut entendue. »

David recouvra complètement l'usage de ses jambes ; avec le temps, il devint chaman, prêtre chrétien et guérisseur. Il se remit également à dessiner ; il devint un artiste très talentueux et réputé.

De cet homme émanait une force telle qu'il semblait touché par la grâce. David Chetlahe Paladin avait survécu à un combat avec le côté le plus obscur du pouvoir ; il l'avait surpassé et avait consacré le reste de sa vie à guérir et à inspirer les gens ayant vécu des expériences qui les avaient drainés de toute force vitale, pour que ceux-ci « rappellent leur pouvoir vers eux ».

Apprendre à *nous honorer les uns les autres* est essentiel si nous voulons réussir à unir les énergies dualistes qui caractérisent les rapports humains. En nous inspirant de l'énergie du deuxième chakra, de la force créatrice de la sefira de Yesôd et de la vision symbolique du sacrement de la communion, nous pouvons apprendre à chérir les unions sacrées que nous formons les uns avec les autres tout au long de notre existence.

La façon dont nous réagissons aux défis qui nous viennent de l'extérieur est en très grande partie déterminée par l'attitude que nous entretenons à l'égard de notre propre personne. En plus des relations que nous avons avec autrui, il est nécessaire d'établir un rapport envers nous-mêmes empreint d'amour-propre ; voilà la tâche à laquelle nous convie l'énergie qui caractérise le troisième chakra.

QUESTIONS POUR UN EXAMEN
DE CONSCIENCE

Comment définissez-vous la créativité ? Vous considérez-vous comme une personne créative ? Mettez-vous vos idées créatives en œuvre ?

Vous arrive-t-il souvent de réorienter vos énergies créatrices vers des modes négatifs d'expression ? D'exagérer ou d'embellir les « faits » afin de gagner quelqu'un à votre point de vue ?

Êtes-vous à l'aise sur le plan sexuel ? Sinon, êtes-vous en mesure de corriger vos déséquilibres sur ce plan ? Vous êtes-vous déjà servi d'autrui à des fins sexuelles, ou croyez-vous qu'on s'est déjà servi de vous ? Respectez-vous votre parole ? Quel est votre code d'honneur ? d'éthique ? Vos principes éthiques sont-ils négociables selon les circonstances ?

Avez-vous l'impression que Dieu est une force de justice dans votre vie ?

Cherchez-vous constamment à dominer autrui ? Dans vos rapports êtes-vous enclin à vous engager dans des luttes de pouvoir ? Savez-vous prendre vos distances et rester conscient dans les situations où l'argent et le pouvoir sont en cause ?

L'argent exerce-t-il du pouvoir sur vous ? Avez-vous déjà pris des décisions mettant en jeu votre intégrité personnelle dans le but d'accéder à la sécurité financière ?

Dans quelle proportion les peurs que vous éprouvez face à la survie matérielle dictent-elles vos choix ?

Avez-vous assez de force de caractère pour maîtriser vos peurs à l'endroit de l'argent et de la survie matérielle, ou ces dernières vous dominent-elles ?

Parmi les buts que vous vous êtes fixés, lesquels restent encore à réaliser ? Qu'est-ce qui vous empêche d'agir pour les mettre en œuvre ?

CHAPITRE TROIS

LE TROISIÈME CHAKRA :
LE POUVOIR INDIVIDUEL

L'énergie qui se dégage du troisième chakra, ou chakra du pouvoir individuel, joue un rôle prédominant durant la période de croissance qui correspond à la puberté. Elle facilite la poursuite du processus d'individualisation, caractérisée par la formation du « moi » ou de l'ego et d'une personnalité distincte de l'identité dont on a hérité. On associe également à ce centre d'énergie les questions liées au développement du pouvoir individuel et de l'amour-propre.

Le troisième chakra complète la trilogie physique qui constitue le système énergétique humain. Comme avec les premier et deuxième chakras, la nature du pouvoir dont il s'agit ici est d'abord physique. Alors que le premier chakra évoque le pouvoir collectif ou tribal et le deuxième, le courant qui circule entre soi et autrui, le troisième chakra est, quant à lui, associé au pouvoir individuel tel qu'il intervient dans notre rapport au monde extérieur.

Emplacement : Le plexus solaire.

Lien énergétique au corps physique : Estomac, pancréas, glandes surrénales, intestin grêle, vésicule biliaire, foie, et partie médiane de la colonne vertébrale, tous situés derrière le plexus solaire.

Lien énergétique au corps affectif et mental : Le troisième chakra, aussi connu sous le nom de plexus solaire, est le centre régissant le pouvoir individuel ; il constitue le noyau magnétique formé par la personnalité et l'ego. Les maladies qui y trouvent leur origine sont activées par des questions associées à la prise en charge de soi, à l'amour-propre, à la peur de l'abandon et à une sensibilité exacerbée face à la critique.

Lien symbolique et perceptuel : Le troisième chakra sert d'intermédiaire entre ce qui est essentiellement d'ordre physique (caractéristique des premier et deuxième chakras) et ce qui est du ressort de la conscience intérieure. Le premier chakra comporte un centre de gravité externe, lequel se situe toujours dans la conscience collective. Avec le deuxième chakra, ce centre est également externe, mais il se concentre sur les rapports avec autrui et sur les effets que ceux-ci ont sur les individus. Au troisième chakra, cependant, le centre de gravité est en partie intériorisé, c'est-à-dire que l'objet d'attention se déplace désormais, passant des relations avec l'entourage à l'appréhension de soi et aux rapports que l'on entretient avec soi-même.

Lien aux sefirôt et aux sacrements : La sefira de Netsah symbolise la qualité divine de *l'endurance*, et la sefira de Hôd la *majesté* (ou l'intégrité) du Divin. Ces deux qualités sont jumelées dans le système des chakras puisque, dans la tradition de la Kabbale, elles représentent toutes deux les attributs nécessaires pour que l'individu « se tienne debout ». Voilà pourquoi on réfère généralement à Netsah et à Hôd comme les jambes du corps. On les considère aussi comme la source des prophéties et le centre de la vision symbolique. La portée symbolique de Netsah et de Hôd crée un lien spirituel puissant avec le sacrement de la confirmation. Celui-ci représente l'émergence du « moi conscient », cette part de la personnalité humaine qui est éternelle et, de par sa nature, en ligne directe avec le sacré.

Peurs fondamentales : Peur du rejet, de la critique, du ridicule, de ne pas être à la hauteur de ses devoirs ; les craintes liées à l'apparence physique telles que la peur de l'obésité, de la calvitie ou de la vieillesse ; la peur que nos secrets personnels soient divulgués.

Forces fondamentales : L'estime de soi, l'amour-propre, la discipline ; l'ambition, la motivation, l'aptitude à prendre en main les situations de crise ; le courage de prendre des risques ; la générosité, l'éthique et la force de caractère.

Vérité sacrée : La vérité sacrée associée au troisième chakra est *Honore ta propre personne*, thème que renforcent les énergies spirituelles qui émanent des sefirôt de Netsah (l'endurance) et de Hôd (la majesté), de la portée symbolique du sacrement de la confirmation et du pouvoir inhérent au troisième chakra. Ces énergies convergent vers ce dernier et sous-tendent un même but spirituel : nous aider à mieux nous cerner en tant que sujets, à comprendre le type de rapport que nous entretenons avec nous-mêmes, la manière dont nous nous prenons en main et veillons à notre propre bien-être. L'amour-propre est la qualité spirituelle conférée par le sacrement de la confirmation. Celui-ci symbolise également le passage de l'enfance à l'âge adulte. Nous vivrons tous à un moment de notre vie une expérience qui contribuera à révéler les forces et les faiblesses qui nous sont propres en tant qu'individus, et qui existent hors de la sphère d'influence de nos aînés. La qualité spirituelle inhérente au troisième chakra nous force à nous constituer une identité qui se distingue de celle qui caractérise la collectivité.

DÉVELOPPER SON AMOUR-PROPRE

Les trois courants spirituels ci-dessus mentionnés convergent afin de donner forme à la voix intuitive qui émerge de notre plexus solaire. Celle-ci, à mesure que le moi se développe, devient le guide vers lequel nous nous tournerons naturellement tout au long de notre vie.

Les sentiments que nous entretenons à l'égard de nous-mêmes et la mesure dans laquelle nous nous accordons du respect sont des facteurs déterminants de notre qualité de vie, de notre aptitude à réussir en affaires de même qu'en matière de relations, de guérison et de capacité intuitive. L'appréhension et l'acceptation de soi, éléments fondamentaux du lien que nous tissons avec nous-mêmes, constituent sur plusieurs plans le défi spirituel le plus important que nous ayons à relever. En vérité, si nous n'aimons pas qui nous sommes, nous demeurerons à jamais incapables de prendre des décisions saines. Au lieu de cela, nous canaliserons tout notre pouvoir individuel dans les mains d'autrui lorsqu'il sera temps de prendre une décision : une personne que l'on veut impressionner ou quelqu'un aux yeux de qui il faut se montrer faible afin d'obtenir la sécurité. Les personnes faisant preuve de peu d'amour-propre s'attirent des relations intimes et des rapports professionnels qui ne font que contribuer à renforcer cette attitude.

Un homme me raconta un jour qu'il n'avait jamais espéré être aimé au sein de son propre mariage. Il s'était seulement marié dans le but de ne pas être seul, convaincu que l'amour n'arrivait qu'aux autres et non à des personnes comme lui. Nul ne naît avec un amour-propre sain et déjà constitué ; nous devons acquérir cette qualité au cours de notre vie, en traversant chaque difficulté qui se présente à nous.

Le troisième chakra est particulièrement sensibilisé aux limites du corps physique. Notre corps est-il fort ou faible? Est-il beau ou cicatrisé? Est-il de taille trop grande ou trop petite? Du point de vue spirituel, les caractéristiques physiques sont du ressort de l'illusion; elles ne sont qu'«accessoires». Pourtant, la mesure où une personne les acceptera ou y résistera constitue un facteur critique de l'accès à la maturité spirituelle. Nous faisons effectivement nos classes en évoluant au sein du monde matériel, tandis que nous est posée la question suivante : étant donné le corps spécifique que vous habitez, le milieu dans lequel vous évoluez et les croyances que vous entretenez, quelles sortes de décisions prendrez-vous tout au long de votre vie? Ferez-vous des choix qui élèvent l'âme ou qui en dissipent la force dans les illusions matérielles qui vous entourent? Sans cesse, les défis posés par le troisième chakra vous inciteront à réfléchir au lien entre vous-même, le pouvoir et le monde extérieur.

Arrêtons-nous un instant pour réfléchir à ce que doit vivre une personne en fauteuil roulant, en rapport avec le troisième chakra. Affirmer que le monde physique est une illusion ne signifie en rien que le fauteuil roulant l'est également ou que le handicap de cette personne n'est pas réel. Cela veut plutôt dire que rien en ce monde matériel ne peut réussir à contenir ou à restreindre la puissance dont est dotée l'âme humaine. Une femme en fauteuil roulant pourrait ne jamais recouvrer l'usage de ses jambes, mais cela n'enlève rien au fait qu'il revient à elle seule de décider si cette condition physique handicapera également son *âme*. Si elle décide de vivre pleinement sa vie malgré les difficultés, ce choix est non seulement salutaire sur le plan psychologique, mais il met aussi en mouvement la totalité des énergies des sefirôt de Netsah et de Hôd.

Alors que j'animais un atelier d'une semaine au Mexique, je fis la rencontre d'une femme nommée

Ruth. Nous partagions le même hôtel, mais elle n'était pas inscrite à l'atelier. Souffrant de rhumatisme articulaire aigu, un des cas les plus graves qu'il m'ait été donné d'observer, Ruth était confinée à un fauteuil roulant.

Un matin, je me levai plus tôt que de coutume et sortis sur la terrasse avec une tasse de café, avec l'intention de prendre quelques notes pour la conférence de la journée. J'aperçus Ruth, seule à une table, écoutant de la musique classique provenant d'un magnétophone usé. J'avais fait sa rencontre le jour précédent, mais ce matin-là je ne pouvais m'empêcher de la fixer du regard, en pensant qu'elle ne me voyait pas puisqu'elle avait le dos tourné. Je me demandais comment elle s'en tirait avec un corps aussi terriblement handicapé, lequel était devenu obèse à cause de son immobilité. Tout d'un coup, elle se retourna et me dit de but en blanc : « Vous vous demandez comment je réussis à vivre dans un tel corps, n'est-ce pas ? »

Je fus prise au dépourvu et n'eus pas le temps de me ressaisir. « Vous m'avez prise en flagrant délit, effectivement, répondis-je. C'est exactement ce à quoi je pensais.

— Eh bien ! venez vous asseoir près de moi et je vous le dirai. »

Je tirai ma chaise près de la sienne. Ruth, qui avait soixante-quinze ans, me demanda : « Aimez-vous la musique Nouvel Âge ? »

Je fis signe que oui, et elle ajouta : « Parfait. Écoutons-en tandis que je vous parle de moi. »

Sur une musique de fond de Kitaro, cette femme remarquable, d'origine juive, me raconta donc son histoire. « Je suis devenue veuve à l'âge de trente-huit ans, forcée de subvenir aux besoins de mes deux filles, mais avec peu de moyens pour le faire. Je suis alors devenue une manipulatrice telle que vous ne pourriez l'imaginer. Je n'ai jamais volé quoi que ce soit, mais il s'en est fallu de peu.

« Lorsque ma fille aînée eut atteint l'âge de vingt-deux ans, elle devint membre d'une communauté bouddhiste. Moi qui avais élevé mes filles au sein d'un foyer traditionnel juif, à New York ! Chaque fois qu'elle venait me rendre visite, je lui demandais : "Mais comment as-tu pu me faire ça ? Après tous les sacrifices que j'ai faits pour toi !" Nous avons dû avoir cette même conversation une centaine de fois. Puis, un jour, elle me regarda droit dans les yeux et me demanda : "Maman, est-ce que mes vêtements sont sales ? Y a-t-il quelque chose de malpropre chez moi ? Est-ce que je fais quoi que ce soit qui puisse te choquer ?"

« Je lui répondis : "Tu consommes sûrement des drogues, c'est ça ! Ils te font prendre des drogues." Elle enchaîna : "Oui, j'ai essayé." Alors vous savez ce que je lui ai dit ? "Je veux que tu m'en procures", et elle l'a fait. Elle m'apporta du LSD. J'avais cinquante-cinq ans, et j'ai pris du LSD. »

Je tombai presque de ma chaise. J'avais grand-peine à l'imaginer en train d'avaler du LSD.

Elle poursuivit : « Croyez-vous aux anges ? »

— Oui, bien sûr, lui répondis-je.

— Parfait, parce que voici ce qui m'est arrivé ensuite. Je pris le LSD et je fis une expérience au-delà des limites du corps. Je me surpris en train de flotter au-dessus de mon corps, plus légère même que l'air. Et je fis la rencontre d'un être merveilleux, un esprit féminin, qui me dit qu'elle était mon ange. Elle hocha la tête en disant : "Ah ! Ruthie, si tu savais à quel point il est difficile d'être ton ange !"

« Je lui répondis que je ne m'étais jamais arrêtée pour y penser. Elle ajouta : "Permets-moi de te montrer comment je te vois". Et elle tendit le doigt en direction de mon double ; seulement, celui-ci était complètement enveloppé par des milliers d'élastiques. "Voilà ce que je vois. Chacun de ces élastiques représente une des nombreuses peurs qui te dominent. Tu en as tellement que tu es incapable de m'entendre parler lorsque j'essaie de te dire que j'ai pris les choses en main."

« Puis mon ange me dit : "Voici une paire de ciseaux. Pourquoi ne t'affranchirais-tu pas de tous ces liens ?" C'est ce que je fis. Je les coupai un à un et, à chaque coup de ciseaux, je sentais une vague d'énergie incroyable monter en moi. "Ne te sens-tu pas beaucoup mieux ainsi ?", me demanda mon ange. Je lui répondis que je me sentais libre comme l'air et plus heureuse que jamais auparavant. Je ne pouvais cesser de rire. Puis mon ange me dit : "Tu vas devoir réintégrer ton corps maintenant, mais avant cela je vais te montrer quelque chose."

« Elle me fit voir dans l'avenir, et je vis que tout mon corps serait perclus de rhumatismes. Elle ne pouvait me dire pourquoi j'aurais à vivre dans cet état, mais seulement qu'il en serait ainsi. Elle m'assura cependant qu'elle m'accompagnerait à chaque instant. Puis elle me fit réintégrer mon corps. Je racontai à ma fille ce qui s'était passé, et nous en avons ri ensemble pendant au moins deux mois. C'est cette expérience qui nous a rapprochées elle et moi. Lorsque j'ai commencé à souffrir de rhumatismes il y a une dizaine d'années, je me suis dit que cela n'avait rien à voir avec le fait d'être handicapée. Je l'étais bien davantage lorsque je pouvais marcher : j'avais toujours si peur d'être seule et de veiller à mon propre bien-être que je voulais à tout prix que mes filles restent auprès de moi. Or, après cette expérience, je n'ai plus jamais eu peur de quoi que ce soit. J'ai la conviction que ma condition physique est une façon de me rappeler qu'il est inutile d'avoir peur. Je converse avec mon ange tous les jours, et j'ai maintenant plus d'occasions de rire que jamais auparavant. »

Je voudrais que Ruth puisse m'accompagner à tous les ateliers que j'anime afin qu'elle puisse raconter cette histoire aux participants. À mes yeux, Ruth et son ange sont des jumelles. Elle a choisi de croire que le monde immatériel constitué par l'énergie divine a finalement plus d'influence que le monde physique fait de matière et d'apparence. Un tel choix lui aura donné la force de transformer ce qui aurait pu être un handicap en source d'inspiration, ses limites en atouts. Voilà l'influence que peuvent exercer les sefirôt de Netsah et de Hôd, nos «jambes spirituelles».

REHAUSSER SON POUVOIR INDIVIDUEL

En préférant l'âme aux illusions véhiculées par les circonstances physiques, nous nous trouvons ainsi à «réorganiser» nos vies. C'est ce qui se passe chaque fois que nous effectuons un choix : ou bien nous nous ancrons encore davantage dans l'univers illusoire du matériel, ou nous investissons notre énergie des pouvoirs de l'âme. Chacun des sept chakras représente une version différente de cette leçon unique et essentielle. Chaque fois que nous privilégions le développement du pouvoir intérieur, nous contribuons à limiter l'ascendant que peut exercer le monde matériel sur la vie, le corps, la santé, l'esprit et l'âme. Le champ énergétique s'en trouve ainsi fortifié ; la puissance de ce dernier est inversement proportionnelle aux risques que nous encourons d'établir des rapports avec des personnes susceptibles de nous causer du tort et de vivre des expériences négatives.

Je fis la rencontre de Penny lors d'un atelier ; celle-ci était activement engagée à rebâtir sa vie par ses propres moyens. Elle avait été mariée pendant dix-huit ans à un homme avec qui elle avait également fondé une entreprise ; c'est elle qui était le cerveau des opérations. Elle était aussi alcoolique, ce qui convenait très bien à son mari puisque celui-ci l'était également ; l'état semi-conscient dans lequel il la maintenait lui permettait ainsi d'exercer une plus grande influence au sein de son mariage et de l'entreprise.

Une journée ordinaire dans la vie du couple se déroulait de la manière suivante : Penny rentrait du travail et vaquait aux chiens et au ménage. Son mari lui versait un verre de vin en disant : « Va donc te reposer. Je me charge de faire le dîner. » Lorsque les préparatifs du repas étaient terminés, Penny avait déjà « un verre dans le nez ».

Au bout de dix-sept ans, elle se rendit compte que les choses n'allaient pas. Elle songea à se présenter à une réunion des Alcooliques anonymes mais se ravisa. « Nous vivions dans une petite ville, expliqua-t-elle. Si les gens m'y avaient vue, on se serait mis à jaser. » Elle passait souvent tout près du lieu où se tenait la réunion, mais n'y entrait pas. Puis, un jour, elle s'effondra ; au lieu de chercher du soutien auprès de son mari, elle donna un coup de fil à une amie et lui dit : « À l'aide ! J'ai besoin d'aide. » Celle-ci la conduisit alors à sa première réunion des Alcooliques anonymes.

Revenir à la sobriété transforma sa vie. Une fois sortie de sa torpeur, Penny se rendit compte que rien dans sa vie ne tournait rond, et son mariage encore moins que tout le reste. Rompre cette union l'effrayait, d'autant plus que cela équivalait à perdre son emploi ; elle s'y prit une étape à la fois. Elle déménagea dans une autre région du pays, continua à aller aux réunions des Alcooliques anonymes et prit des cours de développement personnel ; c'est à ce moment que nous fîmes connaissance. Elle transforma son apparence physique, changea sa coiffure et perdit dix kilos ; bref, elle se voyait revenir à la vie.

Elle décida alors de demander le divorce, même si cela allait rendre son existence plus précaire sur le plan financier, parce que c'était là, disait-elle, « ce dont son âme avait besoin pour s'affranchir ». À chaque nouvelle décision, Penny et moi discutions des répercussions possibles sur sa qualité de vie. Le divorce allait changer sa situation sur le plan pécuniaire, et il fallait qu'elle songe aux moyens possibles de gagner sa vie. Elle décida qu'elle avait assez de confiance en elle-même pour le faire. Elle apprit donc comment donner une formation en programmation neurolinguistique. Elle finit par rencontrer John, un homme merveilleux qui correspondait aux critères désormais élevés qu'elle s'était fixés sur le plan de la santé et du développement personnel ; ils se marièrent. Ils donnent maintenant des conférences sur le développement personnel partout en Europe.

L'histoire de Penny démontre que toute personne possède les ressources intérieures nécessaires pour parvenir à transformer sa vie, pourvu qu'elle soit motivée à le faire et qu'elle ait le sens des responsabilités envers elle-même. De telles qualités sont inhérentes au troisième chakra. L'engagement dont fit preuve Penny à l'égard de sa propre guérison correspond au sens symbolique du sacrement de la confirmation. Elle aura réussi à se détacher des personnes et des circonstances qui exerçaient une influence négative sur sa vie ; elle sut ressaisir son âme et découvrir qu'elle possédait les réserves infinies d'endurance (Netsah) et de dignité (Hôd) qui l'aideraient à rebâtir sa vie. Parce qu'elle avait été capable de regarder ses peurs bien en face, elle fut capable de s'en libérer et de devenir une femme forte, en bonne santé, et qui a réussi.

Plus notre esprit se fortifie et moins le *temps linéaire* est en mesure d'avoir quelque emprise sur nos vies. Dans une certaine mesure, celui-ci est une illusion créée par le monde matériel ; il se rapporte aux propriétés physiques qui caractérisent l'énergie des trois premiers chakras. Une telle énergie est nécessaire à la réalisation des tâches physiques ; par exemple, lorsque nous voulons donner forme à une idée, nous la faisons progresser d'étape en étape selon un modèle linéaire. Or, si nous voulons croire en nos capacités de guérison, il est nécessaire que nous réexaminions notre façon de concevoir la notion de temps.

L'idée selon laquelle guérir « prend du temps » est une illusion très répandue dans notre culture ; y croire lui accorde en quelque sorte le statut de vérité. Dans le livre de la Genèse, il est écrit de Yahweh qu'il « insuffla dans ses narines un souffle de vie et l'homme devint un être vivant ». En choisissant de croire à quelque chose, nous insufflons à celle-ci notre souffle, nous lui accordons du poids.

Notre culture perpétue la croyance selon laquelle se guérir des expériences douloureuses vécues dans l'enfance exige des années de psychothérapie ; or, voilà qui n'est pas forcément le cas. Si on croit à la possibilité de s'en remettre rapidement, on peut arriver en peu de temps à se libérer de l'emprise que peuvent avoir les souvenirs douloureux.

La durée du processus de guérison est en lien direct avec la notion de temps, telle qu'elle est conçue par la tribu dans laquelle elle intervient. Par exemple, on croit de nos jours qu'on meurt de certains cancers au bout de six mois, que les personnes atteintes du sida peuvent survivre entre six et huit ans, que faire le deuil d'un conjoint prend un an, et qu'on ne réussit jamais à faire son deuil après la mort d'un de ses enfants. Si votre âme est suffisamment forte pour se soustraire à l'emprise que peut exercer une telle croyance collective, elle a assurément le ressort nécessaire pour transformer votre vie, comme l'atteste l'histoire riche en rebondissements de Margaret.

Je fis la rencontre de cette dernière au cours d'un atelier dans l'État du New Hampshire. Elle décrivit l'éducation qu'elle avait reçue au sein de sa famille comme ayant été « ordinaire et stricte ». Ses parents passaient au crible tout ce qu'elle lisait et décidaient qui seraient ses amis. Jamais ils ne lui accordèrent la permission de participer aux activités qu'ils jugeaient trop « radicales ». De temps en temps, elle devait même lire le journal en cachette. Toute son éducation fut ainsi soumise à la peur de l'inconnu qui hantait ses parents. Lorsque vint le temps de faire des études, ces derniers lui dirent que, puisqu'elle était une femme, deux options s'offraient à elle : l'enseignement ou la profession d'infirmière.

Margaret décida de faire des études d'infirmière. Peu après avoir reçu son diplôme, elle se maria avec un homme qui, selon ses termes, était « ordinaire et strict. Il était une reproduction fidèle de mes parents. »

Margaret et son mari déménagèrent dans une petite ville, et elle se mit à travailler comme infirmière à domicile. La charmante communauté dans laquelle elle évoluait avait ses « personnages », en particulier une femme du nom d'Ollie. Cette dernière avait acquis la réputation d'être « dangereuse ». Nul ne lui parlait ou ne l'invitait aux événements sociaux. Le soir de l'Halloween, les enfants qui passaient près de chez elle allaient la tourmenter, et ce chaque année depuis dix ans.

Un jour, Ollie téléphona au bureau des services à domicile pour requérir les soins d'une infirmière. Personne ne voulut se rendre chez elle, sauf Margaret. Elle se sentait un peu craintive à l'approche de la maison d'Ollie mais, lorsqu'elle fit sa rencontre, elle se rendit aussitôt compte que c'était « une femme seule et inoffensive, âgée de cinquante ans, et qui avait énormément besoin d'affection ».

Margaret prodigua des soins à Ollie, et toutes deux se lièrent d'amitié. Lorsqu'elle se sentit un peu plus à l'aise, elle demanda à Ollie ce qui avait bien pu lui mériter la réputation qu'elle avait acquise. Celle-ci demeura silencieuse pendant un moment, puis elle lui révéla que, lorsqu'elle était enfant, elle avait soudainement acquis un « pouvoir », lequel pouvait guérir les gens. Le père d'Ollie se mit à vendre les services de la petite fille à ceux qui en avaient besoin. Il se fit beaucoup d'argent de cette manière, jusqu'à ce qu'un jour la faculté d'Ollie « disparaisse, tout simplement ». Le père crut qu'elle jouait les fortes têtes et la battit afin que le pouvoir guérisseur revienne, mais en vain.

Lorsqu'elle eut atteint l'âge de partir, Ollie quitta la maison et s'en fut dans une petite ville où personne ne la connaissait. Elle travailla comme femme de ménage et se maria à l'âge de trente-deux ans. Elle donna naissance à deux enfants. Le plus jeune avait cinq ans lorsqu'il devint gravement malade ; il souffrait de leucémie. Le médecin conseilla à Ollie et à son mari de se préparer parce que la mort de l'enfant semblait inévitable. Pour la toute première fois, Ollie parla à son mari du don qu'elle avait eu ; elle lui demanda de prier avec elle pour que Dieu accepte de lui redonner le pouvoir de guérir leur fils. Ollie s'agenouilla au chevet de celui-ci, pria et imposa les mains sur lui. En moins de deux jours, il commença à montrer des signes d'amélioration ; une semaine plus tard, il était définitivement engagé sur la voie de la guérison, et il fut complètement rétabli au bout de deux mois.

Le médecin questionna Ollie et son mari pour savoir ce qui s'était passé et quel traitement ils avaient bien pu donner à leur fils. Ollie implora son mari de ne rien révéler de ce qu'elle avait fait mais il ne l'écouta pas. Le médecin réagit aux propos du mari en soutenant qu'Ollie était une femme « dangereuse » et l'incita à « agir avec prudence ; après tout, c'était peut-être une sorcière ou quelque chose du genre ».

Cinq mois plus tard, en rentrant à la maison, Ollie découvrit que son mari était parti, prenant avec lui les enfants. On accorda à ce dernier le divorce pour cause d'insanité. Ollie était inconsolable et dit à Margaret qu'elle avait tenté maintes fois en vain de retrouver ses enfants. Elle ne les avait jamais revus depuis.

Les liens qui se tissaient entre Margaret et Ollie devenaient plus forts à chaque visite. Le « pouvoir » dont lui avait parlé Ollie incita Margaret à lire des ouvrages sur les guérisseurs, sur le pouvoir de la guérison et sur la spiritualité. Ollie lui avait ouvert les yeux sur un nouvel univers. Plus elle approfondissait ses connaissances, plus elle se mit à songer à ses parents, à leurs peurs face aux idées nouvelles et aux efforts qu'ils avaient déployés pour s'assurer que leur fille n'apprendrait que « des choses ordinaires, en accord avec la vie ordinaire qu'ils menaient ».

Margaret essaya de partager avec son mari ses nouvelles connaissances, en espérant qu'elles seraient pour lui aussi une source d'inspiration. Or, ce dernier se sentit menacé par Ollie et par toutes ces idées nouvelles ; puis vint le jour où il interdit à Margaret de remettre les pieds chez Ollie.

Mais ces rencontres étaient devenues nécessaires pour Margaret, non seulement à cause de l'affection qui liait les deux femmes, mais aussi parce qu'elle avait commencé à lui enseigner le pouvoir de la guérison, qui puise sa source dans l'énergie divine de l'amour. Cette fois, Margaret était bien décidée à ne pas se laisser dominer par les peurs d'autrui.

Alors commença l'une des périodes les plus sombres de toute son existence, non seulement à cause d'Ollie, mais parce qu'elle se sentait coincée « entre deux univers de pensée ». Elle réalisait que même si elle ne devait jamais plus revoir Ollie, elle ne pourrait plus retourner à ses anciennes vues sur la guérison et la spiritualité. Elle voulait continuer son apprentissage et finit par informer son mari que, quoi qu'il en pense, elle continuerait de rendre visite à son amie.

Le mari de Margaret se mit à lui dire des choses telles que « cette femme t'a lancé un sort » et « je me demande ce qui peut bien se passer d'autre entre vous deux ». L'atmosphère du foyer devint insupportable, et Margaret loua un appartement. Elle espérait qu'une séparation temporaire contribuerait à la réconcilier avec son mari.

Les collègues et les amies de Margaret se rangèrent du côté de son mari. Margaret était en train de sacrifier son mariage au profit d'une vieille femme folle et mourante, lui disaient-ils. Personne ne comprenait ses motifs. Elle « se mit à prier afin qu'un miracle se produise, à n'importe quel prix », voulant dire qu'elle ne se souciait nullement de la façon dont Dieu résoudrait son problème, elle n'aspirait qu'au dénouement.

Environ quatre mois s'écoulèrent ; Margaret reçut un message de son mari, qui lui demandait de venir le rencontrer. Elle crut qu'il allait demander le divorce, mais il lui annonça plutôt qu'il venait d'apprendre qu'il souffrait d'un cancer du côlon. Il avait peur, lui avoua-t-il ; c'est alors que le miracle tant espéré se produisit : pensait-elle qu'Ollie pourrait lui venir en aide ? Margaret tremblait sous l'émotion ; ils se rendirent immédiatement à son domicile.

Ollie confia au mari de Margaret que son pouvoir de guérir venait de Dieu et qu'il devait concentrer son attention là-dessus. Elle fit une imposition des mains qui ne dura pas plus de dix minutes. En moins de trois mois, il fut rétabli. Il se mit à prendre le bien-être d'Ollie tellement à cœur qu'il insista pour que celle-ci vienne habiter chez eux, et elle y vécut jusqu'à sa mort.

« Désormais, mon mari n'en fait jamais assez ni pour moi ni pour autrui. Nous offrons des services de guérison, nous prions en groupe et donnons des conseils sur la guérison. Je n'avais jamais cru tout cela possible, et je ne peux compter le nombre de fois où mon mari m'a dit : "Je remercie Dieu tous les jours que tu aies eu le courage de me tenir tête et de t'accrocher à tes convictions. Si je suis vivant aujourd'hui, c'est grâce à toi". »

L'AMOUR-PROPRE ET L'INTUITION

Lorsque je commençai à tenir des ateliers sur la vision intuitive, je donnais à mes étudiants des exercices de méditation et de travail sur soi. Or, la plupart des personnes s'étant adonnées à la méditation n'avaient pas observé que celle-ci les aidait à développer leur intuition outre mesure. Je me rendis compte au cours d'un atelier que ce n'était pas réellement l'intuition qui présentait une difficulté. Dans une large mesure, les participants étaient déjà conscients de leur faculté intuitive, mais n'en avaient aucunement saisi la nature.

Tous sans exception avaient donc compris à tort que l'intuition était un don de prophétie. Ils croyaient qu'elle consistait à pouvoir prédire l'avenir. Or, l'intuition n'est pas une aptitude de nature prophétique ni une façon d'éviter les pertes financières ou les relations douloureuses. Elle consiste plutôt à pouvoir utiliser les données énergétiques afin de prendre des décisions *dans l'instant immédiat*. Ces données sont les constituantes affectives, psychologiques et spirituelles propres à une situation. Ce sont ces ingrédients de la vie qui se manifestent dans « l'instant présent » et non pas une information de nature immatérielle qui proviendrait d'un quelconque « futur ».

Dans la plupart des cas, l'information qui se laisse saisir par l'intuition suscite en nous des émotions telles que le malaise, la dépression et l'anxiété ; ou bien, à l'extrême opposé, nous sommes dans un état rêveur et détaché, comme si nous étions soudainement coupés de toute émotion. Les rêves de nature intuitive nous font voir des images symbolisant le changement ou le chaos ; ils surviennent de manière plus intense durant les bouleversements affectifs. Les sensations à caractère énergétique ou intuitif nous signalent que nous sommes arrivés à une croisée des chemins dans notre vie, et que la chance nous est donnée d'exercer une influence sur le cours des choses durant la prochaine étape, du moins dans une certaine mesure, par l'entremise du choix que nous effectuerons.

La capacité d'intuition et l'indépendance que rend possible le troisième chakra permettent de prendre des risques, c'est-à-dire de suivre ses pressentiments. Evan, âgé de vingt-huit ans, entra en contact avec moi parce qu'il souffrait d'un ulcère grave du côlon. En procédant à son évaluation, j'eus l'impression qu'il était pareil à un cheval que l'on conduisait vers la ligne de départ, mais qui n'entrait jamais dans la course. Le troisième chakra d'Evan était comme un trou béant qui laissait couler l'énergie à flots ; il ne paraissait pas avoir assez d'énergie pour se tenir debout. En fait, il me semblait qu'il avait fui les chances que la vie lui avait offertes parce qu'il avait peur de l'échec. Il ne pouvait prendre le risque de confirmer si même une seule de ses intuitions pouvait s'avérer juste.

Evan considérait que la vie avait été pour lui une série de faux départs. Il s'était arrêté sur la possibilité de mettre sur pied diverses entreprises, mais s'était ravisé. Il étudiait sans cesse le marché boursier, cherchant à découvrir *la* formule pouvant servir à expliquer les hauts et les bas du cours des actions. Obsédé par cette idée, il avait soigneusement compilé des statistiques. De fait, il était devenu assez habile pour être capable d'identifier les titres sur le point de prendre de la valeur. Lorsque je lui demandai pourquoi il n'achetait pas certains de ces titres, il me répondit : « La formule n'est pas encore au point. Il faut qu'elle soit parfaite. » Pourtant, il éprouvait une grande amertume, sachant qu'il aurait pu gagner beaucoup d'argent s'il avait obéi à certaines de ses intuitions. Il serait effectivement devenu plutôt riche. Lorsque je lui fis remarquer qu'ayant réussi si bien sur le papier, ses chances de réussite semblaient plutôt bonnes s'il investissait de l'argent, Evan répondit en disant que de toute façon, tout marché boursier était volatil et qu'il ne pourrait jamais être assuré que ses intuitions se confirmeraient.

Incapable de se mobiliser pour agir en fonction de ses intuitions, Evan souffrait d'un ulcère du côlon qui déchirait ses viscères. Il était incapable de se résoudre à investir la moindre somme dans un titre. La peur du risque était littéralement en train de détruire son organisme ; or, l'activité qui occupait toutes ses pensées était synonyme de risque. Conseiller à Evan d'essayer une technique de relaxation eût été à peu près aussi utile que de demander à un adolescent d'arriver à la maison à l'heure. Il était nécessaire qu'il se délivre de son esprit semblable à un ordinateur et qu'il se mette à écouter ses tripes. Evan continua à soutenir que son intuition ne lui fournissait que des pistes, mais aucune « preuve » quant aux résultats.

Les participants à mon atelier étaient eux aussi à l'écoute de leur intuition ; mais ils croyaient que celle-ci leur indiquerait des orientations claires, plutôt que de constituer une sorte de guide intérieur. Ils espéraient qu'un seul bon «coup» suffirait à leur communiquer la force nécessaire pour retrouver l'harmonie et le bonheur dans leurs vies. Or, le guide intérieur qu'est l'intuition ne se résume pas à suivre le chemin menant à la terre promise. Il s'appuie plutôt sur l'amour-propre, lequel nous permet de saisir que le malaise ou la confusion ressentis indiquent qu'il est temps de se prendre en main et de faire les choix qui s'imposent afin de se sortir du marasme.

Une personne souffrant d'une faible estime de soi n'a pas les moyens nécessaires pour suivre ses impulsions intuitives, sa peur de l'échec étant trop intense. L'intuition, comme toutes les disciplines faisant appel à la méditation, peut être remarquablement efficace, *mais seulement si* l'on possède le courage et la force individuelle nécessaires pour suivre les conseils qu'elle procure. Ces derniers doivent être appuyés par l'action, mais rien ne garantit qu'agir sera dénué de risques. Les êtres humains mesurent leur taux de réussite en fonction du confort personnel, tandis que si l'on se réfère plutôt au cadre plus vaste qu'est l'univers, c'est ce que nous apprenons qui compte. Tant que nos critères de réussite resteront inchangés, les conseils que nous fournira notre intuition nous feront peur, la nature de cette dernière étant précisément de nous orienter vers de nouveaux cycles d'apprentissage, qui nous projetteront dans des situations pas toujours très réconfortantes de prime abord.

Au cours d'un atelier, une femme nommée Sandy affirma avec fierté qu'elle avait passé six ans dans un ashram en Inde à approfondir son apprentissage de la méditation. Elle s'adonnait à une heure de méditation tous les matins et tous les soirs, et les conseils qu'elle en retirait étaient d'une grande lucidité. Un peu plus tard, elle me tira à l'écart pour me demander si je percevais à son sujet des impressions qui lui indiqueraient le lieu où elle devrait s'installer et ce qu'elle devrait faire pour gagner sa vie. Ses propres méditations ne lui étaient-elles pas de bon conseil ? lui demandai-je, en spécifiant que je n'étais pas conseillère en orientation, pour ainsi dire. Elle répliqua que ses méditations ne s'appliquaient que sur le plan spirituel. Pourtant, lui objectai-je, la question de notre occupation professionnelle concerne notre vie et donc notre spiritualité. Elle répondit qu'elle n'avait pas accès à ce genre d'information. Je lui demandai alors : « Quelle pourrait être la pire intuition qui puisse surgir durant vos méditations en rapport avec les questions que vous vous posez ? » Elle répondit sans hésitation : « Retourner à l'enseignement dans les quartiers déshérités de la ville de Detroit. Je fais même des cauchemars à ce sujet. » « À votre place, lui dis-je, c'est ce que je songerais à faire. Voilà qui me semble de bon conseil. »

Un an plus tard, je recevais une lettre de Sandy dans laquelle elle me racontait que, à la suite de l'atelier, elle avait été saisie par le désir de retourner à l'enseignement. Elle avait tenté d'y résister, mais se mit à souffrir de migraines et de troubles du sommeil. Entre-temps, elle avait occupé un poste de commis dans une librairie, ce qui ne lui garantissait pas un salaire suffisant. Par conséquent, lorsqu'on lui offrit de faire de la suppléance dans le district scolaire où elle avait déjà travaillé, elle accepta. En moins de deux mois, elle avait organisé, dans le cadre des activités périscolaires, un cours de méditation pour les étudiants du lycée, sur la base de deux fois par semaine. Celui-ci connut tant de succès qu'il fut intégré au programme régulier l'année suivante ; ravie, Sandy signa un contrat de travail. Ses migraines et ses insomnies se dissipèrent peu de temps après.

Il faut avoir confiance en soi pour parvenir à la guérison. Avant que je me rende compte qu'il est important d'avoir de l'amour-propre pour développer ses capacités intuitives, je soutenais que la foi était en fait le facteur primordial. J'accorde maintenant à l'estime de soi et au pouvoir individuel un statut égal à celui de la foi, car il me semble qu'une faible estime de soi est le reflet du peu de foi que l'on éprouve à l'égard de soi-même de même qu'envers les forces du monde invisible. La foi est sans contredit un élément vital pour faire face aux difficultés de la vie.

Une femme dans la vingtaine avancée, Janice, voulut me rencontrer parce qu'elle désirait apprendre à se maintenir en meilleure santé. Celle-ci souffrait de graves problèmes sur ce plan, mais elle ne me demanda pas pourquoi ; seul guérir l'intéressait.

Durant l'adolescence, Janice avait subi une opération chirurgicale pour une occlusion du côlon. Lorsque je fis sa rencontre, elle était mariée, mère d'un enfant, et se trouvait à l'hôpital pour une septième intervention à l'abdomen. La majeure partie de ses intestins avait été enlevée, et elle aurait à vivre avec une colostomie jusqu'à la fin de ses jours. Elle ne pouvait plus manger de solides, et elle était nourrie grâce à un cathéter greffé à sa poitrine en un implant permanent. Elle devait se brancher à ce système chaque soir avant de s'endormir, et un liquide nutritif coulait goutte à goutte dans son organisme au cours de la nuit. Ce système venait d'être mis au point et, par conséquent, n'était pas remboursé par le régime d'assurance-maladie. Voyager, même pour une sortie de fin de semaine, devenait impossible, puisqu'elle devait transporter tout cet équipement médical où qu'elle aille. De surcroît, Janice et son mari étaient en train d'accumuler une dette de plus en plus insurmontable à cause de tous ces problèmes.

En route vers l'hôpital, je m'attendais à ce que Janice soit dépassée par les événements et effrayée par les perpectives d'avenir. À ma grande surprise, un grand optimisme se dégageait de son attitude et son énergie était bonne. Elle voulait faire l'apprentissage de techniques énergétiques comme la méditation et la visualisation pour contribuer à améliorer son état de santé. Au cours de notre conversation, elle me dit : « Je dois avouer que, lorsqu'on m'a mis le cathéter, je pleurais sur mon propre sort, sans parler de la culpabilité que je ressentais à l'égard de mon mari ; je sentais que j'étais devenue un fardeau sur le plan financier et que je n'étais pas ce qu'on pourrait appeler une épouse convenable. En circulant plus tard dans les corridors de l'hôpital, je fus témoin de ce dont souffraient d'autres personnes et je décidai qu'après tout ma situation n'était pas si terrible et que je pourrais être à la hauteur. »

Après la dernière intervention, Janice retourna sur les bancs d'école pour compléter son diplôme d'infirmière. Elle semblait sur le point de prendre sa vie en main lorsque son mari lui demanda le divorce. Elle me donna un coup de fil, et nous avons pris un rendez-vous. Elle me dit : « Je ne suis pas vraiment surprise que Harold ait demandé le divorce. Il m'a donné tout le soutien dont il était capable durant ces douze années, mais comme mariage, il y a déjà eu mieux. L'amertume n'est pas une émotion que je peux me permettre ; j'ai un fils qui a besoin de moi et je suis convaincue qu'une attitude négative ne fera qu'aggraver mes problèmes de santé. Mais j'éprouve de la peur – que faire maintenant ? Existe-t-il une technique de visualisation qui donne soudainement du courage ? »

Nous nous sommes mises d'accord que la première chose à faire était de se mobiliser pour survivre à ce divorce ; elle aurait pour cela besoin de tout le soutien possible au cours des mois à venir. Durant les dernières étapes, Janice décrocha un emploi dans un hôpital. Elle s'installa avec son fils de dix ans dans un nouvel appartement et fit beaucoup d'efforts pour se faire de nouveaux amis. Elle fit de sa vie spirituelle une priorité ; tous les matins, son fils et elle évoquaient leur vie en termes positifs, une vie dans le bonheur et la plénitude ; c'était une façon de canaliser les énergies spirituelles associées au troisième chakra : l'endurance, la résistance et le respect de soi. Janice était déterminée à « se tenir debout » pour traverser cette épreuve. Et elle y réussit : son état de santé se maintint tout au long de cette période de transition et, un an après son divorce, elle rencontra un homme merveilleux et se remaria. Le cas de Janice illustre bien comment l'âme humaine peut transcender les limites matérielles et les difficultés personnelles, et nous armer de courage. Janice connut bien sûr des jours difficiles, mais elle s'était rendu compte que de s'apitoyer sur son sort pouvait lui nuire davantage que son état de santé. L'attitude dont elle fit preuve et la pratique spirituelle quotidienne qu'elle adopta contribuèrent à maintenir l'équilibre du corps et de l'esprit, en accord avec le symbolisme des énergies provenant des sefirôt de Netsah et de Hôd, et du sacrement de la confirmation.

Saisir la portée *symbolique* du sacrement de la confirmation, c'est comprendre que la force intérieure stimule la vie intérieure. L'amour-propre et l'éveil au pouvoir individuel se développent parfois à la suite d'un événement mémorable dans notre vie, lequel constitue en somme un rite de passage vers l'âge adulte. Vous avez peut-être déjà été saisi d'une illumination soudaine qui vous a fait comprendre comment mener à bien une tâche qui vous apparaissait jusque-là insurmontable. Vous avez peut-être alors pris pleinement conscience du fait que vous aviez du pouvoir sur les choses et que vous étiez en mesure de réaliser une foule d'objectifs variés, allant d'une bonne condition physique à la réussite sur le plan financier.

Acquérir la confiance en soi nécessaire pour réaliser ses objectifs constitue une des voies grâce auxquelles le pouvoir individuel peut devenir un moteur de transformation dans la vie d'une personne. Du même coup, des changements considérables peuvent survenir du point de vue spirituel et symbolique chez celle-ci. Développer sa force intérieure fait passer le centre de gravité de l'extérieur à l'intérieur, un signe de mûrissement sur le plan spirituel.

Au sein de la plupart des cultures, des rites de passage existent à l'intention des jeunes, symboles du passage à l'âge adulte : les barmitsva chez les Juifs, par exemple, et la confirmation chez les chrétiens. Dans nombre de cultures amérindiennes, du moins autrefois, les jeunes hommes devaient quitter la tribu pendant un certain temps afin d'aller vivre dans la nature et se soumettre à l'initiation propre aux guerriers. De telles cérémonies marquent la fin de la dépendance du jeune homme envers l'énergie protectrice de la tribu ; il doit accepter d'assumer ses responsabilités sur le plan de la vie matérielle et spirituelle. Le rite signale également que la tribu accepte ce nouvel état de choses. Une fois «initiée», une jeune personne répond en principe de manière adulte aux attentes de ses amis et de sa famille.

Une image de soi renouvelée peut aussi être le produit d'un cheminement par étapes, au fil de toute une vie, constitué d'une série de mini-initiations. Chaque progrès que nous effectuons, si minime soit-il, exige que nous modifiions quelque chose à la dynamique qui nous lie à ce qui nous entoure. Dans l'ensemble, le changement nous fait horreur, alors que la notion d'initiation symbolise la nécessité de transformation. Nous pouvons mettre un terme à une relation intime parce que nous nous sentons assez forts pour vivre un rapport de couple mieux équilibré. Ou encore, nous pouvons décider d'abandonner un emploi devenu routinier et peu stimulant afin d'aller mettre à l'épreuve notre créativité ailleurs. Trop de changements à la fois peuvent devenir chose accablante, si bien que nous préférons souvent relever des défis une étape à la fois. Un à un, ces défis s'inscrivent ainsi dans une démarche qui prend forme à mesure que nous avançons vers un plus grand degré de force personnelle.

QUATRE ÉTAPES VERS LE POUVOIR INDIVIDUEL

L'estime de soi est un terme ayant acquis une grand popularité au début des années 1960, décennie marquée par une révolution des attitudes envers le pouvoir de chaque individu. Ce n'est qu'à partir de ce moment que cette notion fut conçue comme un facteur essentiel de la santé des femmes et des hommes, dont on élargit alors le cadre d'analyse pour inclure des concepts tels que la santé psychologique et la santé spirituelle.

Cette nouvelle définition de l'amour-propre continua à être élaborée et affinée au cours des trois décennies suivantes. Vues de manière symbolique, les tendances sociales qui se sont succédé entre les années 1960 et 1990 sont analogues aux étapes de développement chez les individus. Après la révolution des années 1960, les années 1970 pourraient être caractérisées comme la décennie de l'introspection. L'énergie brute libérée au cours des années 1960, qui servit à faire tomber les barrières externes, nous conduisit ensuite vers la nécessité de faire tomber nos barrières internes, ce qui se produisit durant les années 1970, pendant lesquelles le terme *psychothérapie* se répandit largement.

Les années 1970 virent émerger deux nouvelles forces sur le plan psychologique. D'abord, le terme *moi* se trouva libéré de la prison puritaine dans laquelle il se trouvait enfermé. Les connotations d'égoïsme dont celui-ci était alourdi (*ego* signifie *moi* en latin) eurent pour effet de freiner toute forme de développement personnel chez la plupart des gens pendant plusieurs siècles. Cette situation fut renversée au cours des années 1970 et le *moi* devint un sujet d'attention acceptable et légitime. Voilà qui allait fournir à chacun une clé propre permettant d'entrer dans son « jardin secret » et de découvrir qu'avec un peu d'aide nous étions effectivement capables d'avancer par nos propres moyens.

Il n'est guère surprenant que cette fascination nouvelle pour le moi ait été poussée jusqu'à l'extrême. Dans les années 1980, nous avons voulu constater jusqu'où le pouvoir du moi pouvait s'étendre, si bien qu'on peut affirmer que le thème de cette décennie fut le narcissisme. Nous nous sommes sentis libres de satisfaire tous nos désirs sur le plan matériel, ce phénomène allant aux limites extrêmes de la recherche du confort. Nous ne pouvions devenir riches assez vite ni transmettre des informations assez rapidement ; nous cherchions à transformer le monde en technoplanète, à devenir minces en l'espace de quelques jours, à accéder à la guérison spontanée. Les gens crurent même qu'en déboursant assez d'argent ils pourraient accéder à la conscience en moins d'une semaine, une tâche qui jusque-là avait été considérée comme sacrée et nécessitant l'engagement de toute une vie.

Cette aspiration au confort absolu finit par atteindre son point de saturation et, au début des années 1990, on se préoccupait à nouveau des choses du monde intérieur ; les énergies étaient désormais orientées vers l'évolution des personnes, vers la recherche d'un moi qui serait «dans le siècle mais pas de ce monde», un moi capable de jouir des splendeurs du monde physique en se gardant bien de laisser les illusions matérielles affaiblir l'âme.

La révolution, l'introspection, le narcissisme et l'évolution sont les quatre étapes à travers lesquelles il nous faut progresser afin d'acquérir l'estime de soi et atteindre la maturité spirituelle. Une personne à l'âge adulte sur le plan spirituel s'appuie discrètement sur ses qualités intérieures pour prendre des décisions dans la vie de tous les jours. Les pensées et les activités inspirées par la pratique spirituelle deviennent alors inséparables des autres dimensions de la vie : tout est intégré.

Chaque phase de cette maturation peut durer des années ou simplement quelques mois, selon les individus ; peu importe sa durée, la personne concernée devra inévitablement se débattre avec les défis qui lui seront posés sur le plan du tempérament, de l'éthique, de la morale et de l'amour-propre.

Découvrir qui nous sommes implique un certain travail pour que nous arrivions à saisir ce qui nous motive, par exemple à garder des secrets, à entretenir des dépendances ou à blâmer autrui pour les erreurs que nous avons commises. Nous devons faire des efforts pour arriver à comprendre pourquoi il nous est difficile de recevoir ou de donner un compliment, ou pour nous apercevoir que toute notre vie est traversée par un sentiment de honte. Nous devons apprendre à être fiers de nos réalisations et de notre personnalité, à cerner les caractéristiques propres à celle-ci, à envisager les circonstances dans lesquelles nous sommes enclins à nous compromettre et celles où nous savons fixer nos limites – ou même à découvrir si nous savons le faire. Se créer une identité découle de la découverte de soi et non pas de l'héritage biologique et ethnique. Cette exploration commence donc par la révolution.

Première étape : la révolution

L'amour-propre requiert d'abord que l'on pose un acte révolutionnaire, ou plusieurs actes de minirévolution, grâce auxquels nous commençons à nous différencier de la pensée collective et établissons les fondements du moi. Nous pouvons par exemple soudainement prendre conscience que nos opinions diffèrent de celles de notre famille ou de nos semblables. Malgré tout, nous éprouverons de la difficulté à nous départir de l'énergie du groupe, celui-ci s'appuyant sur la force du nombre et sur les barrières à l'expression de l'individualité qu'il a érigées.

Trouver sa propre voix, même à partir de minirévolutions, est chose importante du point de vue spirituel. La maturité sur ce plan se mesure non pas en fonction du raffinement des opinions, mais bien par rapport à leur authenticité et au courage dont il faut savoir faire preuve pour les exprimer et les entretenir. Le mot «courage» ne réfère pas ici à l'opiniâtreté que peuvent démontrer les défenseurs d'une idée ; une telle dynamique de pouvoir appartient au deuxième chakra. La maturité spirituelle consiste plutôt à savoir étayer ses arguments sur la base de convictions intérieures authentiques.

Un homme nommé Jerry entra en contact avec moi parce qu'il souffrait d'ulcères. J'eus très fortement l'impression qu'il entretenait une relation avec une femme dont le comportement allait à l'encontre de son propre code moral. Je sentis qu'il voulait la protéger mais que le comportement de celle-ci le décevait, tout comme sa propre incapacité de s'expliquer véritablement avec elle. Après avoir fait part de mes impressions à Jerry, il me dit que sa partenaire, Jane, était une toxicomane. Il avait fait sa rencontre alors qu'elle était en période d'abstinence et, un mois plus tard, elle avait emménagé chez lui. Tout sembla bien se passer pendant environ deux mois ; cependant, le comportement de Jane commença à changer. Il lui demanda si elle avait recommencé à consommer de nouveau, mais elle lui répondit qu'il n'en était rien, ajoutant que, si elle paraissait d'humeur changeante, c'était parce qu'elle voulait quitter son emploi mais qu'elle ne savait trop que faire d'autre. Il la crut au début, puis il finit par se rendre compte que de l'argent disparaissait de son portefeuille ; il lui demanda pourquoi, et elle lui répondit qu'elle en avait eu besoin pour des produits ménagers et s'excusa de ne pas lui en avoir parlé auparavant. La liste des mensonges racontés par Jane accapara trente minutes de la conversation.

Je demandai à Jerry de faire les liens qui s'imposaient ; jamais il n'avait souffert d'ulcères avant d'avoir partagé sa vie avec Jane. Celle-ci n'était pas la source du problème, lui fis-je remarquer, mais bien le fait qu'il souhaitait désespérément lui dire qu'il ne croyait pas à ses excuses. Il resta silencieux un moment, puis affirma qu'il ne pouvait concevoir avoir développé des ulcères à cause de Jane. Il avait pris un engagement envers elle, il n'avait pas le droit de laisser tomber quelqu'un dans le besoin, et il était terrifié à l'idée que s'il cherchait à s'expliquer avec elle, elle le quitterait. Je lui demandai : « Qu'est-ce que vous préférez perdre ? La santé, ou Jane ? » ajoutant que le message qu'il cherchait à communiquer à cette dernière s'exprimait déjà par l'entremise de son ulcère. Deux jours plus tard, Jerry m'appela pour me dire qu'il avait demandé à Jane d'aller vivre ailleurs. À sa grande surprise, il s'était senti soulagé de cette décision : « Je ne m'en croyais pas capable ; mais je ne pouvais plus continuer à vivre de cette manière. Je préfère être seul que de continuer à me mentir. »

Arriver à faire face à Jane constituait ni plus ni moins une révolution personnelle pour Jerry. Cette seule expérience lui apprit qu'il se devait d'être à la hauteur de ses valeurs personnelles et qu'il avait le courage de faire le choix qui s'imposait.

Une fois que nous avons acquis un tant soit peu de cette force intérieure, nous devenons capables d'introspection et de nous soumettre à un examen de conscience. Peu à peu, l'influence de la tribu laisse ainsi la place à notre propre guide intérieur ou intuitif. Une fois entamé, ce processus nous mène ensuite vers l'étape suivante, l'introspection, où il nous sera donné d'explorer le moi intérieur.

Deuxième étape : l'introspection

À chaque nouvelle rencontre que nous faisons et à chaque nouveau but que nous poursuivons, notre moi intérieur se trouve face aux questions suivantes : « Que pourrais-je croire d'autre ? Que pourrais-je penser d'autre ? Je désire me connaître davantage. Dites-moi ce que je dois savoir pour y arriver. » Toute nouvelle situation nous communique donc de l'information et suscite en nous des émotions. Cette phase est celle de l'introspection ; nous évaluons le monde qui nous entoure et la mesure dans laquelle il répond ou non à nos besoins. Cela nous mène souvent à vouloir nous concentrer sur notre rapport avec Dieu et sur le sens de la vie, mais il est d'abord nécessaire de développer les mécanismes internes qui peuvent nous donner la force de réagir en fonction de ce que peut révéler l'examen de conscience. Au cours de mes ateliers, des personnes m'ont avoué qu'elles préféraient « esquiver » certaines questions qui leur étaient posées parce qu'elles ne désiraient pas se connaître sous tous les aspects. Elles répondront quelquefois en disant : « Je ne sais pas. Je n'ai jamais réfléchi à cette question », ce à quoi je rétorque : « Eh bien ! c'est maintenant l'occasion d'y penser ! » Pourquoi de telles réponses sont-elles si courantes ? Parce que la connaissance de soi mène vers le choix et l'action, et que nombre de personnes ne se sentent pas préparées à entreprendre ni l'un ni l'autre.

Au cours d'un atelier, je fis la rencontre d'Emma, une femme dans la cinquantaine avancée, qui venait de subir des traitements de chimiothérapie pour un cancer du côlon. Elle était mère de six enfants, lesquels étaient tous de jeunes adultes. Selon ses dires, le cancer avait été une source d'inspiration. Durant son rétablissement, elle s'était rendu compte que ses enfants l'aimaient bien sûr beaucoup, mais plus particulièrement dans son rôle de « servante ». Quel ne fut pas son désarroi d'entendre dire qu'ils étaient forcés de trouver quelqu'un d'autre pour accomplir telle ou telle tâche et qu'ils se demandaient quand elle pensait pouvoir reprendre du service ? Emma se rendit compte qu'il était nécessaire qu'elle réévalue son rôle au sein de sa propre vie et qu'elle réfléchisse à ce qu'elle devait faire pour se rétablir. Cette révolution fut suivie d'une période d'introspection : elle passa de longues heures à lire des ouvrages sur l'autoguérison et sur la conscience de soi. Elle en vint à réaliser qu'elle n'avait vécu que pour ses enfants et qu'il était temps qu'elle le fasse pour elle-même. Elle attendit quelques mois afin d'avoir le courage de changer les règles dans sa maison, mais elle y parvint. Elle annonça à ses enfants qu'on ne pouvait plus désormais compter sur elle pour d'interminables journées de baby-sitting, qu'elle ne préparerait plus les repas et qu'elle refuserait de laisser une activité en plan pour aller faire une course pour quelqu'un. Bref, elle s'était octroyé le droit de dire non. Cette annonce bouleversa ses enfants à un tel point qu'ils organisèrent un conseil de famille (un conseil tribal) pour en discuter. Emma resta sur ses positions et dit à ses enfants qu'ils auraient à accepter que, désormais, en plus d'être leur mère, elle était un individu à part entière ayant des besoins propres ; elle prenait sa retraite en tant que mère.

L'histoire d'Emma démontre que la phase d'introspection est suivie d'une étape narcissique pendant laquelle une nouvelle conception du moi émerge.

Troisième étape : le narcissisme

Bien qu'il n'ait pas bonne presse, le narcissisme est parfois nécessaire au développement d'un amour-propre solide. Se doter d'une nouvelle image – une autre coiffure, des vêtements neufs, peut-être même d'une nouvelle apparence grâce à l'exercice physique – indique qu'une transformation intérieure est aussi en train de se produire. Cette étape est marquée par la vulnérabilité ; nous pouvons faire l'objet de fortes critiques de la part des membres de la tribu ou d'un groupe, mais l'énergie que procure le narcissisme nous aidera à faire la sourde oreille tout en continuant à nous recréer et à redéfinir l'espace qui nous appartient. Les changements qui se produisent à ce stade nous préparent aux transformations plus importantes à venir.

L'exemple donné par Gary au cours d'un atelier illustre bien cette dynamique. Il raconta qu'il s'était soudain mis à s'habiller de manière très formelle pour aller au théâtre et aux concerts, alors que jusque-là il n'avait toujours porté que des jeans et des sweat-shirts. Bien que l'idée de se démarquer des habitudes adoptées par ses amis lui donnât des sueurs froides, il considérait ce changement comme une étape importante de son développement personnel parce que, disait-il, il voulait savoir ce qu'on ressentait lorsque les autres « nous regardaient avec envie ». Ce n'était pas qu'il voulait qu'on le jalouse ; il voulait simplement se libérer de la contrainte qu'excrçait sur lui son groupe d'amis, qui le considéraient comme quelqu'un de modeste. Gary nous déclara qu'il était homosexuel. Et lorsque je lui demandai si sa famille était au courant, il répondit : « Pas encore. Je travaille à acquérir l'amour-propre nécessaire pour le faire, un pas à la fois. Lorsque j'aurai assez d'assurance pour porter ce que je désire, alors je travaillerai à devenir assez fort pour être qui je veux. »

Arriver à être soi-même, voilà qui résume exactement la portée qui se dégage de la quatrième étape : l'évolution.

Quatrième étape : l'évolution

Cette dernière phase de développement de l'amour-propre se déroule à l'intérieur de soi. On peut dire des personnes qui réussissent à vivre selon leurs principes, dans la dignité et la foi, sans compromettre l'énergie de leur âme, qu'elles ont évolué intérieurement : c'est le cas, par exemple, de Gandhi, de Mère Teresa et de Nelson Mandela. Bien entendu, il existe quantité de gens qui n'ont même pas la réputation de ces personnages de l'histoire mais qui ont réussi à atteindre une estime de soi analogue ; la différence, c'est que les âmes de ces trois personnes ont également assumé la responsabilité du milieu qui les entourait – et le milieu s'est en retour transformé en réponse au pouvoir de l'âme.

On a pensé de ces trois personnes, pour faire ici une petite parenthèse, qu'elles étaient passées par une étape narcissique. Au début de sa carrière, Mère Teresa a presque été forcée à deux reprises de quitter la communauté religieuse dans laquelle elle œuvrait, parce que sa conception de l'apostolat allait bien au-delà de ce que ses consœurs étaient prêtes à envisager. Au terme d'une période de contemplation spirituelle intense, lorsqu'elle sentit que le temps était venu, elle décida de suivre la voie que son guide intérieur lui indiquait. Tout comme Gandhi et Mandela, elle entra alors dans une phase d'évolution au bout de laquelle elle devint le personnage qu'on connaît : une force archétype capable d'être une source d'inspiration pour des millions de personnes. Lorsque l'âme prend le commandement, le monde ne peut résister à la force qu'elle déploie.

UNE SEULE QUÊTE, DE NOMBREUX DÉFIS

Atteindre la connaissance de soi, l'indépendance et l'amour-propre n'est certes pas une démarche simple, bien que celle-ci ne soit constituée que de quatre étapes. L'énergie dont est rempli le troisième chakra est celle de nos ambitions personnelles, de notre sens des responsabilités, du respect à l'égard de nos forces et de nos faiblesses, ainsi que des peurs et des secrets que nous n'osons pas encore révéler à nous-mêmes. Étant souvent déchirés par les conflits personnels, la perspective d'avoir à « faire le vide avant de se ressourcer », à se défaire de nos vieilles habitudes et carapaces afin de renaître, peut être la cause d'une vive inquiétude. Or, cela représente bien plus qu'un simple acte visant la santé psychologique. Devenir experts en matière d'appréhension de soi et de vision symbolique est une tâche vitale, de nature spirituelle, qui ne peut que faire croître notre foi en nous-mêmes.

L'histoire suivante m'est chère puisqu'à mon sens elle capte bien l'essence spirituelle de la maxime *Honore ta propre personne*. Chuck est né au sein d'une famille originaire de l'Europe de l'Est très conventionnelle. Celle-ci exerça en tous points une influence considérable sur ses attitudes et ses valeurs. On s'attendait à ce que les enfants suivent les mêmes traces que leurs parents. Chuck était le mouton noir de la famille ; il détestait les sports et la bière, et il était attiré par les idées libérales et les gens ouverts. Dès l'époque du lycée, il commença à mener une double vie, traçant une ligne de démarcation entre ses intérêts et ses amis, et sa vie de famille. À la fin des études de lycée, il savait qu'il était homosexuel, ce qui accentuait le besoin de mener une double vie puisque sa famille n'aurait jamais accepté cet état de choses. Il quitta le foyer familial, pour voyager et enseigner outre-mer ; il maîtrisa de nombreuses langues.

Il retourna enfin s'installer dans sa ville natale, après avoir reçu de nombreux honneurs sur le plan académique ; mais il se sentait malgré tout constamment déprimé. Lorsque je fis sa rencontre, je compris qu'il avait grandement besoin de cesser de voyager à l'extérieur du pays et de se tourner vers lui-même. Nous avons abordé sa vie en termes symboliques, reconnaissant que s'il avait vécu si longtemps au loin, c'est que sa position de mouton noir au sein de la famille le rendait inconfortable. Il ne pouvait toujours pas s'afficher en tant qu'homosexuel et cela le préoccupait parce que, disait-il : « Je ne considère pas avoir accepté mon orientation sexuelle si les seules personnes qui sont au courant sont mes amis. Ma plus grande peur, c'est qu'en explorant plus à fond mes sentiments, je découvre que je suis incapable de m'accepter comme je suis. Qu'est-ce que je ferai alors ? »

Chuck se consacrait à l'étude du mysticisme ; il priait, pratiquait la méditation et allait à l'église. Je lui suggérai de faire un pèlerinage à tous ces endroits au sujet desquels il aimait tant lire et dont le but spirituel serait orienté vers l'acceptation de soi. Il me cita la phrase suivante d'un ami : « Le pèlerinage est une expression du mysticisme ; le mysticisme est une sorte de pèlerinage intérieur. »

L'été suivant, Chuck partait pour l'Europe avec le projet de visiter Fatima, Lourdes et de nombreux autres lieux qui étaient sacrés à ses yeux. À chaque arrêt, il se recueillait au cours d'une petite cérémonie, s'affranchissait d'une partie douloureuse de son passé et priait en demandant qu'il réussisse à s'accepter pleinement. Lorsqu'il retourna à la maison, Chuck était un homme transformé. Il était libre et plein de vie comme nous sommes tous destinés à l'être. Il s'était délesté de son côté obscur et rayonnait. L'une des premières choses qu'il accomplit fut de réunir sa famille et de leur faire part de son orientation sexuelle. Il s'était préparé à une réaction négative, mais à sa grande joie ils acceptèrent la nouvelle. La quête spirituelle de Chuck lui avait mérité non seulement le détachement à l'égard des choses du passé et de ses craintes face à l'avenir, mais également une foi profonde en ses propres ressources.

Nous sommes tous en pèlerinage, en quelque sorte, bien qu'il ne soit pas requis de voyager vers des contrées lointaines et sacrées pour le faire et se libérer des chaînes du passé. Ce qui est cependant nécessaire, c'est d'entreprendre ce voyage sur le plan spirituel, de s'affranchir des peurs qui nous empêchent de contempler la beauté dans nos vies et de parvenir à la guérison et l'acceptation de soi. Ce voyage, nous pouvons l'effectuer quotidiennement dans nos prières et nos méditations.

La poète Dorothy Parker, aujourd'hui décédée, fit un jour le commentaire suivant : « Je déteste écrire. Mais je suis heureuse d'avoir écrit. » On pourrait affirmer la même chose au sujet du pouvoir individuel : on a l'impression d'être au paradis lorsqu'on y accède, bien que le chemin ait été long et difficile. La vie nous rappelle impitoyablement qu'il faut réfléchir à la portée de ces mots de Polonius : « Sois fidèle envers toi-même. » Car la vie peut être une expérience affreuse et douloureuse si l'on est dépourvu de pouvoir individuel.

Le travail sur l'intuition ne nous permet pas de contourner la nécessité d'affronter nos peurs. Il n'existe pas de raccourci vers l'intégrité personnelle, et les capacités intuitives ne constituent pas en elles-mêmes une solution ; elles ne font que découler tout naturellement de cette qualité qu'est l'amour-propre.

Nous sommes biologiquement destinés à tirer la leçon suivante : l'épanouissement du corps suit celui de l'esprit. Le troisième chakra est le siège de cette vérité sacrée, *Honore ta propre personne*, vérité appuyée par la portée symbolique des sefirôt de Net-sah et de Hôd, et par le sacrement de la confirmation. En acquérant la force et l'endurance nécessaires à l'estime de soi, les capacités intuitives émergeront de la manière la plus naturelle possible.

QUESTIONS POUR UN EXAMEN DE CONSCIENCE

Vous aimez-vous en tant que personne ? Dans le cas contraire, identifiez ce que vous n'aimez pas, et don-nez-en les raisons. Êtes-vous activement engagé dans une démarche visant à changer cet état de choses ?

Vous considérez-vous comme une personne hon-nête ? Vous arrive-t-il quelquefois de déformer la vérité ? Si tel est le cas, quels sont vos motifs ?

Êtes-vous critique à l'égard d'autrui ? Sentez-vous le besoin de blâmer autrui afin de vous protéger ?

Êtes-vous capable d'admettre que vous pouvez être dans l'erreur ? Accueillez-vous de bonne grâce les commentaires qu'on pourrait faire à votre sujet ?

L'approbation d'autrui vous est-elle nécessaire ? Si tel est le cas, pourquoi ?

Considérez-vous que vous êtes une personne forte ou une personne faible ? Avez-vous peur de vous prendre en main ?

Vous êtes-vous déjà engagé dans une relation intime avec une personne envers qui vous n'éprouviez pas d'amour parce que c'était mieux que de rester seul ?

Éprouvez-vous du respect envers vous-même ? Êtes-vous capable d'effectuer des changements dans votre mode de vie et d'aller au bout d'une telle démarche ?

Craignez-vous de prendre des responsabilités ? Ou vous sentez-vous responsable envers tout et tous ?

Êtes-vous constamment en train de souhaiter que la vie que vous menez soit différente ? Si tel est le cas, quelles mesures avez-vous prises pour la transformer ? À moins que vous ne vous soyez résigné à votre situation...

CHAPITRE QUATRE

LE QUATRIÈME CHAKRA :
LE POUVOIR DES ÉMOTIONS

Le quatrième chakra est la centrale électrique du système énergétique humain. Il sert d'intermédiaire entre le corps et l'esprit, et en détermine la santé et la force. L'énergie qui s'en dégage est de nature affective et nous fait progresser sur ce plan. La leçon spirituelle associée à ce chakra vise à nous enseigner comment agir avec amour et compassion, et à nous faire prendre conscience que l'énergie la plus puissante dont nous disposons est celle de l'amour.

Emplacement : Milieu de la poitrine.

Lien énergétique avec le corps physique : Cœur et appareil circulatoire, côtes, seins, thymus, poumons, épaules, bras, diaphragme.

Lien énergétique au corps affectif et mental : Ce chakra vibre au diapason de nos émotions, celles-ci exerçant une influence beaucoup plus déterminante sur notre qualité de vie que les perceptions de l'esprit. Au stade de l'enfance, nous réagissons aux circonstances qui nous sont imposées par un éventail de sentiments divers tels que l'amour, la compassion, la confiance, l'espoir, le désespoir, la haine, l'envie et la peur. Une fois atteint l'âge adulte, un des défis que nous devons relever consiste à atteindre un état émotionnel stable nous permettant d'agir en toute conscience et avec compassion.

Lien symbolique et perceptuel : Le quatrième chakra plus que tout autre témoigne de notre capacité à « lâcher prise et accueillir Dieu ». L'énergie qui le caractérise nous amène à accepter les difficultés que pose notre développement personnel sur le plan affectif comme faisant partie d'un plan divin, dont le dessein est de faire évoluer notre conscience. C'est en nous délivrant de la douleur morale et en nous affranchissant du besoin de comprendre le pourquoi des choses que nous parvenons à la sérénité. Cependant, pour atteindre cet état de paix intérieure, il est nécessaire de s'ouvrir à l'énergie bénéfique du pardon et de renoncer à ce besoin de moindre importance qui est comblé par la justice administrée par les humains.

Lien aux sefirôt et aux sacrements : Le quatrième chakra correspond à la sefira de Tif'eret, symbole de la beauté et de la compassion de Dieu. L'énergie qui s'en dégage représente le cœur du Divin – le flot incessant de la force de vie salutaire. Le sacrement du mariage est en harmonie avec l'énergie du quatrième chakra. En tant qu'*archétype*, le mariage représente d'abord et avant tout le lien avec soi-même, l'union intérieure du moi et de l'âme.

La tâche inhérente au quatrième chakra ressemble à celle du troisième centre d'énergie mais comporte un degré de perfectionnement plus élevé sur le plan spirituel. Alors que le troisième chakra nous incite à analyser nos sentiments envers nous-mêmes en regard du monde extérieur, le quatrième chakra concerne plutôt les émotions suscitées par notre propre univers intérieur, c'est-à-dire nos pensées, nos idées, nos attitudes, nos inspirations, de même que la place que nous accordons à nos besoins affectifs. Le degré d'engagement manifesté envers cette démarche constitue *le* facteur essentiel de notre aptitude à établir de bons rapports avec autrui.

Peurs fondamentales : La peur de la solitude, la peur de s'engager et de «suivre la voie de son cœur»; la peur d'être incapable de se protéger sur le plan affectif; la peur de la faiblesse affective et de la trahison. Une perte d'énergie au niveau du quatrième chakra peut faire émerger des émotions telles que la jalousie, l'amertume et la haine, de même que nous rendre incapables de pardonner, tant à nous-mêmes qu'à autrui.

Forces fondamentales : L'amour, le pardon, la compassion, le dévouement, l'inspiration, l'espoir, la confiance et la capacité d'autoguérison et de guérir autrui.

Vérité sacrée : Le quatrième chakra est le centre du pouvoir du système énergétique humain en vertu de cette vérité fondamentale selon laquelle *l'amour est force divine*. Bien qu'en général on considère que l'intelligence, ou «l'énergie mentale», est supérieure à l'énergie affective, il n'en reste pas moins que cette dernière constitue le moteur véritable du corps et de l'esprit humain. L'amour dans sa forme la plus pure, c'est-à-dire l'amour inconditionnel, est la substance même du Divin, celui-ci étant caractérisé par la capacité infinie de pardonner et de répondre à nos prières. Le cœur humain est conçu de telle sorte qu'il doit exprimer la beauté, la compassion, le pardon et l'amour : agir autrement va à l'encontre de notre nature spirituelle.

Nous ne sommes pas des spécialistes de l'amour dès la naissance; nous en faisons plutôt l'apprentissage tout au long de notre vie. L'énergie de l'amour est une force pure; l'amour nous attire tout autant qu'il nous intimide. Il nous met en mouvement, il exerce sur nous son emprise, il nous guérit et nous détruit. L'amour alimente notre corps physique et notre corps spirituel. Chaque épreuve de la vie est une leçon sur une facette de l'amour; la manière dont nous réagissons a des répercussions sur nos tissus cellulaires. Nos choix de vie entraînent des conséquences incontournables sur le plan biologique avec lesquelles nous devons sans cesse composer.

L'APPRENTISSAGE DU POUVOIR DE L'AMOUR

Le pouvoir de l'amour est tel qu'il est nécessaire de se familiariser progressivement avec son énergie. Cette évolution comporte plusieurs niveaux, chacun correspondant à une leçon sur le degré d'intensité de l'amour et les différentes formes qu'il prend : le pardon, la compassion, la générosité, la gentillesse, ainsi que la bienveillance envers soi-même et autrui. Ces étapes suivent le modèle prescrit par les chakras ; c'est au sein de la tribu que nous faisons d'abord l'expérience de l'amour, en nous imprégnant des différentes expressions de son énergie dont témoignent les membres de notre famille. L'amour tribal peut être inconditionnel, mais en général il communique les attentes liées au soutien tribal et à la loyauté. Dans ce cadre, l'amour est une énergie partagée entre individus de même appartenance.

À mesure que le deuxième chakra s'éveille et que nous tissons des liens d'amitié, l'amour s'étend alors aux personnes de l'extérieur. Nous exprimons notre amour en témoignant notre bienveillance envers ceux qui ne sont pas liés à nous par les liens du sang. À mesure que le troisième chakra s'éveille et que notre amour s'étend aux objets extérieurs, nous découvrons nos besoins personnels, physiques et matériels ; ceux-ci peuvent s'exprimer par le sport, les études, la mode, les rapports intimes, la vie professionnelle et la vie familiale, de même que par notre propre corps.

La notion d'amour liée aux trois premiers chakras s'exprime en relation avec le monde extérieur. Dans notre civilisation, il fut un temps où ces trois aspects de l'amour suffisaient pour vivre ; très peu de gens ressentaient le besoin de dépasser l'amour de nature tribale et celui de l'association. Cependant, des mouvements tels que ceux qui ont été nourris par la psychothérapie et la spiritualité ont contribué à faire apparaître l'amour comme une force qui influence et détermine même l'activité biologique. L'amour permet donc la guérison de soi-même et celle des autres.

Les bouleversements qui nous font aborder la question de l'amour au sein de nos vies, que ce soit le divorce, la disparition d'un être cher, la violence morale, l'abandon ou l'adultère, sont souvent les causes de l'apparition de la maladie plutôt que d'être de simples coïncidences. La guérison sur le plan affectif est une condition importante, voire essentielle, à la guérison physique.

Jack, un menuisier âgé de quarante-sept ans, avait investi une portion substantielle de ses économies dans une entreprise mise sur pied par son cousin Greg. Se décrivant lui-même comme un novice dans le domaine des affaires, Jack me confia que Greg avait toujours semblé savoir exactement ce qu'il fallait faire en cette matière et lui avait promis que cet investissement allait lui rapporter l'argent nécessaire pour qu'il bénéficie d'une retraite anticipée. Lynn, l'épouse de Jack, hésitait pour sa part à investir la totalité de leur bas de laine sans aucune garantie, mais Jack faisait confiance à son cousin et croyait que tout allait se dérouler comme prévu.

L'entreprise échoua au bout de quatre mois, et Greg disparut sans laisser de traces. Deux mois plus tard, Jack fut victime d'un accident au travail et se blessa au bas du dos. Il se mit à faire de l'hypertension et devint taciturne et déprimé. Il s'inscrivit à un de mes ateliers parce que Lynn l'avait forcé à l'y accompagner, cherchant en désespoir de cause un moyen qui pourrait le tirer de l'état dans lequel il avait sombré.

Certains problèmes semblent si évidents qu'il suffit de faire les liens nécessaires pour en connaître la cause. Le stress financier et le sentiment de s'être fait rouler par son cousin avaient sans aucun doute enflammé la psyché de Jack, conduisant à une faiblesse dans le bas du dos et le nerf sciatique. Sa colère alimentait son état d'hypertension, et il remâchait la bêtise commise en s'étant laissé berner par les promesses d'abondance que son cousin lui avait fait miroiter. Jack avait la mort dans l'âme ; il se sentait trahi tout en ayant l'impression d'avoir déçu son épouse.

Au moment d'aborder le sujet du pardon lors de ma conférence, Jack devint si irritable qu'il demanda la permission de quitter la pièce. J'aurais voulu qu'il reste parce que je savais qu'il avait besoin d'entendre ce que j'avais à dire, mais en voyant son visage je compris que cela ne ferait qu'ajouter à son malaise. Lynn adressa alors la parole à Jack comme si tous deux avaient été seul à seul : même s'il se punissait d'avoir posé ce qu'il croyait être un geste imbécile, elle considérait quant à elle qu'il avait agi par amour. « Jamais je ne croirai qu'un acte d'amour puisse être récompensé par la douleur, poursuivit-elle, et si tu parvenais à changer de perspective et à te convaincre que tu as accordé ton aide à un être cher parce que tu pensais que c'était là ce qu'il fallait faire, alors, d'une manière ou d'une autre, les choses finiraient par bien aller pour nous. Je ne veux pas que la colère que tu éprouves envers ton cousin envenime les jours qui nous restent à vivre ensemble ; je crois donc qu'il nous faut tourner la page. »

Jack fondit en larmes, marmonnant des mots d'excuse et de gratitude envers son épouse. Les autres participants étaient profondément touchés par ce qui venait de se passer et prirent une pause afin d'accorder un peu d'intimité à Jack et à Lynn. Alors que je m'apprêtais à quitter la pièce, Lynn me demanda de me joindre à eux en me disant : «Je pense que nous pouvons partir maintenant. Tout se passera bien pour Jack et moi.»

Je les rappelai quelques mois plus tard pour prendre de leurs nouvelles. Lynn m'annonça que Jack était retourné au travail et que son dos le faisait encore souffrir, mais moins qu'auparavant. Sa tension artérielle était redevenue normale et il n'était plus déprimé. Ils se sentaient désormais libérés de leur infortune sur le plan pécuniaire parce qu'ils avaient été capables de pardonner en toute sincérité et de passer à autre chose. Elle ajouta : «Nous n'avons pas eu vent de Greg, mais nous soupçonnons que c'est lui désormais qui doit être préoccupé par ce gâchis, bien davantage que nous le sommes.»

L'exemple de ce couple témoigne de la force spirituelle que dégage l'énergie du cœur. La compassion que sut communiquer le cœur de Lynn au corps de Jack accorda à ce dernier le soutien dont il avait besoin pour se pardonner à lui-même et à son cousin, et poursuivre son chemin.

S'AIMER OUVRE LA VOIE VERS LE DIVIN

Il est bien connu que «sans l'amour de soi on ne peut aimer personne d'autre». Pourtant, pour beaucoup de gens, s'aimer soi-même demeure une notion mal définie qui s'actualise souvent par la voie matérielle – par exemple en faisant de folles dépenses ou en se payant des vacances exorbitantes. Or, ces manières de se récompenser reflètent plutôt un aspect de l'amour associé au troisième chakra, c'est-à-dire une appréciation de soi qui s'exprime par un plaisir de nature physique. Ce type de récompense est bien sûr agréable mais peut aussi nous empêcher de saisir les émotions profondes qui habitent notre cœur et refont surface lorsque nous devons réfléchir à la dynamique d'un rapport, à un emploi, ou à toute autre circonstance pouvant avoir des répercussions sur notre santé. Au niveau du quatrième chakra, l'amour de soi signifie avoir le courage d'écouter les messages et les conseils spirituels transmis par la voie du cœur. L'archétype vers lequel le cœur nous guide le plus fréquemment dans une démarche de guérison est celui de « l'enfant blessé ».

Cet « enfant blessé » est à l'intérieur de chacun de nous et transporte tous les modèles affectifs ayant, au cours de notre jeunesse, entravé ou retardé notre développement, tels que les souvenirs douloureux, les attitudes négatives et la dévalorisation de soi. À l'âge adulte, nous continuons à opérer selon ces mêmes modèles, bien que ceux-ci puissent changer de forme. La peur de l'abandon, par exemple, peut se transformer en jalousie. L'agression sexuelle mène vers les dysfonctions sexuelles, ce qui entraîne souvent une reproduction des mêmes comportements auprès de ses propres enfants. Une mauvaise image de soi chez l'enfant pourra plus tard être à la source de certains troubles tels que l'anorexie, l'obésité, l'alcoolisme et autres dépendances, de même que la peur obsessive de l'échec. De tels modèles peuvent nuire à nos rapports avec autrui, au bon développement de notre vie personnelle et professionnelle, ainsi qu'à notre santé. Pour apprendre à s'aimer soi-même, il faut d'abord commencer par remettre en question cette force archétypale de l'enfant blessé qui domine notre psyché et nous affranchir de l'emprise qu'elle exerce sur nous. Les blessures morales non cicatrisées nous condamnent à vivre sans cesse dans le passé.

Derek est un homme d'affaires âgé de trente-sept ans ; il s'était inscrit à un de mes ateliers dans le but de se réconcilier avec des souvenirs douloureux datant de son enfance. Il avait été victime de très mauvais traitements, sans cesse battu et privé de nourriture lorsqu'il avait faim, et forcé de porter des chaussures trop petites pour lui afin de le punir.

Derek avait quitté le foyer familial après avoir terminé ses études secondaires ; il avait travaillé afin de se payer des études universitaires puis s'était lancé dans le commerce. Lorsque je fis sa rencontre, il filait le parfait bonheur auprès de sa femme et de ses deux enfants. Le temps était venu pour lui, disait-il, de faire face aux souvenirs d'enfance qu'il avait jusque-là tenus à distance – tout comme il l'avait fait avec ses parents. Le père de Derek était décédé depuis peu et sa mère souhaitait vivement reprendre contact avec son fils. Celui-ci s'était montré disposé à la revoir ; durant leur première rencontre, il exigea qu'elle lui explique pourquoi ils l'avaient tous deux traité de manière aussi horrible alors qu'il était enfant.

La mère de Derek commença par nier que celui-ci avait été maltraité, mais lorsqu'elle réussit à se rappeler quelques incidents, elle en rejeta toute la faute sur le père, ajoutant que si elle s'était rendu compte que Derek était aussi malheureux, elle aurait fait quelque chose. Puis elle se mit à pleurer en demandant comment il pouvait la traiter si durement alors qu'elle venait à peine de devenir veuve. Voilà une réaction assez typique chez les parents violents à qui leurs enfants, une fois adultes, demandent de s'expliquer.

Derek manifesta beaucoup d'intérêt durant ma conférence portant sur les souvenirs personnels qui découlent de la vie au sein de la tribu. Il ne croyait pas que ses parents étaient des gens foncièrement mauvais mais plutôt, me dit-il, des gens apeurés qui ne réalisaient peut-être pas les conséquences de leurs actes. À la fin de l'atelier, il me dit que mes propos lui avaient donné beaucoup de matière à réflexion et qu'il en était reconnaissant.

Quatre ou cinq mois après l'atelier, Derek me fit parvenir un mot. Il avait résolu que la vie était trop courte pour s'appesantir sur de cruels souvenirs et avait choisi de croire que ses retrouvailles avec sa mère étaient une chance de démontrer à celle-ci en quoi pouvait consister une vie reposant sur l'amour au sein du couple et de la famille. Il voyait sa mère de façon régulière et pensait que le jour « où tout irait bien » n'était pas loin.

L'histoire qui précède démontre comment la sefira de Tif'eret nous indique la voie de la guérison en nous incitant à examiner à nouveau nos souvenirs affectifs. Tout comme cela se produit invariablement, Derek avait acquis la maturité nécessaire pour franchir ce cap. Demeurer à l'écoute de notre guide intérieur et de notre intuition est la forme la plus efficace de prévention en matière de santé. Les énergies spirituelles à l'œuvre dans le cœur de Derek auront prévenu ce dernier en lui faisant voir que ses souvenirs négatifs pouvaient nuire à sa santé physique. Les mécanismes intuitifs opèrent de la même façon chez chacun d'entre nous ; ils n'omettront que rarement de nous prévenir lorsque des courants négatifs sont susceptibles de nous causer du tort et de nous indiquer comment nous pouvons libérer les énergies nocives avant qu'elles ne se transforment en maladie.

Les actes de pardon rendent la guérison possible. La vie et les enseignements de Jésus démontrent non seulement que le pardon constitue un acte de perfectionnement sur le plan spirituel, mais qu'il apporte la guérison sur le plan physique. Le pardon n'est plus simplement une affaire de choix mais bien une nécessité pour que la guérison se produise. Jésus s'attardait d'abord toujours aux souffrances morales de ses patients ; la guérison physique survenait ensuite de manière naturelle. Bien que les guérisons effectuées par Jésus aient été interprétées par nombre de théologiens et de catéchistes comme une récompense divine pour la confession d'une inconduite, le pardon demeure l'acte essentiel par lequel nous nous ouvrons pleinement au pouvoir guérisseur de l'amour. Savoir pardonner à ceux qui nous ont causé du tort, afin que les blessures qu'ils nous ont infligées ne nous atteignent plus, témoigne du degré d'amour de soi dont nous sommes capables. De telles blessures ne nuisent qu'à nous seuls et non à ceux qui nous ont fait souffrir. Se libérer des fixations que nous entretenons envers celles-ci nous permet de passer d'un rapport avec le Divin analogue à celui de l'enfant et du parent (rapport caractéristique des trois premiers chakras) à une relation dans laquelle nous collaborons à poser des gestes empreints d'amour et de compassion, comme nous le prescrit le quatrième chakra.

Les énergies qui se dégagent du quatrième chakra nous font mûrir encore davantage sur le plan spirituel, en nous faisant dépasser ce stade où nous entretenons un rapport de parent à enfant avec le Divin, où notre prière sert à exiger que nous soit expliqué le pourquoi des événements et où la peur de l'inconnu domine. Pour l'enfant blessé, le Divin opère selon un mécanisme mû par la récompense et la punition ; les épreuves peuvent aussi être expliquées sur la base du raisonnement humain. L'enfant blessé ne saisit pas que dans toute expérience, si douloureuse soit-elle, existe la possibilité d'être spirituellement éclairé. Aussi longtemps que nous continuerons à raisonner comme un enfant blessé, le seul amour dont nous serons capables sera celui qui pose des conditions, et nous serons habités par la peur de l'abandon.

Dans notre culture, on accorde en général de moins en moins d'attention aux blessures et à la victimisation pour se concentrer plutôt sur la guérison. Depuis un bon moment, nous nous sommes cependant laissé dominer par la force que peuvent exercer nos blessures, et il sera difficile de nous affranchir du négativisme qu'elle alimente, de nous rétablir et de retrouver la maîtrise de nous-mêmes. Notre culture est donc caractéristique du quatrième chakra, parce que nous n'avons pas su encore nous libérer entièrement de nos blessures et évoluer vers la maturité spirituelle.

L'ÉVEIL DU MOI

Nous traversons le quatrième chakra en explorant ses enseignements et en tirant les leçons qu'il apporte. Nous accédons à l'univers intérieur du cœur lorsque nous avons réussi à laisser derrière nous les pensées caractéristiques des trois premiers chakras, en particulier le cœur associé à la tribu. Nous n'avons alors plus besoin de recourir, pour nous protéger, à des explications telles que « ce sont les besoins de ma famille qui comptent avant tout », ou « je ne puis changer d'emploi parce que mon épouse a besoin de se sentir en sécurité ». Nous nous trouvons désormais aux portes du cœur, accueillis par cette seule question : « Et qu'en est-il de moi ? »

Cette question constitue une invocation grâce à laquelle les données affectives refoulées depuis des années, mais qui sont inscrites en nous malgré tout, remontent à la surface. La poser peut, en un seul instant, nous ouvrir une toute nouvelle voie. Il se peut que nous soyons alors tentés de rebrousser chemin pour retrouver les mécanismes de protection offerts par l'esprit tribal ; cependant, le réconfort que celui-ci nous apportait est désormais chose du passé.

Nous amorçons l'énorme tâche que constitue la découverte de soi en explorant d'abord notre nature affective – non pas en relation avec autrui ou avec des objets extérieurs, mais bien avec nous-mêmes. On doit alors se poser les questions suivantes, et ce qu'on soit ou non assisté par un proche qui joue un rôle de premier plan : Quelles sont les choses qui me plaisent ? Quelles sont celles que j'aime de tout mon cœur ? Qu'est-ce qui me rend heureux ? Qu'est-ce qui est nécessaire à mon équilibre ? Quelles sont mes forces ? Puis-je compter sur mes propres ressources ? Quelles sont mes faiblesses ? Qu'est-ce qui motive mes actions ? Qu'est-ce qui me fait désirer l'attention et l'approbation d'autrui ? Suis-je assez fort pour être intime avec quelqu'un tout en respectant mes propres besoins affectifs ?

De telles questions sont différentes de celles que nous pose l'esprit marqué par la tribu, laquelle nous enseigne à soulever des questions telles que : Quelles sont les choses qui, *en relation à autrui*, me plaisent ? Comment préserver mes forces tout en continuant à plaire *à autrui* ? Qu'est-ce que je dois obtenir *d'autrui* afin d'être heureux ? Que dois-je changer chez moi pour que *quelqu'un m'aime* enfin ?

Il nous est difficile d'explorer pleinement ces questions parce que nous sentons que les réponses que nous y apporterons nous forceront à changer des choses dans notre vie. Avant 1960, ce genre d'examen de conscience n'était l'apanage que des personnes vivant en marge de la société – les mystiques, les artistes, les philosophes et autres créateurs doués. Une telle rencontre avec le « moi » met en œuvre une transformation de la conscience humaine ; les conséquences qu'elle a entraînées pour bon nombre d'artistes et de mystiques ont consisté en plusieurs épisodes dramatiques marqués par la dépression, le désespoir, les hallucinations, les visions, les tentatives de suicide et une irrépressible souffrance morale, de même que par des états d'extase jumelés à un érotisme de nature physique et transcendantal. On croyait généralement que le prix attaché à l'éveil spirituel était trop élevé et trop risqué pour la plupart des gens et que, par conséquent, seulement de rares personnes « douées » étaient destinées à l'atteindre.

Or, l'énergie révolutionnaire qui caractérisa les années 1960 encouragea des millions de personnes à se demander « et moi là-dedans ? » C'est à partir de ce moment que le mouvement de la conscience humaine fit passer notre culture à travers le seuil archétype du quatrième chakra. Les secrets que renfermaient nos cœurs furent ainsi déterrés, tout comme furent révélés au grand jour les détails concernant nos enfances blessées, lesquelles donnent encore forme à une part importante de nos personnalités en tant qu'adultes.

Il n'est guère surprenant de constater qu'à ce stade du quatrième chakra notre culture soit la scène d'une augmentation du nombre de divorces touchant l'ensemble du pays. L'ouverture du quatrième chakra a transformé l'archétype du mariage en archétype de l'association. Par conséquent, le mariage tel qu'il se pratique aujourd'hui requiert que les conjoints aient une solide conception du moi pour réussir, plutôt que de faire preuve d'abnégation comme autrefois. La portée symbolique du sacrement du mariage consiste à dire qu'il est nécessaire d'abord et avant tout d'être en harmonie avec sa propre personnalité et son propre esprit. Ce n'est qu'après avoir acquis une conscience claire de soi qu'il devient possible de créer une véritable union intime avec autrui. L'augmentation du nombre de divorces trouve donc directement sa cause dans l'ouverture du quatrième chakra, phénomène qui incite les personnes à explorer pour la première fois qui elles sont. Un grand nombre de personnes imputent l'échec de leur mariage au fait que leur conjoint ne répondait pas à leurs besoins sur les plans affectif, psychologique et intellectuel, et qu'elles ont dû par conséquent chercher un autre conjoint pour former une union véritable.

L'ouverture du quatrième chakra est aussi l'événement qui a transformé notre conscience en ce qui concerne les phénomènes de la santé, de la guérison, de la maladie et de ses causes. Alors qu'on concevait jusqu'ici que la maladie était essentiellement causée par des facteurs émanant des chakras inférieurs – c'est-à-dire par la génétique et par les microbes –, nous comprenons maintenant qu'elle découle d'un stress affectif ayant atteint un degré extrême. La guérison ne peut s'effectuer que si les blessures de nature émotionnelle sont réparées. Notre modèle médical est en train d'être transformé pour tenir compte de la puissance qui émane du cœur.

L'histoire du cas qui suit illustre bien cette transformation. Je fis la rencontre de Perry, un médecin, lors d'un de mes ateliers. Celui-ci avait un cabinet très important, lequel lui apportait le degré de stress personnel et professionnel correspondant. Lorsque la communauté médicale se trouva inondée par l'information circulant sur les théories et les thérapies des médecines parallèles, Perry lut ici et là quelques documents s'y rapportant mais continua à prescrire les traitements conventionnels à ses patients, parce qu'il n'en savait pas assez long sur les thérapies alternatives pour leur recommander autre chose.

Il y a environ cinq ans, Perry se mit en tête de participer à une conférence sur les thérapies alternatives. Il fut passablement impressionné non seulement par la validité des communications sur le plan scientifique, mais également par les histoires de cas présentées par ses collègues. De retour à son cabinet, il ne voyait plus ses patients de la même façon ; il commença à s'intéresser à leurs problèmes personnels lors des examens médicaux de routine. Il continua ses lectures sur la médecine holistique et participa à d'autres conférences sur le sujet qui l'intéressait le plus, c'est-à-dire l'aspect affectif de la maladie. Peu à peu, la confiance qu'il avait dans les thérapies traditionnelles s'effrita. Il souhaitait en discuter avec ses collègues, mais ceux-ci ne partageaient pas son intérêt pour ces questions. Il finit par se sentir mal à l'aise lorsqu'il écrivait une ordonnance pour un médicament, mais il ne se sentait pas assez sûr de lui pour recommander à ses patients d'essayer simplement d'autres traitements. Travailler à son cabinet lui devint presque insupportable, tant et si bien qu'il pensa même sérieusement à abandonner la pratique de la médecine.

Un jour qu'il se préparait à recevoir un patient, Perry, alors âgé de cinquante-deux ans, subit un infarctus du myocarde. Il demanda durant son rétablissement à consulter un psychothérapeute et un guide spirituel. Il les rencontra pendant plusieurs mois puis s'accorda un congé temporaire durant lequel il étudia les thérapies alternatives. Il en vint à créer un centre thérapeutique au sein duquel on tente de répondre aux besoins affectifs, psychologiques et spirituels des patients tout en veillant à leurs besoins physiques.

« L'infarctus dont j'ai été victime était très grave », soutint Perry. « Je serai toujours persuadé que si j'ai pu recouvrer la santé, c'est grâce à la thérapie et à l'introspection. Je n'ai pas réalisé à quel point la pratique de la médecine m'atteignait avant que mon cœur ne défaille véritablement. Cela me semble maintenant si évident ! Il m'est devenu essentiel de traiter mes patients avec tout le soin et l'attention dont ils ont besoin. Je dois aussi veiller à m'occuper de moi-même d'une manière différente, n'étant plus capable de faire les mêmes heures qu'auparavant ; cela est devenu pour moi une priorité. C'est parce que je suis tombé malade et que j'ai décidé de croire que l'infarctus du myocarde est bien plus qu'un problème de nature électrique au sein du système coronarien, que je vis dorénavant de manière beaucoup plus saine. »

ALLER AU-DELÀ DU LANGAGE DE LA BLESSURE

En tant que culture du quatrième chakra, nous avons adopté un vocabulaire de l'intimité qui se fonde sur la notion de blessure. Avant 1960, une conversation acceptable pouvait se résumer à un échange d'informations sur des sujets liés aux trois premiers chakras : nom, lieu d'origine, occupation et loisirs. Il était très rare d'entendre quelqu'un parler de ses appétits sexuels ou de ses tourments psychologiques ou émotionnels. Nous n'étions pas à l'aise sur de tels terrains de discussion et n'avions pas non plus les mots nécessaires pour les aborder.

Depuis que notre culture est entrée dans l'ère du quatrième chakra, nous nous sommes familiarisés avec le domaine de la thérapie et nous avons développé un nouveau langage de l'intimité que j'appellerais « langage de la blessure ». En effet, révéler nos blessures et en discuter est devenu l'objet central de nos conversations, une sorte de ciment qui soude nos rapports avec autrui. Nous manions désormais ce langage avec tant d'adresse que nos blessures sont devenues une sorte de monnaie d'échange, que nous utilisons en cherchant à dominer les situations et les personnes. Un nombre infini de groupes de soutien visent à aider les gens à se réconcilier avec un passé marqué par les sévices, l'inceste, la toxicodépendance ou la violence, pour ne nommer que ceux-là ; ils ont malheureusement servi à réduire le discours contemporain de l'intimité à ce seul langage de la blessure. Les intentions qui motivent la formation de ces groupes de soutien sont, il va sans dire, louables ; leurs membres y trouvent, souvent pour la première fois de leur vie, une oreille attentive aux torts qu'ils ont subis. La compassion qu'ils se témoignent mutuellement est analogue à un grand verre d'eau froide au terme d'une journée torride.

Je pris conscience de l'ampleur que prenait ce phénomène du langage de la blessure il y a quelques années, à la suite d'un incident qui survint lors d'un rendez-vous pour le déjeuner avec une dame du nom de Mary. Je prenais un café en attendant son arrivée en compagnie de deux hommes, Ian et Tom, que je lui présentai lorsqu'elle apparut. Au même moment, un autre homme vint vers le groupe pour demander à Mary si elle était libre le 8 juin suivant, parce que leur groupe recevait la visite d'un invité spécial et cherchait quelqu'un qui puisse lui servir d'escorte sur le campus de l'université ce jour-là. La question toute simple qui fut posée à Mary se résumait en ces termes : « Êtes-vous libre le 8 juin ? » à laquelle il aurait été possible de répondre simplement par l'affirmative ou la négative.

Or, Mary répondit : « Le 8 juin ? Vous avez dit le 8 juin ? C'est impossible. Ça pourrait être n'importe quel autre jour, mais pas le 8 juin. Je dois participer ce jour-là à notre atelier pour les victimes d'inceste, et jamais nous ne nous laisserons tomber. Nous nous sommes engagées à nous appuyer mutuellement, et quelles que soient les circonstances, nous serons là. Impossible ce jour-là. Il faudra que vous trouviez quelqu'un d'autre. Je ne peux absolument pas rompre mon engagement envers le groupe. Nous avons tous souffert du manque de loyauté et nous nous sommes juré de ne pas nous traiter les uns les autres de cette façon. »

L'homme qui avait posé la question, Wayne, rétorqua simplement : « Bon, d'accord, ça va », et se retira. La réponse de Mary m'avait laissée bouche bée, et Ian et Tom l'étaient tout autant. Mary et moi allâmes ensuite déjeuner tel que convenu, et lorsque nous nous sommes retrouvées seules, je lui demandai : « Mary, je veux savoir pourquoi vous avez répondu de manière si dramatique à la question que vous posait Wayne. Ce que je veux dire, c'est qu'il semblait évident que, dans les secondes qui ont suivi votre rencontre avec Ian et Tom, vous vouliez qu'ils apprennent que vous aviez été victime d'inceste et que vous ressentez toujours de la colère à ce sujet. Vous vouliez être assurée qu'ils le sachent. À mon point de vue, vous cherchiez à monopoliser la conversation ; vous vouliez que ces deux hommes marchent sur des œufs autour de vous, et qu'ils reconnaissent que vous êtes une âme blessée. Vous avez transmis tous ces messages alors que tout ce qu'on vous demandait, c'était si vous étiez libre le 8 juin. Tout ce que vous auriez eu à répondre, c'est non. Pourquoi vouliez-vous que tous ceux qui étaient présents apprennent que vous avez été victime d'inceste ? »

Mary me regarda comme si je venais de me rendre coupable de trahison et répondit : « Parce que je *suis* une victime d'inceste. »

« Je le sais. Ce que je vous demande de me dire, c'est ce qui vous a poussée à leur faire cette révélation ? »

Mary rétorqua que de toute évidence j'étais ignorante en matière de soutien affectif, particulièrement en ce qui concerne les victimes d'inceste. Je lui exposai que, bien que je comprenais qu'elle avait vécu une enfance très difficile, à mes yeux la guérison voulait dire qu'il fallait vaincre cette douleur plutôt que d'en faire une monnaie d'échange. Étant son amie, je désirais lui faire voir qu'au lieu de se guérir de ses blessures elle s'appliquait à faire en sorte qu'elles prennent toute la place dans sa vie. Elle répliqua que mon attitude mettait notre amitié en jeu, et lorsque nous quittâmes le restaurant ce jour-là, c'est également celle-ci que nous y laissâmes.

Ce dont j'avais été témoin avec Mary ne cessa cependant de me captiver. Mary n'avait pas répondu à ma question. Elle était entièrement obnubilée par sa douleur, à un point tel qu'elle en faisait une sorte de commerce. Elle croyait que certains privilèges devaient lui être accordés, du seul fait qu'elle avait vécu une enfance malheureuse ; par exemple, prendre une journée de congé chaque fois qu'un « souvenir » remontait à la surface, recevoir un soutien financier de la part de son père à cause de ce qu'il lui avait fait et exiger de ceux qu'elle appelait ses « amis » un soutien moral constant. Aux yeux de Mary, les vrais amis étaient celles et ceux qui prenaient sa part et endossaient ses responsabilités à sa place lorsqu'elle se sentait incapable de le faire.

Le jour suivant cette rencontre, je devais prononcer une brève conférence dans cette même communauté et, étant arrivée tôt, je pris place aux côtés d'une femme venue entendre mes propos. Je la saluai en disant : « Bonjour, comment vous appelez-vous ? » Elle ne se tourna même pas vers moi tandis qu'elle répondit : « J'ai cinquante-six ans et je suis une victime d'inceste. J'ai bien sûr surmonté tout cela grâce au groupe auquel j'appartiens ; nous nous accordons les uns les autres le soutien dont nous avons besoin. Ma vie est remplie grâce à ces personnes. » J'étais stupéfaite, non seulement parce que ce court échange était pareil à celui que j'avais eu la journée précédente, mais parce que tout ce que j'avais fait c'était de m'enquérir de son nom.

Un tel discours de l'intimité fondé sur la blessure est devenu monnaie courante dans les rapports humains de même qu'au sein des groupes de soutien et de guérison. De fait, il n'est pas exagéré d'avancer que, pour établir un lien affectif avec quelqu'un, il est pratiquement *nécessaire* de nos jours de lui dévoiler ses souffrances et ses anciennes blessures. Voici un exemple typique de la manière dont ce rite se déroule. On rencontre quelqu'un pour la première fois ; on échange nos noms, nos lieux d'origine et peut-être quelques renseignements sur nos antécédents ethniques ou religieux (information associée au premier chakra). Puis la conversation portera sur des sujets liés au deuxième chakra : on parlera de sa profession, de ses relations intimes, y compris les mariages, les divorces et les enfants, et peut-être aussi de questions d'ordre pécuniaire. On passe ensuite au troisième chakra, discutant de nos préférences individuelles en matière d'habitudes alimentaires, d'activités physiques et de loisirs, et éventuellement de participation à un programme de croissance personnelle. Si on désire établir une relation plus intime, le terrain de discussion s'étendra alors au quatrième chakra. On dévoilera une blessure que l'on a subie par le passé et sur laquelle on « travaille ». S'il accepte de nouer un lien plus étroit, notre interlocuteur répondra alors en faisant une confidence de même poids. Si tout va bien, on devient alors « compagnons dans la douleur ». Cette association nouvelle sera alors définie en fonction d'un accord tacite dont les termes vont à peu près comme suit :

1. Chacun sera disposé à accompagner l'autre dans les moments difficiles pendant lesquels des souvenirs douloureux pourraient revenir le hanter.

2. Le soutien ainsi fourni ira si nécessaire jusqu'à la réorganisation d'une partie de notre vie sociale et même de notre vie professionnelle, pour tenir compte des besoins exprimés par notre compagnon.

3. Si nécessaire, nous assumerons la charge des responsabilités de l'autre afin de lui démontrer que nous sommes sincères.

4. Nous nous encouragerons mutuellement à nous entretenir de nos blessures et à prendre tout le temps requis pour nous en remettre.

5. Nous accepterons en bronchant le moins possible les faiblesses et les défauts qui trouvent leur origine dans la blessure, puisque l'acceptation inconditionnelle est comprise comme étant l'une des composantes essentielles de la guérison.

Bref, un rapport affectif reposant sur le partage intime des blessures garantit de manière implicite que les partenaires ainsi liés dans la faiblesse auront toujours besoin l'un de l'autre ; de plus, ils sont assurés d'avoir toujours un accès illimité à la vie intime de l'autre. Du point de vue de la communication, cette manière d'établir des liens constitue une forme entièrement nouvelle d'amour ; celle-ci est orientée vers un soutien de nature thérapeutique et vers une volonté partagée de guérison. Du point de vue du pouvoir, on n'a jamais auparavant dévoilé sa vulnérabilité à autrui de cette manière ni accepté aussi ouvertement de nous inspirer de nos blessures en vue d'organiser et maîtriser nos rapports intimes. Le langage de la blessure aura contribué à redéfinir entièrement les paramètres de l'intimité.

Ce nouveau genre d'intimité a gagné énormément d'adeptes au sein des cercles de thérapie holistique, et cette tendance se manifeste en particulier dans les ouvrages portant sur les liens entre la souffrance morale et la maladie, et sur les effets de la guérison des traumatismes affectifs sur la guérison physique. Des groupes de soutien ont été mis sur pied pour répondre à tous les types de traumatismes affectifs inimaginables, allant de l'inceste aux sévices infligés aux enfants, en passant par la violence conjugale et par la douleur vécue lorsqu'un membre de la famille est en prison. À la télévision, des émissions remportent un immense succès en rendant publics les détails des épreuves vécues par les gens. (Non seulement nous sommes obsédés par nos propres blessures, mais nous nous divertissons en écoutant raconter celles des autres.) Aux États-Unis, l'appareil judiciaire a également trouvé un moyen de tirer profit de ce phénomène : des messages publicitaires à la télévision encouragent les gens à réfléchir à la possibilité d'intenter des poursuites en dommages et intérêts comme un moyen de surmonter leur douleur.

Avant 1960, on définissait la maturité et la force en fonction de la capacité à taire ses souffrances et en ne laissant rien paraître de sa vulnérabilité. Depuis, ces attitudes ont été renversées, et nous évaluons maintenant ces qualités comme notre disposition à dévoiler nos faiblesses personnelles à autrui. Bien qu'au sein des groupes de soutien on souhaitât offrir un espace caractérisé par la sympathie et la compassion, nul ne s'attendait à accompagner les personnes jusqu'au bout de leurs démarches ou à constituer en lui-même l'agent de leur guérison. Tous ne devaient jouer initialement qu'un rôle de soutien pour traverser cette période de transition.

Or, bien peu de membres au sein de ces groupes acceptent de couper le cordon ombilical lorsque l'objectif premier a été atteint. Au lieu de cela, ils font de cette phase de transition leur unique mode de vie. Une fois qu'ils ont appris le langage de la blessure, il devient extrêmement difficile pour eux de céder les privilèges que leur a accordés le statut de victime au sein d'une culture caractérisée par le quatrième chakra.

Si nous ne nous dotons pas d'un programme de guérison véritable, nous risquons de devenir les esclaves de ce que nous méprenons pour du soutien et de la compassion ; nous sommes portés à croire que nous avons besoin de plus en plus de temps pour cicatriser nos blessures. Les membres des groupes de soutien attendaient depuis si longtemps qu'on les écoute, qu'ils éprouvent du mal à s'en séparer : « Jamais je n'accepterai de me détacher du groupe parce que c'est le seul endroit où j'ai pu trouver quelque appui. Je n'en trouve pas dans ma vie de tous les jours. Je serai ainsi pour toujours "en démarche", parmi des personnes qui comprennent ce que j'ai vécu. »

Le problème avec ces réseaux de soutien, c'est qu'ils rendent extrêmement difficile la tâche de dire à quelqu'un qu'il a obtenu tout le soutien voulu et qu'il lui serait nécessaire de passer à autre chose. D'une certaine façon, ce problème révèle que nous avons mal saisi la nature véritable de la compassion. Celle-ci est un sentiment associé au quatrième chakra et elle participe de la sefira de la Tif'eret ; elle nous communique la force de compatir à la souffrance d'autrui tout en reprenant notre propre vie en main. Pendant des années, notre culture n'a accordé aucune place à la guérison du cœur, ni n'en a d'ailleurs vu la nécessité ; nous avons donc cherché à compenser cette lacune en omettant d'établir les limites temporelles à l'intérieur desquelles la guérison morale devait s'effectuer. Il nous reste encore à créer un modèle de rapport intime caractérisé par un équilibre sain entre force et vulnérabilité. Nous disons de quelqu'un qu'il est *guéri* lorsque celui-ci ne semble pas être *dans le besoin*. Dans cet esprit, la guérison consisterait alors à atteindre l'autonomie parfaite, à être sans cesse optimiste et heureux, sûr de soi, et à ne pas dépendre d'autrui. Il n'est donc pas étonnant, dans ces conditions, que le nombre de gens qui se considèrent comme « guéris » soit si faible.

LA VOIE VERS UN CŒUR FORTIFIÉ

Guérir est chose simple mais peu facile. Les étapes requises pour y arriver sont peu nombreuses, mais elles exigent en revanche que beaucoup d'efforts soient investis.

Première étape : Engagez-vous à aller jusqu'au bout de la démarche de guérison, c'est-à-dire jusqu'à la source de votre souffrance. Cela signifie porter votre regard vers l'intérieur dans le but de cerner les blessures affectives ou morales qui vous sont propres.

Deuxième étape : Une fois « à l'intérieur », identifiez vos blessures. Dominent-elles présentement votre vie ? Si vous leur avez accordé trop d'ascendant, interrogez-vous sur les raisons qui font que la guérison vous effraie. Alliez-vous un « témoin » avec qui vous pourrez discuter de vos blessures, à mesure que vous en prendrez conscience, et de leur influence sur votre croissance personnelle. Vous aurez besoin d'au moins une personne, un thérapeute ou peut-être un ami, pour vous permettre d'accomplir cette démarche.

Troisième étape : Une fois que vous aurez traduit vos blessures en paroles, observez la manière dont vous employez celles-ci pour influencer ou même dominer les membres de votre entourage. Servent-elles d'excuse lorsque vous souhaitez par exemple annuler un rendez-vous, alors que vous vous sentez en pleine forme ? Vous arrive-t-il de manipuler autrui en leur disant que leur comportement vous rappelle celui de vos parents ? Vous accordez-vous la permission d'abandonner un projet ou de ne pas y consacrer les efforts nécessaires, parce que vous vous appesantissez sur le passé et que vous vous complaisez dans un état dépressif ? Craignez-vous que la guérison puisse entraîner la perte de certaines relations intimes ? Qu'elle vous force à changer en tout ou en partie vos habitudes de vie ? Il est important que vous vous penchiez sur ces questions avec honnêteté parce qu'elles identifient les justifications les plus courantes invoquées par les personnes qui ont peur de la guérison.

Dans vos observations journalières, prenez note des mots que vous employez et de la mesure avec laquelle vous avez recours au vocabulaire de la thérapie et de la victimisation. Tentez alors de changer la dynamique de vos rapports avec autrui en essayant de ne plus y recourir. Transformez votre discours, y compris celui que vous entretenez avec vous-même. Si vous éprouvez des difficultés à faire ces changements, prenez conscience du fait qu'il est beaucoup plus difficile de consentir à abandonner le pouvoir que vous octroie votre blessure que de vous libérer du souvenir de l'expérience douloureuse. Une personne incapable de lâcher prise est une personne dépendante ; et comme dans tous les cas de dépendance, il n'est pas facile de s'affranchir de celle-ci. N'hésitez pas à aller chercher l'aide d'un thérapeute pour franchir l'une ou l'autre des étapes décrites ici.

Quatrième étape : Identifiez les bienfaits que vous ont apportés vos blessures. Commencez par vous inspirer des sentiments de reconnaissance et de gratitude, et si cela vous semble difficile, jouez le jeu jusqu'à ce que cela devienne une seconde nature. Adoptez une forme de pratique spirituelle et persévérez. Gardez-vous de manifester une attitude désinvolte envers votre engagement spirituel.

Cinquième étape : Une fois que vous serez parvenu à vous imprégner de cette attitude de reconnaissance, vous serez prêt à emprunter la difficile voie du pardon. Bien que l'idée du pardon soit très émouvante, du moins en théorie, elle suscite une émotion fort peu enthousiaste chez la plupart des gens lorsqu'il s'agit de poser le geste, car la nature du pardon demeure encore très mal comprise. Le pardon ne se résume pas à dire à quelqu'un qui vous a causé du tort : « N'en parlons plus. » Voilà pourtant à peu près la façon dont la majorité des gens le conçoivent. Le pardon est un acte de conscience complexe, par lequel on s'affranchit du besoin de vengeance que l'on a éprouvé et du sentiment d'être une victime. Plus que de cesser de faire porter la faute aux personnes qui nous ont causé du tort, il signifie d'abord et avant tout lâcher prise, en effaçant l'empreinte qu'a laissée le sentiment d'être une victime sur la psyché. La libération que procure le pardon nous conduit à un échelon supérieur de la conscience – pas seulement en théorie, mais également du point de vue énergétique et biologique. Un acte de pardon authentique peut produire des résultats qui peuvent sembler tenir du miracle. À mon avis, il peut effectivement générer l'énergie nécessaire à la réalisation des miracles.

Réfléchissez à ce que vous devrez faire pour pardonner à autrui – de même qu'à vous-même si nécessaire. Si vous ressentez le besoin de joindre quelqu'un pour vous expliquer avec lui, assurez-vous que vos motifs secrets ne sont pas de nature accusatrice ; si tel est le cas, c'est que vous n'êtes pas encore prêt à lâcher prise et à tourner la page. Si vous désirez communiquer vos pensées à cette même personne par correspondance, faites-le, tout en n'oubliant pas de vous assurer que c'est bien le rappel de votre âme qui motive votre geste et non pas un sentiment de colère.

Enfin, élaborez une cérémonie à votre intention, dans laquelle vous affranchirez officiellement votre âme du poids du passé et vous vous libérerez de l'influence négative qu'ont pu exercer sur vous vos blessures. Que vous préfériez accomplir ceci sous la forme d'un rituel ou d'une réunion de prière privée, assurez-vous de transmettre votre message de pardon de manière « officielle » pour que votre geste soit le symbole d'un renouveau.

Sixième étape : Pensez « amour ». Vivez chaque moment dans la reconnaissance et la gratitude. Accueillez le changement dans votre vie, même si ce ne devait être que dans votre attitude. Et rappelez constamment à votre mémoire le message transmis par tous les maîtres spirituels authentiques : laissez votre âme habiter le moment présent. Tout comme ces paroles de Jésus disant : « Laisse les morts dormir en paix et poursuis ta route. » Les enseignements du Bouddha sont du même ordre : « Il n'y a que le moment présent. »

Ce qui est curieux au sujet de la guérison c'est que, selon les interlocuteurs, on peut parvenir à l'une ou l'autre conclusion : il n'y a rien de plus facile, ou rien qui soit plus compliqué.

Le quatrième chakra est au centre du système énergétique humain. Tout ce qui concerne nos vies est animé par l'entremise du cœur. Il nous est donné à tous de vivre des expériences qui nous « brisent le cœur » ; non pas en deux, mais pour qu'il s'ouvre à autre chose. Peu importe la cause de la fracture, le choix reste toujours le même : que ferez-vous de votre souffrance ? Deviendra-t-elle un motif d'excuse, pendant que vous laisserez vos peurs reprendre le dessus, ou bien réussirez-vous à vous dégager de l'emprise qu'exerce sur vous le monde matériel afin d'effectuer un acte de pardon ? Cette question qui vous est posée par l'entremise du quatrième chakra surgira à maintes reprises au cours de votre vie, et les réponses que vous offrirez vous mèneront graduellement vers votre propre libération.

Les énergies subtiles qui émanent de la sefira de Tif'eret et du sacrement du mariage nous incitent sans cesse à explorer qui nous sommes et à nous aimer nous-mêmes. Un tel amour est la clé essentielle du bonheur : nous pensons trop souvent que celle-ci proviendra de l'extérieur, mais tous les textes sacrés nous rappellent que c'est à l'intérieur de nous-mêmes qu'elle réside. Trop de gens ont peur de l'introspection et pensent que la connaissance de soi les condamnera à la solitude et les séparera de leurs proches. Bien qu'à court terme l'appréhension de soi puisse effectivement nécessiter certaines transformations, à long terme les effets qu'elle produit, fruits de la conscience et non de la peur, sont bénéfiques. Il serait absurde de chercher à éveiller sa conscience intuitive pour ensuite tenter de l'empêcher de bousculer nos vies. La seule voie possible de la conscience spirituelle passe par le cœur. Voilà une vérité qui ne peut être négociée, peu importe quelle tradition spirituelle nous choisissons dans notre quête du Divin. *L'amour est puissance divine.*

QUESTIONS POUR UN EXAMEN DE CONSCIENCE

Faites le bilan des souvenirs avec lesquels vous ne vous êtes pas encore réconcilié.

Quels sont les rapports dans votre vie qui demandent encore à être cicatrisćs ?

Vous arrive-t-il de vous servir des blessures morales que vous avez subies pour chercher à influencer les personnes et les situations ? Si tel est le cas, décrivez-en la dynamique.

Vous êtes-vous déjà laissé influencer par les blessures d'autrui ? Quels sentiments suscite en vous l'idée que cela puisse se reproduire ? Quelles mesures êtes-vous disposé à prendre pour que cela ne vous arrive plus ?

Quelles peurs entretenez-vous à l'idée d'accéder à la santé sur le plan affectif ?

Est-ce que dans votre esprit la notion de santé affective signifie que vous n'aurez plus besoin d'entretenir de relation intime avec qui que ce soit ?

Quelle est votre conception du pardon ?

Quelles sont les personnes à qui vous n'avez pas encore pardonné et qu'est-ce qui vous empêche de vous affranchir de la souffrance que vous y associez ?

Qu'avez-vous fait qui aurait besoin d'être pardonné ? Quelles personnes de votre entourage sont présentement engagées dans cette démarche ?

Comment concevez-vous la notion d'une relation intime et salutaire ? Êtes-vous disposé à lâcher prise pour vous ouvrir à l'éventualité d'un tel rapport ?

CHAPITRE CINQ

LE CINQUIÈME CHAKRA :
LE POUVOIR DE LA VOLONTÉ

Subordonner la volonté et l'âme humaine à la volonté de Dieu résume l'enjeu associé au cinquième chakra. Sur le plan spirituel, le but ultime à atteindre consiste à renoncer entièrement à la volonté individuelle afin de « s'en remettre à Dieu ». Jésus, Bouddha et d'autres grands maîtres spirituels sont l'illustration exacte de cet état de conscience : l'union parfaite avec la volonté divine.

Emplacement : La gorge.

Lien énergétique avec le corps physique : Gorge, thyroïde, trachée, œsophage, parathyroïde, hypothalamus, vertèbres cervicales, bouche, mâchoires et dents.

Lien énergétique au corps affectif et mental : Le cinquième chakra évoque les nombreuses luttes sur le plan affectif et mental tournant autour de l'apprentissage de la nature du pouvoir de choisir. Toutes les maladies *sans exception* ont un lien avec le cinquième chakra, puisque l'acte de choisir est présent dans chaque aspect de notre vie et par conséquent dans chaque problème de nature physique.

Lien symbolique et perceptuel : L'enjeu symbolique du chakra de la volonté est lié au mûrissement de la faculté de volonté, partant de la conception tribale selon laquelle tout ce qui nous entoure a une emprise sur nous, évoluant ensuite vers l'idée que nous sommes seuls maîtres de nous-mêmes, et aboutissant enfin à la perception nous confirmant que le seul véritable pouvoir réside dans la soumission à la volonté de Dieu.

Peurs fondamentales : Les peurs associées à la faculté de volonté découlent des enjeux propres à chaque chakra. Nous sommes effrayés à l'idée de ne pas pouvoir exercer notre maîtrise et notre faculté de choisir dans nos vies respectives, d'abord au sein de la tribu puis dans nos relations personnelles et professionnelles. Nous avons ensuite peur de n'avoir aucune maîtrise de nous-mêmes, de perdre le contrôle face à des éléments aussi variés que les psychotropes, l'argent, le pouvoir, ou l'emprise que peut exercer sur nous une autre personne sur le plan affectif. Enfin, nous craignons la volonté de Dieu. Accepter de renoncer à sa propre faculté de choisir au profit de la force divine demeure une des plus grandes luttes pour l'individu qui aspire à la conscience.

Forces fondamentales : La foi, la connaissance de soi et la maîtrise de soi ; la capacité de prendre des décisions tout en sachant que peu importe la nature de celles-ci, nous saurons respecter notre parole, que ce soit envers nous-mêmes ou envers autrui.

Lien aux sefirôt et aux sacrements : Le cinquième chakra correspond à la sefira de Hesed, laquelle symbolise l'amour ou la miséricorde de Dieu, ainsi qu'à la sefira de Gebûra, représentant le pouvoir divin du jugement. Ces deux sefirôt constituent le bras droit et le bras gauche de Dieu, illustrant le caractère équilibré de la volonté divine. Elles nous indiquent que le Divin est miséricordieux et que Dieu seul a le droit de poser un jugement sur les choix que nous faisons. La sefira de Hesed nous rappelle la nécessité de recourir à des paroles inspirées par l'amour dans nos rapports avec autrui, tandis que la sefira de Gebûra précise qu'elles doivent aussi refléter l'honnêteté et l'intégrité. Le sacrement de la confession est en ligne directe avec le cinquième chakra et symbolise le fait que nous sommes responsables de la manière dont nous exerçons notre faculté de choisir. La confession nous offre la possibilité de ressaisir notre âme et de l'extirper des « missions négatives » que nous pouvons lui avoir confiées à la suite de pensées ou d'actions négatives de notre part.

Vérité sacrée : Le cinquième chakra est le siège de la faculté de choisir et de ses répercussions, c'est-à-dire du karma spirituel. Tout choix, toute pensée et tout sentiment constituent des actes de pouvoir ayant des conséquences sur le plan biologique, environnemental, social, personnel et universel. Nous sommes transportés partout où nos pensées nous mènent et, par conséquent, nous sommes personnellement responsables des apports énergétiques que nous faisons.

Comment seraient influencés nos choix sur le plan énergétique si nous pouvions être témoins des conséquences de ceux-ci ? Seule la vérité fondamentale en vertu de laquelle il faut *subordonner la volonté individuelle à la volonté divine* peut nous permettre d'entrevoir celles-ci. Les leçons spirituelles qui peuvent être tirées du cinquième chakra nous enseignent que les actes motivés par la volonté individuelle et guidés par l'autorité divine sont ceux qui produisent les meilleurs résultats.

Accepter d'être orienté par le Divin peut aussi avoir un effet bénéfique sur nos pensées et sur nos attitudes. Une femme qui était passée à un cheveu de la mort, et qui m'avait fait part de son expérience, considère désormais que tous les choix qu'elle fait comportent des répercussions énergétiques pour la vie dans sa globalité. Suspendue quelque part entre la vie physique et la vie immatérielle, elle avait revu tous les choix qu'elle avait effectués au cours de sa vie et fut témoin de leurs conséquences tant sur sa propre vie que sur celles des autres et sur la vie entière. Elle vit que tout au cours de son existence un guide avait tenté de pénétrer sa conscience. Qu'il s'agisse du choix d'une robe ou d'une profession, rien n'était si insignifiant qu'il puisse être ignoré par le Divin. Elle avait perçu toutes les conséquences qu'entraînait le simple choix d'un vêtement sur le plan énergétique, depuis les personnes qui avaient été impliquées dans sa confection jusqu'à celles qui étaient chargées de sa distribution. Désormais, avant de prendre quelque décision que ce soit, elle prie son guide intérieur de lui indiquer la bonne décision à prendre.

Pouvoir saisir pleinement toutes les répercussions énergétiques de nos pensées, de nos croyances et de nos actes peut nous forcer à aspirer à une plus grande honnêteté. Il ne saurait être question de mentir à soi-même ou à qui que ce soit. La guérison authentique et entière exige la plus grande honnêteté envers soi-même ; se soustraire à cette nécessité entravera une démarche de guérison de manière aussi sérieuse que l'incapacité à pardonner. L'honnêteté et le pardon contribuent à récupérer notre énergie – notre âme – de la dimension énergétique que l'on appelle « le passé ». Notre cinquième chakra et les leçons spirituelles qui en découlent nous démontrent que la force individuelle réside dans nos pensées et dans nos attitudes.

LES CONSÉQUENCES DE LA PEUR

Sur le plan énergétique, les retombées les plus importantes découlent du sentiment de peur. Même lorsque les choix motivés par la peur nous rapprochent de l'objet de notre désir, ils produisent aussi généralement des effets secondaires indésirables. L'effet de surprise créé par ceux-ci nous aide à comprendre que nous n'avons pas fait confiance au guide divin. Nous sommes tous à un moment ou l'autre bercés par l'illusion que nous avons nos vies bien en main. Nous aspirons à obtenir plus d'argent et un statut plus élevé afin de pouvoir exercer plus librement notre faculté de choisir, et pour que nous n'ayons pas à nous faire imposer les choix effectués par les autres. La conception selon laquelle il est nécessaire pour la conscience de renoncer à la volonté individuelle et de faire place à la volonté divine contredit toutes nos idées reçues sur la nature du pouvoir individuel.

Par conséquent, il est fort probable que nous répétions souvent le cycle nous menant de la peur à la surprise avant d'avoir atteint l'étape où nous pourrons enfin faire cette prière : Choisis et je Te suivrai. Nous serons alors assurés de la présence d'un guide qui nous accompagnera où que nous allions, et d'être témoins d'innombrables actes marqués par le synchronisme et la coïncidence – ceux-ci comptant parmi les meilleurs exemples de « l'interférence divine ».

Émilie a trente-cinq ans et enseigne aujourd'hui dans une école secondaire ; il y a treize ans, elle perdit sa jambe gauche des suites d'un cancer, peu de temps avant d'obtenir son diplôme universitaire. Pendant sa convalescence, elle retourna vivre chez ses parents. Ceux-ci avaient cru que le séjour de leur fille ne durerait qu'environ un an ; mais au bout de dix ans, elle n'avait toujours pas retrouvé son indépendance et cette perspective la rendait de plus en plus déprimée et craintive. Elle en vint à limiter ses activités physiques à un point tel qu'elle ne s'aventurait pas plus loin que le coin de la rue. D'année en année, elle avait fait du foyer de ses parents son unique refuge, cessant même de sortir pour se divertir. Les parents d'Émilie lui suggérèrent de voir un thérapeute, mais rien ne semblait pouvoir réussir à la faire sortir de son cocon. Tout comme me le confia sa mère, « Émilie passait ses journées à ruminer sa conviction que la perte de sa jambe lui avait enlevé tout espoir de se marier et de fonder une famille, ou même de vivre de manière autonome. Elle se sentait "marquée" par son expérience avec le cancer et disait de temps à autre qu'elle souhaitait que la maladie revienne finir son œuvre ».

À cause de la maladie de sa fille, la mère d'Émilie s'était intéressée aux thérapies alternatives. Lorsque je fis sa rencontre, elle et son mari tentaient de mobiliser leur courage pour inciter Émilie à aller vivre ailleurs. Il était nécessaire que celle-ci apprenne à veiller à son propre bien-être physique et qu'elle se rétablisse sur le plan psychologique. Il fallait qu'elle retrouve sa propre force de volonté.

Les parents d'Émilie louèrent et meublèrent un appartement à son intention, et elle déménagea, effrayée et en colère ; elle leur dit qu'elle se sentait abandonnée par eux. Durant le mois qui suivit, Émilie fit la rencontre d'une voisine, Laura, une mère qui élevait seule son fils de dix ans, nommé T.J. Chaque jour, le garçon revenait de l'école avant que sa mère soit de retour du travail. Émilie l'entendait circuler dans l'appartement, regardant la télévision, mangeant un casse-croûte, en attendant que Laura rentre quelque trois heures plus tard.

Un après-midi, Émilie revenait du marché lorsqu'elle tomba sur Laura qui rentrait du travail. Elles se mirent à parler de T.J., et la mère confia à Émilie qu'elle était préoccupée par les résultats scolaires de son fils et par les longues périodes de temps qu'il passait seul à la maison. Émilie offrit spontanément non seulement de tenir compagnie à T.J. après l'école mais aussi, puisqu'elle était une enseignante qualifiée, de l'aider à faire ses devoirs. Laura accepta avec reconnaissance et l'après-midi suivant, Émilie commença à donner des leçons au garçon.

Ce ne fut qu'une question de semaines avant que le bruit se répande dans l'immeuble qu'une « merveilleuse enseignante » était disponible pour donner des leçons après l'école et s'occuper des enfants. Émilie fut inondée de requêtes de la part de parents qui travaillaient. Elle s'enquit auprès du concierge pour voir s'il n'y aurait pas une salle disponible pour une période de trois heures tous les après-midi. Une salle fut mise à sa disposition, on régla les frais, et Émilie, trois mois après avoir quitté la maison de ses parents, se sentit « revivre », selon ses termes.

En me racontant cette histoire, Émilie fit maintes fois référence à la spontanéité avec laquelle elle avait offert de s'occuper de T.J. ; ses paroles étaient « sorties de sa bouche » sans qu'elle ait eu le temps de réfléchir. Autrement, me dit-elle, jamais elle ne l'aurait fait. Puisqu'un tel geste ne lui ressemblait guère, elle pensa pendant un très bref moment à la possibilité que c'était les dieux qui le lui avaient soufflé à l'oreille. Émilie décida de croire qu'elle était prédestinée à enseigner à T.J. et aux onze autres enfants sous sa garde ; elle retourna à l'enseignement dans une école l'automne suivant.

Quelle qu'en soit la raison, Émilie sut reconnaître qu'elle avait reçu une inspiration. Dès qu'elle se fut mise à s'occuper d'autrui, ses craintes à l'égard de son propre bien-être se dissipèrent. Elle comprit qu'elle était elle-même la preuve vivante que Dieu veille aux besoins de tous, et sa foi s'en trouva raffermie.

LA FOI

L'essence du cinquième chakra est la foi. Mettre sa foi en quelqu'un c'est lui consacrer une partie de son énergie ; le même phénomène se produit lorsqu'il s'agit d'une idée ou d'une peur. En investissant notre énergie, nous – c'est-à-dire notre esprit, notre cœur et notre vie – devenons aussi partie intégrante des conséquences que peut entraîner l'idée à laquelle nous croyons, la peur que nous avons manifestée, ou un geste qu'aurait posé la personne à qui nous avons fait confiance. La foi et la faculté de choisir sont par ce fait même des instruments de création. Nous sommes les récipients à travers lesquels l'énergie se transforme en matière dans cette vie.

Dès lors, le problème qui nous est posé sur le plan spirituel consiste à comprendre comment nos choix sont motivés, et si nous avons investi notre foi dans nos peurs ou dans le Divin. Nous devons tous faire face à ces questions, que ce soit la pensée spirituelle ou la maladie qui nous y incite. Nous finissons tous un jour ou l'autre par nous interroger : Qui dirige ma vie ? Pourquoi les choses ne se déroulent-elles pas comme je le veux ? Peu importe le degré de notoriété ou de prospérité que nous puissions avoir atteint, nous prendrons un jour conscience qu'il nous manque tout de même quelque chose. Un événement ou une rencontre inattendus, la maladie qui nous frappe, viendront nous faire la preuve que notre force individuelle ne suffit pas à elle seule à nous faire traverser une crise. Nous sommes destinés à nous éveiller au fait que nos moyens personnels sont limités, et à nous demander s'il n'existerait pas d'autres forces à l'œuvre dans notre vie. Pourquoi cela m'arrive-t-il à moi ? Que veut-on de moi ? Que dois-je faire ? Quel est le sens de mon existence ?

Prendre conscience de nos limites nous ouvre à des choix que nous n'aurions pas envisagés autrement. Dans ces moments où nous avons l'impression de n'exercer aucune maîtrise sur notre vie, nous sommes davantage susceptibles de nous laisser guider, et de laisser nos vies prendre des directions inattendues. Nombreux sont ceux qui finissent par dire : « Jamais je n'aurais pensé me retrouver à faire telle chose ou à vivre dans tel lieu, mais me voilà, et tout va bien. »

La vision symbolique peut vous être utile lorsque vous arrivez à ce stade du renoncement en ce qu'elle vous aidera à envisager votre vie *exclusivement* comme une quête spirituelle. Nous connaissons tous des gens qui ont réussi à surmonter des circonstances extrêmement difficiles – et qui ont déclaré que c'est parce qu'ils s'en étaient remis au Divin. Chacune de ces personnes a su dire : « Qu'il en soit selon Ta Volonté et non la mienne. » Si cette seule prière suffit, pourquoi alors semble-t-il si difficile de la prononcer ?

Nous sommes terrifiés à l'idée qu'en reconnaissant l'existence de la volonté divine – en se soumettant à une volonté supérieure – nous ne pourrons plus jouir de tout ce qui nous apporte du confort sur le plan matériel. Nous employons la force de notre volonté pour refuser de nous laisser guider par le Divin : nous nous ouvrons à Celui-ci tout en essayant de l'empêcher de pénétrer dans nos vies. Combien de fois m'a-t-il été donné d'observer ce dilemme chez les personnes qui assistent à mes ateliers ? Elles voudraient pouvoir se laisser guider par l'intuition, mais elles ont peur de ce que cette voix leur soufflera.

Il est important de se rappeler que la vie matérielle et la voie spirituelle ne forment qu'un seul et unique parcours. Jouir de la vie matérielle constitue un but spirituel au même titre que celui de développer un corps physique sain. Atteindre ces deux objectifs découle de la mesure dans laquelle nous nous sommes laissé guider par le Divin et avons fait des choix de vie inspirés par la foi et la confiance. S'abandonner à la volonté divine est synonyme d'affranchissement face aux illusions matérielles, mais ne signifie pas renoncer aux plaisirs et au confort que peut procurer la vie matérielle.

Les énergies spirituelles qui se dégagent du cinquième chakra nous guident vers un tel abandon. La sefira de Hesed communique à ce chakra l'énergie divine de la splendeur de l'amour, nous incitant à en témoigner en toutes circonstances. Un des plus grands actes d'amour consiste parfois à s'abstenir de juger autrui ou soi-même ; il nous est constamment rappelé que porter un jugement constitue une erreur sur le plan spirituel. En se forgeant une discipline de la volonté, il devient possible de s'abstenir d'avoir des pensées négatives à l'égard d'autrui ou de soi-même. C'est en suivant cette voie que nous pouvons parvenir à la sagesse et vaincre nos peurs. La sefira de Gebûra nous enseigne à nous libérer du besoin de connaître le pourquoi des choses et à croire que, quelle que soit la raison, ce qui arrive découle de desseins spirituels plus vastes.

Marnie, âgée de quarante-quatre ans, est une guérisseuse authentique ; elle s'engagea dans cette occupation au terme d'une « nuit obscure » qui dura sept ans, durant laquelle elle fit une démarche de guérison. À l'âge de trente ans, Marnie, alors travailleuse sociale en Écosse, menait une vie active, avait de nombreux amis et adorait son travail. Puis, un jour, elle fut atteinte d'une maladie difficile à diagnostiquer.

De mois en mois, Marnie souffrait de douleurs de plus en plus intenses, soit au dos, soit sous la forme de migraines, soit aux jambes. Les douleurs devinrent telles qu'elle finit par devoir s'absenter de son travail pendant une période de temps prolongée. Elle alla de spécialiste en spécialiste pendant presque deux ans, mais aucun ne réussit à lui expliquer la cause de ses douleurs chroniques et de ses étourdissements occasionnels ni à lui prescrire un traitement qui puisse la soulager.

Marnie finit par sombrer dans la dépression. Ses amis lui conseillèrent de solliciter l'aide de thérapeutes de médecine alternative, en qui elle n'avait pourtant jamais cru. Un de ses amis se présenta un jour à la maison avec une pile de livres traitant de médecines parallèles, parmi lesquels se trouvaient des ouvrages de Sai Baba, un maître spirituel vivant en Inde. Marnie les avait lus, mais ne les avait pas pris au sérieux, les traitant de « balivernes auxquelles ne croyaient que les gens attirés par les cultes ».

Six mois de douleurs supplémentaires la forcèrent cependant à se raviser ; elle se rendit en Inde dans le but de tenter de rencontrer Sai Baba. Elle passa trois semaines dans l'ashram qu'il dirigeait mais fut incapable d'obtenir une entrevue privée avec lui. Elle retourna en Écosse plus découragée que jamais. Or, peu après son retour, Marnie fit une série de rêves dans lesquels lui était posée cette seule et unique question : « Es-tu en mesure d'accepter ce que je t'ai donné ? »

Marnie pensa tout d'abord que ces rêves étaient associés à son séjour en Inde, au cours duquel elle avait eu de nombreuses conversations sur la nature de la volonté de Dieu à l'égard des êtres humains. Puis un de ses amis lui conseilla de réfléchir à ces rêves comme si une question d'ordre spirituel lui était effectivement posée. Marnie répondit alors : « Et pourquoi pas, puisque je n'ai rien à perdre ? »

Lorsqu'elle rêva la fois suivante, elle répondit à la question en disant : « Oui, j'accepterai ce que tu m'as donné. » Après avoir dit *oui* elle se sentit baignée de lumière et, pour la première fois depuis des années, ses douleurs se dissipèrent. Elle avait espéré en se réveillant que sa maladie se serait envolée, mais il n'en fut rien ; elle s'aggrava même au cours des quatre années qui suivirent. Elle ressassait son songe, s'accrochant à la conviction que celui-ci n'était pas uniquement qu'un rêve, mais elle continuait à être habitée par la colère et le désespoir, sentant quelquefois que Dieu lui demandait de souffrir sans raison valable.

Marnie raconta qu'une nuit, alors qu'elle pleurait, elle parvint au «renoncement». Elle avait cru avoir déjà atteint cet état de conscience, mais elle réalisa cette nuit-là que «c'était de la résignation et non pas un renoncement. J'avais adopté une autre attitude, laquelle signifiait : "D'accord, je me prêterai au jeu et, en échange je serai récompensée en recouvrant la santé." Puis cette nuit-là je me rendis compte qu'il était possible que jamais je ne me rétablisse. Si c'était le cas, que dirais-je alors à Dieu? Je me suis alors abandonnée à Sa volonté. Je lui ai dit : "Quel que soit ce à quoi Tu me destines, j'accepte. Je ne Te demande que de m'en accorder la force". »

Les douleurs de Marnie furent apaisées sur-le-champ et de ses mains se dégagea une chaleur qui n'était pas une chaleur corporelle normale, mais une «chaleur spirituelle». Elle comprit immédiatement que celle-ci lui donnait le pouvoir d'aider autrui à guérir même si, ironiquement, elle serait peut-être elle-même incapable d'en profiter. Sa situation la fit rire parce que, dit-elle, «elle était semblable aux histoires que j'avais lues au sujet des mystiques – mais qui eût cru que je serais un jour capable d'accomplir les mêmes tâches qu'eux? »

Depuis, Marnie est devenue une guérisseuse aimée et respectée; son corps physique s'est considérablement rétabli, mais elle éprouve encore des moments difficiles de temps à autre. Cependant, comme elle le dit elle-même : «Je n'hésiterais pas à revivre tout cela, étant donné ce que je suis devenue et le privilège qui m'a été accordé d'aider autrui de cette façon. » J'ai été frappée par cette histoire parce qu'elle démontre l'acuité avec laquelle Marnie avait saisi la distinction à faire entre résignation et renoncement et parce qu'elle avait su résister au mythe qui suggère qu'une fois que l'on a dit oui à Dieu tout doit immédiatement rentrer dans l'ordre. Accepter sa condition n'est qu'un premier pas qui peut ou non transformer celle-ci ; donner son assentiment aux conditions imposées par Dieu est la deuxième étape essentielle de ce parcours.

L'acte de confession dégage notre âme des conséquences des choix qu'elle a effectués. À mesure que nous saisissons comment notre nature est constituée sur le plan énergétique, nous nous rendons compte à quel point notre âme reste enchaînée aux pensées et aux événements négatifs, présents et passés. La confession comporte bien davantage que l'aveu public d'une mauvaise action. Sur le plan énergétique, elle équivaut à reconnaître d'abord que nous avons pris conscience du fait que notre âme avait été dominée par une peur, puis à maîtriser cette dernière. Du point de vue symbolique, la confession libère notre âme de l'emprise qu'exerçaient sur elle les peurs anciennes et les pensées pernicieuses. S'accrocher aux événements malheureux et aux croyances négatives peut empoisonner notre esprit, notre âme, nos tissus cellulaires et notre vie.

Sur le plan énergétique et physique, le karma est la somme des conséquences qui découlent de nos choix. Les choix négatifs reproduisent sans cesse les mêmes situations jusqu'à ce que nous ayons appris à faire des choix plus judicieux. Une fois la leçon apprise, une situation spécifique n'est plus en mesure de se produire puisque notre âme n'est plus associée au choix qui lui avait donné naissance. Au sein des cultures occidentales, la notion de karma apparaît sous la forme de vieux adages tels que « on récolte ce que l'on sème » et « on ne peut échapper aux conséquences de ses gestes ». La confession signifie que nous avons accepté notre part de responsabilité dans ce que nous avons créé et que nous avons reconnu où nous avions erré dans nos choix. Sur le plan énergétique, un tel rite nous permet d'affranchir notre âme des cycles d'apprentissage douloureux et à nous réorienter vers les énergies positives et créatrices de la vie.

La confession apparaît si essentielle à l'esprit, au corps et à l'âme que nous ne cessons d'y recourir. Le besoin de purifier son âme des souvenirs culpabilisants est plus fort que celui de faire passer ces derniers sous silence. Comme me le confia un jour un gardien de prison : « Nombre de criminels se font pincer parce qu'ils n'ont pu s'empêcher de parler à au moins une personne de ce qu'ils ont fait ; bien que, sur le coup, cela ressemble quelquefois à de la vantardise, je crois que cet aveu constitue ce que j'appellerais une "confession de la rue". »

Les psychothérapeutes sont devenus nos confesseurs modernes. Nous tentons avec leur aide de résoudre nos luttes sur les plans psychologique et affectif en explorant notre part d'ombre et les peurs qui paralysent notre nature et notre psyché. Chaque fois que nous réussissons à vaincre une de nos peurs et à faire un pas de plus vers l'estime de soi, la douce énergie de la guérison afflue vers notre système énergétique. Dans le langage confessionnel, les bornes thérapeutiques que nous réussissons ainsi à franchir correspondent au rappel de l'âme vers soi, pour dégager celle-ci des missions négatives que nous lui avons confiées.

En sachant désormais que le cinquième chakra nous apprend à faire un usage de la volonté à bon escient et qu'il enregistre les directives que nous donnons à l'âme, comment procéderons-nous alors pour tirer les leçons caractéristiques de ce chakra ?

ENTRE LA TÊTE ET LE CŒUR

Étant donné que le siège de la volonté se situe entre les énergies du cœur et de l'esprit, il est nécessaire que nous apprenions comment équilibrer nos réponses à l'égard des pressions qu'exercent sur nous ces derniers. Durant l'enfance, nous nous orientons vers l'une ou l'autre de ces énergies dominantes : les garçons sont généralement poussés à employer leur énergie mentale, et les filles, celle de leur cœur.

L'énergie mentale est le moteur du monde extérieur tandis que la sphère privée est mue par celle du cœur. Pendant des siècles, notre culture a mis en avant l'idée selon laquelle l'énergie affective affaiblit notre capacité à prendre rapidement des décisions importantes et, parallèlement, que l'énergie mentale n'est pratiquement d'aucune utilité dans le domaine du cœur. L'expression « le cœur a ses raisons que la raison ne connaît pas » atteste de cette séparation. Une telle distinction était monnaie courante jusque dans les années 1960, décennie au cours de laquelle la tête et le cœur finirent par se rencontrer, offrant une version nouvelle de l'individu équilibré : un être mû à la fois par le cœur et l'esprit.

Si l'esprit et le cœur ne communiquent pas en termes clairs, alors l'un dominera l'autre. Être dominé par l'esprit nous fait souffrir sur le plan affectif parce que nous traitons toute information de cet ordre comme on traite un ennemi. Nous cherchons alors à dominer toutes les situations et les rapports, et à freiner nos émotions. Lorsque, au contraire, le cœur est au premier rang, nous avons tendance à nous leurrer, à croire que tout va toujours pour le mieux. Dans un cas comme dans l'autre, la volonté est mue par la peur et la quête futile de la domination, plutôt que par un sentiment de sécurité intérieure.

Un tel déséquilibre entre la tête et le cœur conduit vers la dépendance. Sur le plan énergétique, cela signifie que tout comportement motivé par la peur de la croissance intérieure peut être qualifié de comportement dépendant. Même des activités saines en apparence – comme l'exercice physique ou la méditation – peuvent faire l'objet d'une dépendance si on les pratique dans le but d'éviter de souffrir ou de saisir quelque chose à son propre sujet. Ainsi, toute discipline peut servir à ériger une barrière entre le conscient et l'inconscient chez un adepte : « Je veux bien qu'on m'éclaire, mais de grâce pas de mauvaises nouvelles ! » Nous allons même jusqu'à tenter d'influencer l'inspiration que nous cherchons à recevoir. Nous nous retrouvons alors à osciller interminablement entre le désir de nous transformer et la peur de changer.

La seule façon d'arriver à rompre ce cycle consiste à effectuer des choix qui mobilisent le pouvoir unifié de l'esprit et du cœur. Il est facile de demeurer immobile en prétextant qu'on ne sait pas comment s'en sortir. Pourtant, cela est rarement vrai. Si nous restons en place, c'est que nous savons exactement ce qu'il faudrait faire mais que nous sommes terrifiés à l'idée d'agir. Interrompre la répétition de ces cycles dans notre vie exige que nous fassions un choix orienté vers l'avenir plutôt que vers le passé. Les décisions du type : « Ça suffit – je ne peux plus accepter de subir ce type de traitement » ou encore « Je ne resterai pas ici un jour de plus – je pars », expriment une détermination qui découle des énergies unifiées de l'esprit et du cœur ; nos vies commencent à se transformer presque aussitôt à cause de l'autorité qui transpire du choix vital que nous venons de faire. Bien sûr, la perspective de laisser derrière nous ce qui nous est familier nous effraie, même lorsque les conditions dans lesquelles nous vivons sont quelquefois désespérées. Le changement fait peur, mais attendre de se sentir en sécurité avant de faire un pas en avant ne fait qu'accroître nos tourments. Il faut savoir traverser le tourbillon du changement afin de pouvoir se sentir revivre et avant que ne retombent en place ces éléments qui nous assurent un sentiment de réconfort.

Eileen Caddy, l'une des trois fondatrices de la communauté spirituelle de Findhorn, au nord de l'Écosse, a vécu maintes transformations et difficultés en apprenant à se laisser guider par le Divin et à s'abandonner à sa volonté. Celui-ci lui avait indiqué, par l'entremise de ce qu'elle a qualifié « la voix du Christ », qu'il lui fallait quitter son mari et leurs cinq enfants afin de former une association avec un homme appelé Peter Caddy. Elle suivit cette directive, mais les années qui succédèrent furent marquées par le tumulte, en partie parce qu'à l'époque Peter était lui-même marié. Il quitta finalement son épouse, se maria avec Eileen et accepta de gérer un hôtel en piteux état dans une petite ville du nord de l'Écosse appelée Forres. Ils eurent trois enfants ; avec l'aide et les conseils inspirés d'Eileen, Peter eut tôt fait de transformer l'établissement de classe médiocre en hôtel quatre étoiles. Au cours de ces années, Eileen n'eut que très peu de contacts avec ses cinq autres enfants, mais elle sentait que le jour viendrait où elle se réconcilierait avec eux, ce qui s'avéra exact. Peter et Eileen se rendirent peu à peu compte que l'inspiration qui guidait cette dernière était de nature profondément spirituelle.

Alors que l'hôtel se trouvait au faîte de la prospérité, Peter fut licencié, à la surprise de bien des gens. Eileen et lui étaient stupéfaits, n'ayant jamais imaginé que ce serait là la manière dont on les remercierait des services rendus. Mais ils suivirent une fois de plus l'inspiration d'Eileen, en louant une caravane dans une communauté appelée Findhorn. On leur demanda de faire un jardin, ce qui semblait une idée quelque peu absurde étant donné le climat, l'emplacement et le peu d'ensoleillement. Ils firent pourtant ce qu'on leur demanda. Une femme du nom de Dorothy McLean vint également se joindre à eux peu de temps après leur installation.

Tout comme Eileen, Dorothy était également un médium, mais à cette différence que son inspiration lui venait des « énergies de la nature », lesquelles lui enseignaient comment coopérer avec elles pour créer. Ces énergies firent la promesse d'amplifier la croissance du jardin pendant une période précise de sept ans, dans le but de démontrer ce qui pouvait être accompli lorsque les forces spirituelles, humaines et naturelles s'alliaient pour donner la vie.

Le jardin prospéra tel qu'il avait été promis. Les plantes atteignirent des tailles inconnues jusque-là. Bientôt, les rumeurs concernant le « jardin magique » envahirent les ondes, et des gens de partout à travers le monde firent le voyage jusqu'à ce petit coin éloigné pour le voir de leurs propres yeux. Personne ne fut déçu ; même les horticulteurs les plus sceptiques durent admettre que le jardin était en effet spectaculaire. Lorsqu'on demanda à Dorothy, Peter et Eileen comment ils avaient obtenu de si prodigieux résultats, ils répondirent en disant la vérité : « Nous obéissons à la volonté du Divin. »

Une communauté se forma peu à peu autour de ce jardin. Eileen commença alors à s'adonner à sa remarquable discipline, méditant chaque nuit entre minuit et six heures du matin dans l'unique lieu où elle était capable de trouver un peu d'intimité, c'est-à-dire les toilettes publiques. Leur toute petite caravane, à peine assez grande pour une seule personne, en hébergeait désormais six. Chaque matin, Eileen communiquait à Peter l'inspiration qu'elle avait reçue durant la nuit.

Celui-ci suivait ses conseils à la lettre, mettant à profit ses compétences de gestion pour s'assurer que les nouveaux membres de la communauté obéis-saient à ses directives. Des bâtiments furent construits, des activités quotidiennes furent mises sur pied ; la communauté était en pleine croissance.

Au terme de sept ans, la végétation retrouva sa taille normale, tel qu'il avait été prédit. Il fut signifié à Eileen par le biais de ses méditations que Peter ne pourrait plus recevoir de conseils par son entremise et qu'il devrait désormais se mettre en quête de sa propre voie. Cette nouvelle mit leur relation à rude épreuve ; Peter se trouva forcé de chercher conseil ailleurs dans la communauté, et bientôt ce fut à qui réussirait à l'influencer. Le chaos s'installa, et Eileen sombra dans la dépression. Peter finit par lui annoncer qu'il la laissait et qu'il quittait la communauté, en ajoutant qu'il ne l'avait jamais vraiment aimée. Cette déclaration et le divorce qui s'ensuivit portèrent un coup terrible à Eileen, pour qui cette situation semblait une bien triste récompense pour avoir suivi l'inspiration divine.

Eileen avoue aujourd'hui que sa lutte, son désespoir et même son divorce étaient en fait attribuables à la « résistance envers Dieu » qu'elle avait démontrée. Elle avait suivi l'inspiration qu'elle avait reçue, mais contre son gré, ajouta-t-elle, et elle s'était sentie tiraillée une grande partie du temps. Elle se devait d'apprendre à avoir foi en ce qu'elle appelle « la conscience du Christ » et au lien qu'elle entretient avec celle-ci. Voilà la nature de la mission spirituelle qui lui avait été confiée.

Selon Eileen, la force de Dieu est une réalité qui l'habite et la guide. La voie à laquelle elle s'est consacrée lui apporte de nombreux fruits. « J'ai une famille dans le sens archétypal du mot ; c'est la communauté qui m'entoure qui est ma famille. Je possède une maison magnifique, j'entretiens des rapports affectueux avec tous mes enfants et j'ai une relation intime avec Dieu. Je ressens un bonheur profond. »

Le lien qui unit Eileen à «l'énergie du Christ» traduit en quoi peut consister de nos jours une quête de nature mystique. Sa vie aura suivi deux parcours spirituels distincts, passant d'un modèle ancien à un nouveau. En vertu du premier, le leader spirituel sert d'intermédiaire entre ceux qui l'entourent et Dieu, et ceci s'accomplit par les souffrances et la contemplation solitaire; avec le second, il vit entouré des membres de la communauté spirituelle à laquelle il appartient. Eileen vit selon les luttes, les bénédictions et les récompenses que lui accorde l'inspiration divine. Sa vie est remplie de miracles et marquée par les synchronismes.

Se soumettre à l'inspiration divine peut nous apporter des expériences difficiles mais aussi illuminer notre vie. Une telle décision peut mettre un terme à certains épisodes de notre vie tels qu'un mariage ou un emploi. Mais je n'ai encore rencontré personne qui ait regretté de s'être allié à l'autorité divine. Nulle histoire ne capte mieux l'essence de cette leçon sur le renoncement que celle de Job.

Job était un homme très croyant et riche, et il en tirait beaucoup de fierté. Satan demanda à Dieu de lui permettre de mettre Job à l'épreuve, avançant qu'il arriverait à faire perdre la foi à ce dernier. Dieu accepta. Satan fit d'abord en sorte que Job perde ses richesses et ses enfants, mais celui-ci demeura fidèle à Dieu, croyant que si c'était là la volonté de Dieu, il s'y soumettrait. Ensuite, Job tomba malade et sa femme lui conseilla de blâmer Dieu pour ses malheurs. Job conserva la foi; sa femme mourut.

Job reçut la visite de ses amis Eliphaz, Bildad et Zophar, qui venaient lui offrir leurs condoléances; ils débattirent la question de la nature de la justice divine. Selon ceux-ci, jamais Dieu ne consentirait à punir un «homme juste»; par conséquent, Job devait avoir fait quelque chose pour s'attirer ainsi les foudres célestes. Job défendit son innocence et argumenta que ses malheurs découlaient de l'expérience universelle que font les êtres humains de l'injustice. Alors qu'il se laissait gagner par la pensée que Dieu était injuste de lui faire subir toutes ces épreuves, un jeune homme appelé Elihu se joignit à Job et ses amis, et les réprimanda de penser qu'ils pouvaient prétendre connaître «l'esprit de Dieu» et d'exiger de Lui qu'Il explique Ses choix.

Dieu parla alors à Job et lui fit part de la différence entre la volonté humaine et la volonté divine. Il lui demanda : «Où étais-tu lorsque je créai la Terre ?» «De tes jours as-tu jamais commandé au matin, indiqué à l'aurore son siège ?»

Job se rendit alors compte que c'était folie que de remettre en question la volonté de Dieu et se repentit. Il informa ses amis de la vérité qu'il avait apprise : nul mortel ne pouvait connaître l'esprit de Dieu ; le seul acte de foi véritable consistait à accepter ce que Dieu exigeait de nous ; Dieu ne doit aucune explication quant aux décisions qu'Il prend. Job remit ensuite sa volonté entre les mains de Dieu en disant : «J'ai parlé une fois, mais ne le referai plus». Dieu fit don d'une nouvelle famille à Job et le combla de richesses.

Les épreuves nous incitent sans cesse à nous demander quels sont les desseins de Dieu à notre égard. Nous concevons souvent la volonté divine comme un devoir ou une tâche, un moyen d'acquérir davantage de pouvoir individuel. Mais, en vérité, la volonté divine nous enseigne d'abord et avant tout à cerner la nature de l'âme et de Dieu.

L'acte de volonté le plus important dans lequel nous pouvons investir notre âme est de vivre en respectant les règles suivantes :

• Ne portez aucun jugement.
• N'ayez aucune attente.

• Affranchissez-vous de la nécessité de comprendre le pourquoi des événements.

• Ayez foi que les événements imprévus vous indiquent une route à suivre sur le plan spirituel.

• Ayez le courage de faire les choix qui s'imposent, d'accepter ce qui ne peut être changé, et la sagesse nécessaire pour distinguer entre les deux.

QUESTIONS POUR UN EXAMEN DE CONSCIENCE

Qu'est-ce que « avoir de la volonté » signifie pour vous ?

Identifiez les personnes qui influencent grandement votre volonté et expliquez-en les raisons.

Cherchez-vous à avoir de l'emprise sur autrui ? Si tel est le cas, identifiez les personnes concernées et les raisons qui vous poussent à le faire.

Êtes-vous capable de vous exprimer de façon honnête et ouverte lorsque c'est nécessaire ? Sinon, expliquez ce qui vous empêche de le faire.

Êtes-vous capable de sentir intuitivement qu'une inspiration qui s'offre à vous est de nature divine ?

Faites-vous confiance aux inspirations qui ne semblent pas immédiatement liées à des résultats concrets ?

Identifiez les peurs que vous entretenez à l'égard de l'inspiration divine.

Priez-vous pour qu'on vous aide dans vos projets personnels, ou êtes-vous capable de vous dire : « Je ferai ce que le Ciel m'indiquera » ?

Quels sont les facteurs qui vous font perdre la maîtrise de votre volonté ?

La nécessité de changer fait-elle l'objet d'un « marchandage » de votre part afin d'en repousser l'échéance ? Si tel est le cas, identifiez les situations dans lesquelles cela se produit et les raisons qui vous font hésiter à prendre les mesures nécessaires pour effectuer les changements qui s'imposent.

Chapitre six

LE SIXIÈME CHAKRA :
LE POUVOIR DE L'ESPRIT

Le sixième chakra fait appel aux facultés de l'esprit et du raisonnement, et à notre aptitude à analyser les croyances et les attitudes que nous entretenons. Le chakra de l'esprit vibre au diapason des énergies qui se dégagent de la psyché et qui constituent des forces psychologiques conscientes et inconscientes. Dans les écrits spirituels orientaux, le sixième chakra correspond au «troisième œil»; il est le centre spirituel au sein duquel l'association entre esprit et psyché peut conduire à la vision intuitive et à la sagesse. Le sixième chakra est donc celui de la sagesse.

Les enjeux associés au sixième chakra sont multiples : ouvrir son esprit, accéder au détachement de celui-ci, récupérer la force individuelle investie dans les «vérités fausses» et artificielles; apprendre à écouter son guide intérieur; savoir distinguer entre les pensées animées par la force et celles qui sont motivées par la peur et l'illusion.

Emplacement : Milieu du front.

Lien énergétique au corps physique : Cerveau et système neurologique, glandes pituitaire et pinéale, de même que les yeux, les oreilles et le nez.

Lien énergétique au corps affectif et mental : Le sixième chakra nous relie au corps mental, à l'intelligence et aux caractéristiques qui constituent notre psychologie. Celles-ci réunissent nos connaissances et ce que nous croyons être vrai, et sont une synthèse des faits vécus, des peurs, des expériences personnelles et des souvenirs qui demeurent vivants au sein de notre corps mental énergétique.

Lien symbolique et perceptuel : Le sixième chakra met à l'œuvre les leçons qui nous feront accéder à la sagesse. Nous pouvons parvenir à celle-ci par le biais des expériences de la vie et en acquérant cette faculté de discernement qu'est le détachement. La vision symbolique correspond en partie à cette dernière attitude – un état d'esprit qui se situe au-delà des influences de la « pensée individuelle » ou de la « pensée du débutant », et qui peut mener vers le pouvoir et l'illumination que procure l'esprit détaché.

Lien aux sefirôt et aux sacrements : La sefira de Bina représente l'*intelligence* divine et la sefira de Hôkma, la *sagesse* divine ; elles sont en rapport direct avec le sixième chakra. Bina correspond aux entrailles de la Mère divine, qui reçoivent de Hôkma la semence nécessaire à la conception, identifiée comme « le commencement ». En s'alliant, ces deux forces créent les sefirôt inférieures. Bina et Hôkma symbolisent la vérité universelle selon laquelle la « pensée » précède la « forme » et la création trouve son origine dans la dimension énergétique.

Bina et Hôkma nous rappellent que tout acte de création doit être un acte conscient – c'est-à-dire que nous devons employer toutes les ressources de l'esprit lorsque nous cherchons à transformer l'énergie en matière. C'est dans cette perspective qu'il faut comprendre le lien qui rapproche ces deux sefirôt et le sacrement de la confirmation.

Sur le plan symbolique, l'ordination correspond au devoir auquel nous sommes appelés à nous mettre au service d'autrui. Ce sacrement est l'archétype de la reconnaissance manifestée par autrui à l'égard de la perspective unique et de la sagesse qui nous incitent à aider les autres, que nous le fassions en tant que parent, guérisseur, professeur, athlète ou ami loyal. On associe traditionnellement le sacrement de l'ordination à la consécration des prêtres. Or, du point de vue symbolique, il peut aussi désigner tous les moyens par lesquels les membres de notre communauté nous manifestent leur reconnaissance pour les services que nous avons été inspirés à rendre. Que ces services bénéficient autant à l'individu qu'à la communauté confirme la « vocation » du premier. Ce qui est merveilleux, c'est qu'en vertu de l'interprétation symbolique du sacrement de l'ordination, chacun est capable d'apporter quelque chose de significatif à autrui, non seulement par le biais de sa profession, mais à partir de ce qu'il est et des qualités morales qu'il acquiert. L'ordination sert ainsi symboliquement à accorder un plus grand poids au don de l'âme qu'au sens du devoir.

Peurs fondamentales : La réticence à l'introspection et à creuser ses peurs ; la peur de la vérité lorsque la capacité de raisonner s'embrouille ; la peur du discernement, des avis solides et réalistes ; la peur de dépendre des conseils d'autrui ; la peur de la discipline ; la peur qu'éveillent notre part d'ombre et ses attributs.

Forces fondamentales : Les capacités intellectuelles ; savoir jauger les éclairs de lucidité du conscient et de l'inconscient ; savoir accueillir l'inspiration ; faire preuve de grande créativité et de raisonnement intuitif poussé – d'intelligence affective, en d'autres termes.

Vérité sacrée : La vérité fondamentale associée au sixième chakra est la suivante : *Ne recherchez que la vérité*. Celle-ci nous incite à vouloir sans cesse distinguer entre vérité et illusion, ces deux forces étant présentes à tout moment. Une telle tâche fait davantage appel aux capacités de l'esprit qu'à celles du cerveau. Ce dernier dirige le comportement du corps physique, tandis que l'esprit agit sur le comportement du corps énergétique, celui-ci étant notre lien avec la pensée et la perception. Le cerveau est un instrument physique par lequel la pensée se transforme en action ; cependant, la perception – et tout ce qui y est associé, comme la conscience – est un attribut de l'esprit. C'est en accédant à la conscience que nous devenons capables de nous *détacher* des perceptions de nature subjective et de percevoir la vérité ou le sens symbolique en regard d'une situation donnée. Le détachement n'est pas synonyme d'indifférence ; il signifie taire les voix des peurs qui nous habitent. Ceux qui savent atteindre une attitude de détachement ont une conscience de soi si parfaite que les influences extérieures ne réussissent pas à exercer une emprise sur eux. Une telle pureté d'esprit et d'être est l'essence même de la sagesse, une des forces divines associées au sixième chakra.

FAIRE PREUVE DE DÉTACHEMENT

Comment, en termes pratiques, doit-on s'y prendre pour faire preuve de détachement dans la vie de tous les jours ? L'histoire qui suit, celle de Pete, illustre une façon particulière de recourir à cette aptitude. Pete m'avait jointe pour que j'effectue à son intention un bilan énergétique, parce qu'il vivait une crise personnelle grave. Après dix-sept ans de mariage, sa femme lui avait annoncé qu'elle ne l'aimait plus et qu'elle désirait obtenir le divorce. Cette nouvelle a bien entendu foudroyé Pete, d'autant plus que sa femme et lui avaient quatre enfants. Je lui suggérai d'essayer, ne serait-ce qu'un moment, de se représenter sa situation d'un œil détaché. Il me semblait probable que sa femme était en train de redéfinir son rôle en d'autres termes que ceux d'épouse et de mère – rôle qu'elle avait joué pendant presque toute sa vie. Enfant encore, elle s'était occupée de ses frères et sœurs les plus jeunes. Puis, elle s'était mariée à l'âge de dix-sept ans et avait eu un enfant l'année suivante. Maintenant, âgée de quarante ans, elle s'éveillait à elle-même et à ses propres besoins, et vivait probablement une liaison avec quelqu'un d'autre. J'émis l'hypothèse que les sentiments nouveaux qu'elle éprouvait l'effrayaient sûrement ; si elle avait pu recourir au vocabulaire de la thérapie, elle aurait peut-être été en mesure de décrire les émotions qui l'habitaient plutôt que de prendre panique. Son aventure était une manière de fuir ses sentiments intérieurs ; même si elle ne s'en rendait pas compte, elle n'éprouvait probablement aucun sentiment à l'égard de l'homme avec lequel elle entretenait cette liaison. Elle s'y était engagée parce qu'elle ne pouvait imaginer d'autre moyen de quitter son mari et ses enfants. La possibilité d'entreprendre une démarche thérapeutique ne lui avait pas effleuré l'esprit parce que ce n'était pas une pratique courante dans le milieu dans lequel elle avait évolué.

Je dis ensuite à Pete que bien que cela semble difficile à accepter, quel que soit l'homme avec lequel elle se trouvait, sa femme aurait réagi de la même façon à ce stade de sa vie, puisqu'elle se trouvait engagée dans une démarche de connaissance de soi qui ne le concernait pas directement. Elle n'était pas consciente d'être en train de faire sa propre expérience de la « nuit obscure ». À mon avis, Pete devait voir à ne pas se sentir visé par les gestes de rejet ou de colère qu'elle posait parce que, bien qu'il semble en être la cible, c'était sa confusion à elle qui contribuait bien davantage à la faire réagir de la sorte.

Pete sut entendre ce que je lui disais et agir en conséquence. Bien que lui et sa femme prirent la décision de divorcer, chaque fois qu'il se surprenait à se laisser sombrer dans le chagrin et la douleur en pensant à la désintégration de sa famille, il s'efforçait d'adopter une attitude de détachement. Peu après notre première rencontre, il avait en effet appris que sa femme et un de ses amis avaient entretenu une liaison mais que celle-ci était rompue. Il se rendit compte que sa femme n'était pas amoureuse de cet homme, mais que dans sa confusion elle cherchait un exutoire. Je lui dis qu'il était plus que probable qu'elle continue à tenter de résoudre la crise qu'elle traversait en essayant de trouver un nouveau conjoint. Or, chaque nouvelle relation était vouée à l'échec parce que ce n'était pas là la véritable solution à la souffrance de sa femme, surtout si elle se retrouvait à assumer les mêmes rôles qu'auparavant. Elle serait éventuellement forcée de se tourner vers elle-même et de mettre un baume sur la véritable cause de sa souffrance.

Acquérir une attitude de détachement et accéder à la conscience signifient que certaines de nos perceptions doivent passer de notre esprit à notre corps. Nous devons nous fusionner à ces perceptions, qui constituent des vérités, et les vivre de telle manière que leur force ne fasse qu'une avec notre énergie.

Prenez par exemple la vérité suivante : « tout change constamment ». Sur le plan intellectuel, nous éprouvons peu de difficulté à saisir la portée de cet enseignement. Cependant, quand le changement frappe à notre porte – lorsque nous commençons à remarquer que nous vieillissons, que des proches meurent ou que l'amour et l'intimité font place à la froideur dans notre couple –, faire face à la vérité nous terrifie. Nous mettons souvent plusieurs années à nous remettre de certaines transformations parce que nous aurions souhaité que les choses – quelle que soit la « chose » en question – restent les mêmes. Nous savons qu'elles sont destinées à évoluer, mais nous ne pouvons nous empêcher d'espérer que l'énergie du changement passera dans notre vie sans laisser de traces.

Or, même lorsque cette loi du changement inexorable nous apparaît comme un véritable ennemi nous ayant arraché l'objet de notre bonheur, il ne fait aucun doute que la solitude ressentie n'est qu'une étape passagère et que la vie connaîtra un renouveau. Voilà la promesse que porte toujours en lui le changement.

La conscience est cette capacité à lâcher prise et à accueillir la nouveauté en sachant que ce qui doit se terminer et ce qui doit commencer surviennent toujours au moment opportun. Il est difficile d'intégrer une telle vérité dans sa vie, parce que les êtres humains aspirent à la stabilité – l'envers du changement. Voilà pourquoi accéder à la conscience consiste à vivre pleinement le moment présent en sachant que nulle situation ni personne ne seront tout à fait les mêmes le lendemain. À mesure que le changement se produit, nous devons nous efforcer de comprendre qu'il est un phénomène naturel et apprendre à « suivre le courant », plutôt que de se débattre contre lui, comme le conseille le *Tao Te Ching*. Tout effort visant à préserver à jamais les choses dans un état figé est non seulement futile mais impossible à réaliser. Notre tâche consiste donc à investir le meilleur de nos énergies dans chaque situation en comprenant que nous pouvons avoir une influence sur ce qui nous arrivera demain, mais que nous ne pouvons déterminer le cours des événements.

Souvent, après avoir parlé du détachement dans mes conférences, les gens m'avouent que celui-ci leur semble un sentiment trop froid et impersonnel. C'est qu'ils se méprennent sur la nature véritable de cette attitude. Au cours d'un atelier, je demandai aux participants d'identifier une situation qui leur semblerait extrêmement menaçante. Un homme déclara qu'il lui serait très difficile d'apprendre, en entrant au bureau, qu'on lui avait retiré ses responsabilités. Je lui répondis d'imaginer alors qu'il était libéré de ses liens à l'entreprise et qu'il pouvait désormais se créer de nouvelles options. Je lui demandai de voir son entreprise comme n'étant rien de plus qu'une goutte d'énergie dans sa vie, plutôt qu'un océan, et qu'un flot d'énergie créatrice traversait son être. Puis il devait imaginer qu'il entrait au bureau et apprenait qu'il était licencié. Quelle serait maintenant votre réaction ? lui demandai-je. Il se mit à rire et répondit que cela ne lui importait pas du tout, étant donné l'image qu'il avait en tête à ce moment précis. Tout irait bien, me dit-il, parce qu'il se sentait confiant qu'il pourrait attirer à lui son prochain emploi.

Voilà le sens véritable du détachement : se rendre compte que nul ne peut déterminer le cours de sa vie. Par conséquent, lorsque le changement intervient dans votre vie, c'est qu'une dynamique plus vaste est alors à l'œuvre. Par exemple, il peut vous sembler qu'un groupe de gens aient conspiré afin que vous perdiez votre emploi : cela n'est cependant qu'une illusion. Si vous choisissez de croire à celle-ci, elle vous gardera alors captif, quelquefois même pour le reste de votre vie. Or, si le temps n'était pas venu pour vous de passer à autre chose, la « conspiration » n'aurait apporté aucun résultat. Voilà la vérité supérieure à l'œuvre derrière un tel changement, la vision symbolique vous permettant de cultiver le détachement nécessaire pour en saisir la portée.

Évidemment, il ne suffit pas de se lever un bon matin et de se dire : « Je crois qu'aujourd'hui je vais accéder à la conscience. » C'est en faisant l'expérience du mystère que nous éprouvons le désir d'étendre les frontières de notre esprit. Nous vivons tous des expériences, par le biais des rapports et des événements, qui nous incitent à réévaluer notre appréhension de la réalité, et nous continuerons à en vivre. La constitution même de notre esprit nous pousse à nous questionner sur le pourquoi des choses, tout au moins en ce qui concerne les bouleversements qui nous touchent personnellement.

Danny est venu un jour me consulter parce qu'on venait de diagnostiquer chez lui un cancer de la prostate. L'unique chose qu'il me demanda, il la formula en ces termes : « Je voudrais que vous m'aidiez à comprendre ce que je fais et pense, et ce qui doit être changé. »

En procédant à son bilan énergétique, je me rendis compte qu'il s'évertuait sans cesse à faire le bien autour de lui, mais qu'il se souciait peu de ses propres besoins. Je lui demandai ce qu'il aimerait faire en ce moment. « Je voudrais abandonner mon travail dans les ventes, déménager à la campagne, cultiver mes aliments et travailler comme menuisier », me répondit-il. Nous discutâmes alors des répercussions qu'un tel changement apporterait ; il avait des obligations envers la société pour laquelle il travaillait, il était membre d'un certain nombre d'associations, et sa famille vivait à l'aise. Tous ces liens seraient donc rompus. Puis Danny déclara : « Depuis très longtemps, le désir de penser autrement me trotte dans la tête. Je ne veux plus être préoccupé par le chiffre d'affaires. Je veux penser à autre chose, comme à la nature, par exemple. Bien sûr, ce n'est pas elle qui paiera les factures ; c'est pourquoi je n'ai jamais vraiment agi pour changer les choses. Mais je sens que je suis appelé à vivre autrement, et ce depuis un long moment ; je sens que le temps est venu de suivre mon intuition à ce sujet. » Je lui répondis que son guide intérieur était de bon conseil et qu'il se devait de l'écouter, parce qu'un monde nouveau s'ouvrirait sûrement à lui et que son état de santé se rétablirait en force. Deux mois plus tard, Danny m'appela pour me dire que les membres de sa famille étaient disposés à déménager et que l'été suivant ils iraient s'installer dans le sud-ouest du pays. Jamais il ne s'était senti aussi bien, ajouta-t-il, et il savait que son corps serait à jamais débarrassé de sa tumeur maligne.

Danny était fin prêt à mettre un terme à sa profession de vendeur et à accueillir un nouveau mode de vie. En laissant de côté l'image qu'il se faisait de lui-même et de son travail, il put ainsi se défaire de l'idée reçue qui lui laissait croire que son influence sur le monde physique était limitée. En écoutant sa voix intérieure, il s'était permis de se remettre en question. En quoi consiste la vie ? Que suis-je destiné à accomplir ? Quelles sont les choses importantes ? Danny se montra capable d'affirmer : « Les choses du monde n'exercent que peu d'attrait sur moi. Je choisis donc d'être à l'écoute de mon univers intérieur. »

Voilà de quelle manière nous accédons à la conscience : un mystère se présente à nous, nous nous mettons à l'œuvre, puis survient un nouveau mystère. Lorsque nous décidons de mettre un terme à ce processus, nous nous retrouvons en suspens et nous nous laissons dériver de plus en plus loin de la force vitale. Progresser vers le détachement peut s'accomplir de manière très naturelle et aisée. Une participante à un atelier, Karen, avait été licenciée par trois fois au cours de la même année. Elle ne pouvait s'empêcher de se demander si la source du problème ne résidait pas en elle-même ; une fois cette question posée, elle voulait tenter d'y répondre. Mais les trois emplois qu'elle avait occupés ne l'intéressaient nullement. Ce qui fut une révélation, c'est de comprendre que ce qu'elle désirait vraiment, c'était de changer d'orientation. Karen est aujourd'hui engagée dans un grand nombre d'activités variées ; elle continue à explorer ses intérêts, ses ambitions et ses peurs chaque fois qu'une nouvelle expérience se présente. Cette démarche est désormais pour elle synonyme d'évolution naturelle sur le plan de la conscience. Lorsqu'elle se rappelle comment elle était « avant que la lumière se fasse », elle se demande comment il lui était possible de vivre une journée entière sans songer à ce qui conférait désormais un sens à sa vie. « L'inconscient n'est rien de plus que cela – l'inconscient. On ne se rend même pas compte qu'il y a des choses dont on ne se rend pas compte. On pense aux nécessités de la vie – s'alimenter, se vêtir, gagner de l'argent. On ne s'arrête pas pour se demander pourquoi on a été créés. Mais une fois que l'on s'est posé cette question, on s'interroge encore et encore. On découvre alors sans cesse de nouvelles vérités. »

LA CONSCIENCE ET LE LIEN À LA GUÉRISON

Au cours des quatre dernières décennies, une avalanche d'informations sur le rôle que joue le mental par rapport à la santé ont été mises à notre disposition. Nos attitudes exercent une influence énorme sur la création ou la destruction de l'état de santé du corps. La dépression, par exemple, a un effet négatif non seulement sur notre capacité de guérison, mais également sur la santé du système immunitaire. La colère, l'amertume, la rage et le ressentiment entravent la démarche de guérison, quand ils ne la font pas carrément avorter. La volonté de guérir procure une force énorme sans laquelle le corps physique se retrouve à la merci de la maladie dont il peut être atteint. Tous ces nouveaux éclaircissements ont accordé au pouvoir de la conscience une place établie au sein du modèle médical au regard de la santé et de la maladie.

Il est renversant de dénombrer les personnes qui attribuent à l'expérience de la maladie la décision qu'ils ont prise ultérieurement, à savoir de se tourner vers l'intérieur et d'examiner de plus près leurs attitudes et leur mode de vie. Tous réfèrent invariablement à une démarche de même nature, c'est-à-dire un cheminement qui les conduit vers le détachement.

C'est le sentiment de peur qui prédomine chez les personnes atteintes de maladie, une fois qu'elles ont pris connaissance du diagnostic. En revanche, après avoir repris le dessus quelque peu, la plupart avouent s'être doutées que quelque chose n'allait pas, mais qu'elles avaient préféré chasser cette idée de leur esprit à cause de la peur qu'elles ressentaient. Voilà un fait important parce que effectivement, notre guide intérieur nous alerte lorsqu'une perte de puissance survient dans le corps. À mesure que la peur diminue en intensité, cependant, on constate que les personnes cherchent à se recueillir et à sonder leur esprit et leurs émotions. Elles commencent alors par tenter d'harmoniser l'esprit et l'affect, ou encore à prendre conscience de l'écart qui existe entre ce qu'elles pensent et ce qu'elles ressentent. La guérison exige que l'esprit et le cœur soient en harmonie ; en général, c'est l'esprit qui doit s'ajuster aux émotions, celles-ci étant trop souvent mises de côté dans la vie quotidienne.

Toutes les histoires de ce type racontées par les gens s'accordent : ceux-ci ont pris des mesures pour réorganiser leur vie, et ils laissent désormais leurs émotions jouer un rôle créateur dans les activités qu'ils entreprennent. L'histoire suivante, celle de Sylvia, illustre bien cette quête de la conscience par la voie de l'esprit et du cœur. On avait diagnostiqué chez elle un cancer du sein, et elle avait subi l'ablation des deux seins. Le cancer s'était également propagé au niveau des ganglions lymphatiques. Il eût semblé normal que

Sylvia soit constamment préoccupée par la maladie, mais celle-ci détourna son esprit de cette idée et se concentra plutôt sur les stress qui avaient ainsi contribué à contaminer son énergie. Elle passa en revue ses peurs et l'emprise qu'elles exerçaient sur sa psyché ; elle se rendit compte que l'idée de vivre seule la terrifiait. Son cancer s'était développé peu de temps après son divorce. Alors qu'elle aurait pu ruminer sa solitude et son amertume envers son divorce, Sylvia choisit plutôt de s'engager à identifier quelque chose de précieux chaque jour qui s'écoulait. Elle était résolue à ne pas remâcher le passé, mais bien à apprécier les choses heureuses qui lui étaient arrivées et à s'affranchir des expériences douloureuses, y compris son divorce. Elle éprouvait souvent de la tristesse, mais lorsque celle-ci refaisait surface, elle se laissait aller à pleurer à satiété et passait à autre chose. Ultérieurement, Sylvia se mit à offrir elle-même du soutien aux personnes atteintes de cancer, ce qui donna un nouveau sens à sa vie. Du point de vue symbolique, elle avait « reçu l'ordination », c'est-à-dire que la force qu'elle communiquait à autrui lui était retournée par le biais de la gratitude que lui manifestaient les personnes à qui elle était venue en aide. Jamais auparavant elle ne s'était sentie aussi valorisée. Au terme de six mois, son cancer avait entièrement disparu.

Un des aspects de l'éveil de la conscience consiste à vivre le moment présent et à apprécier pleinement le quotidien. Sylvia réussit à prendre ses distances avec le passé et à s'inventer une nouvelle vie pleine de sens : voilà ce que signifie avoir du détachement à l'égard des bouleversements de l'existence. Bien qu'elle eût développé un cancer, elle sut faire sienne la vérité selon laquelle un esprit fortifié est en mesure de guérir un corps malade ; l'esprit détaché a davantage de poids que peut en avoir l'expérience personnelle. Combien de fois ne m'a-t-il pas été donné de constater que la guérison est une question d'éveil de la conscience – ce qui signifie non pas devenir conscient de la maladie, mais de l'intensité de la force vitale qui peut être accueillie dans notre vie.

LA CONSCIENCE ET LA MORT

Ces propos signifient-ils que les personnes qui ne parviennent pas à guérir n'ont pas réussi à élargir suffisamment leur conscience ? Il n'en est rien. Or, cette question est devenue très controversée au sein des cercles de la pensée holistique. Notre esprit est ainsi conçu qu'il insiste pour analyser toutes les situations en termes de notions opposées – ceci ou cela, perdre ou gagner, bon ou mauvais. Ainsi, lorsque le corps tarde à recouvrer la santé, on conclut à tort que la personne atteinte n'a pas fait les efforts suffisants pour y arriver.

La mort ne constitue pas un échec au regard de la guérison ; elle est un phénomène inévitable. De fait, nombre de personnes se remettent de leurs tourments sur les plans affectif et psychologique, et meurent un jour en ayant été « guéris ».

L'histoire de Jackson démontre ce que peut vouloir dire mourir pleinement conscient. Celui-ci avait pris rendez-vous pour un bilan parce qu'il était atteint d'une tumeur maligne au cerveau. Il souffrait intensément et sa douleur ne lui accordait pas de répit. Il souhaitait faire tout son possible pour devenir entier, disait-il, peu importe qu'il vive ou qu'il meure. Ensemble, nous avons discuté de tout ce qui restait inachevé dans sa vie : des personnes avec lesquelles il devait se réconcilier et des peurs qu'il lui restait encore à dominer. Il se souvenait même des mots de remerciement qu'il avait négligé d'envoyer. Jackson se concentra alors sur la notion de complétude, accentuant non pas le fait que sa vie se terminait, mais qu'il devait régler tout ce qui était resté en suspens dans sa conscience. Il se demandait continuellement : «Que suis-je destiné à apprendre au cours de cette vie ? » Chaque fois qu'un éclaircissement ou qu'une réponse se présentait à lui, il agissait en conséquence. Il se souvint par exemple qu'il n'avait jamais vraiment expliqué à son ex-femme pourquoi il avait demandé le divorce. Il lui avait simplement dit un jour qu'il en avait assez du mariage et qu'il voulait rompre son engagement. Il savait que cette annonce l'avait bouleversée et, bien qu'elle ait demandé une explication, il s'était délibérément abstenu de lui en fournir une.

Jackson avait fini par comprendre que son comportement était devenu un automatisme, puisque sa femme n'était qu'une des nombreuses personnes à qui il avait fait du tort de cette manière ; elle avait cependant été sa victime la plus importante. Il avoua qu'il avait joui du sentiment de puissance que lui procurait le désordre créé à la suite d'un départ, qu'il ait quitté une personne ou une situation. Cette aptitude à générer le chaos était devenue pour lui une mesure de son importance. Mais il aspirait désormais à la transparence. Il reprit contact avec chaque personne qu'il croyait avoir blessée par ses actions et leur fit parvenir une lettre dans laquelle il s'expliquait et présentait des excuses. Jackson se soumit sans relâche à la tâche d'analyser sa part d'ombre, et ne ménagea aucun effort pour tenter de transformer celle-ci en lumière. Il savait tout de même qu'il allait mourir. Mais il me confia qu'il était satisfait, car il avait réussi à tirer toutes les leçons que la vie avait mises sur son chemin.

L'éveil de la conscience n'a pas pour but de déjouer la mort ni même de s'immuniser contre la maladie. L'objectif à atteindre est plutôt de savoir composer avec le changement dans notre vie – et dans notre corps – sans en avoir peur et de ne chercher qu'à nous imprégner de la vérité qu'il exprime. Concevoir l'élargissement de la conscience, par le biais de la méditation par exemple, comme une manière de se prémunir contre la maladie physique est une erreur. Ce n'est pas la maîtrise de la sphère physique que l'on doit rechercher mais bien celle de l'esprit. Le monde matériel et le corps nous servent d'instruments pédagogiques tout au long de ce parcours.

Dans cette perspective, se guérir de la peur de la mort constitue l'une des étapes vers la sérénité à laquelle doit aspirer l'esprit humain dans cette démarche d'éveil de la conscience. Nos peurs se dissipent immédiatement lorsque nous entendons raconter l'histoire de personnes ayant réussi à établir, grâce à un niveau de conscience élevé, un pont entre les mondes présents et à venir, et qui parlent en toute aisance de la continuité de la vie. J'eus cette chance lors d'une rencontre avec Scott et Helen Nearing. J'ai choisi de relater ici leur histoire parce qu'elle m'aura amenée à mieux cerner la nature de la conscience humaine ; elle nous fait saisir la force intérieure pouvant nous permettre de nous guérir des perceptions qui entravent nos chances d'embrasser la vérité.

SCOTT ET HELEN NEARING

Scott et Helen sont connus pour leur apport au mouvement visant à protéger l'environnement et pour avoir prôné l'autosuffisance comme mode de vie. Ils étaient considérés comme de jeunes rebelles, le « retour à la terre » étant une idée pratiquement inconnue durant les années 1930, époque à laquelle ils décidèrent d'unir leurs efforts. Ils construisirent eux-mêmes leur maison et se nourrirent des fruits et des légumes qu'ils cultivaient. Pendant plus de soixante-dix ans, ils vécurent en harmonie avec la terre, et Helen poursuivit ce mode de vie jusqu'à sa mort, en 1995. Le couple écrivit une multitude d'articles philosophiques et donna de nombreuses conférences dans le but d'amener les gens à respecter l'environnement et à vivre de manière autonome. *Living the Good Life* expose les avantages d'un mode de vie inspiré par un profond respect envers la nature et ses ressources abondantes. Un nombre incalculable de gens continuent aujourd'hui à s'inspirer des idéaux défendus par les Nearing, qui croyaient à un cycle supérieur de causalité. Scott mourut au début des années 1980; il était alors âgé de cent ans. J'eus le privilège de faire la rencontre de Helen lorsque celle-ci participa à un de mes ateliers; elle me parla de la décision que son mari avait prise. Scott avait décidé consciemment de mourir, parce qu'il ne se croyait plus capable de vivre de manière à poursuivre son développement sur le plan spirituel.

« Un jour, Scott entra dans la maison avec un chargement de bois pour le foyer. Il déposa le bois par terre et m'annonça que le temps était venu pour lui de mourir; s'il le savait, c'est parce qu'il n'était plus capable de mener à bien ses tâches et ses responsabilités. Il avait pris conscience au plus profond de lui-même qu'il était temps de quitter ce monde; il accueillerait la mort en cessant de s'alimenter. Pendant trois semaines, je suis restée à son chevet; je n'ai pas essayé de lui offrir des aliments ou de le faire changer d'idée, parce que je comprenais que ce choix s'appuyait sur une profonde réflexion. »

Scott Nearing rendit l'âme moins de trois semaines plus tard; sa décision reposait sur son incapacité à subvenir à ses propres besoins – le thème qui avait inspiré sa vie centenaire. Helen ajouta : « Je me suis résolue à faire la même chose dès que je verrais la même situation se dessiner pour moi. Nous ne devons pas avoir peur de la mort. Il s'agit de l'accueillir lorsque le moment est venu de quitter ce monde et de coopérer avec elle en cessant de s'alimenter. Tout ce que vous allez faire, c'est quitter votre corps ; il ne faut donc pas en faire toute une histoire. »

Le niveau de conscience et de volonté individuelle atteint par Scott et Helen peut susciter la controverse – ils ont d'ailleurs vécu avec celle-ci tout au long de leur vie. La manière dont ils avaient choisi de mourir remet en question des croyances tribales profondément ancrées en ce qui regarde le droit d'intervenir dans le processus de la mort de même que la croyance religieuse selon laquelle il n'y a que Dieu qui puisse déterminer la date et l'heure de notre ultime départ. Cela est peut-être vrai, mais si nous sommes en mesure de reconnaître que notre heure est venue, ne sommes-nous pas alors libres de coopérer ? Le détachement auquel Scott aspira toute sa vie – porté vers des idéaux inspirés par la vérité seule – lui avait peut-être mérité la bénédiction d'apprendre par la « voie intérieure » que son heure était venue. Plutôt que de dépérir par la maladie, il coopéra avec son intuition et demeura pleinement conscient jusqu'au moment ultime. N'est-ce pas là après tout la portée véritable de l'éveil de la conscience ? Mourir consciemment est sans aucun doute l'une des bénédictions découlant d'une vie inspirée.

Helen disparut en septembre 1995, durant la rédaction de ce livre. Elle succomba à une crise cardiaque alors qu'elle était au volant de sa voiture. Elle m'avait dit qu'elle quitterait cette vie après avoir terminé son prochain livre. Elle a tenu parole.

Nous avons une peur si grande de la mort, à cause de notre esprit tribal, que nous sommes le plus souvent susceptibles de l'enterrer sous les superstitions. Nous nous souviendrons de Scott et de Helen non seulement parce qu'ils ont contribué à approfondir nos connaissances en matière d'autosuffisance, mais également comme deux êtres ayant manifesté leur foi inébranlable dans la continuité de la vie au-delà de sa forme matérielle.

SOGYAL RINPOCHE

Sogyal Rinpoche est un maître spirituel reconnu et l'auteur du *Livre tibétain de la vie et de la mort*. Il s'est acquis une renommée internationale en tant que « Rinpoche au cœur rieur », étant doté d'une personnalité pleine d'humour.

J'ai fait la connaissance de Sogyal chez lui à Paris, en 1985. Je n'avais jamais été en présence d'un Rinpoche auparavant, mais j'avais beaucoup lu sur les maîtres tibétains et j'avais très hâte de vérifier l'exactitude de mes connaissances. J'avais lu, par exemple, que nombre d'entre eux avaient défié les lois du temps et de l'espace, qu'ils étaient capables de se soulever par lévitation et de courir à des vitesses pouvant aller jusqu'à soixante kilomètres à l'heure. J'avais aussi appris que lorsqu'une question est posée à un maître tibétain au sujet de ses propres « pouvoirs », il fait dévier l'attention qu'on lui porte en parlant d'un autre maître plus évolué que lui.

En route vers la résidence de Sogyal, je me mis à me demander ce qu'on allait nous servir pour le dîner. N'ayant aucune connaissance des coutumes tibétaines, je m'imaginais toutes sortes de choses ridicules – allions-nous par exemple méditer pendant des heures avant de passer à table ? Il s'avéra que Sogyal avait commandé des mets chinois d'un restaurant ; nous les avons mangés assis par terre dans son bureau, en nous servant directement des contenants dans lesquels ils avaient été livrés.

Lorsque l'atmosphère devint plus propice à la discussion de sujets sérieux, je demandai à Sogyal : « Est-il vrai que vous êtes capable de vous soulever par lévitation ? » Il éclata de rire – d'un rire convulsif, devrais-je préciser – et puis il me répondit : « Oh ! Moi je ne peux pas, mais mon maître, lui, savait le faire. » Je lui demandai alors : « Est-il vrai que grâce à votre pratique de la méditation vous êtes capable de courir à des vitesses extraordinaires ? » Ma question déclencha à nouveau l'hilarité de Sogyal, qui répondit de la même façon : « Oh ! Moi je ne peux pas, mais mon maître, lui, savait le faire. » Ses réponses correspondaient exactement à ce que j'avais lu : un maître tibétain détourne toujours l'attention vers les pouvoirs de quelqu'un d'autre. Puis je songeai que Sogyal lisait peut-être dans mes pensées et qu'il savait d'où je tirais ces renseignements et mes questions. Je finis par lui dire : « Je n'ai plus de questions à vous poser. Y a-t-il quelque chose que vous souhaiteriez me dire ? »

« Je voudrais vous raconter comment mon maître est mort », me répondit-il. « Il avait fait appel à ses astrologues pour que ceux-ci lui tirent son horoscope, afin de déterminer quel serait le moment parfait pour lui de retirer son âme des énergies terrestres. Il était doté d'un esprit très puissant et souhaitait s'en aller sans causer de répercussions énergétiques. Vous n'êtes peut-être pas au courant de ces choses : lorsqu'une âme quitte la terre, la sphère énergétique dans son entier est perturbée. Lorsqu'il s'agit d'une âme très puissante, cet effet est encore plus dramatique.

« Ses astrologues suggérèrent donc le jour et l'heure parfaits. Il annonça alors à ses étudiants que c'était le moment où il allait partir. Et c'est exactement ce qu'il fit. Ce jour-là, il médita avec ses étudiants, les bénit, puis ferma les yeux et libéra son âme de son enveloppe corporelle. »

Je demandai à Sogyal si son maître avait choisi de mourir parce qu'il était malade. Une fois de plus ma question suscita chez lui un accès de rire presque incontrôlable et il répondit : « Malade ? Que vient faire la maladie là-dedans ? L'heure de notre naissance correspond au moment parfait où notre énergie pénètre la terre ; il existe également un moment parfait pour son départ. Mon maître n'était pas malade ; il avait atteint la complétude. Nous ne sommes pas destinés à mourir de maladie et dans la souffrance. L'esprit conscient est capable de libérer l'âme du corps sans avoir à supporter la douleur de la déchéance physique. Ce choix est à la disposition de tous les êtres humains. »

Selon Sogyal, la maîtrise spirituelle est un état de conscience supérieure, celle-ci « ne sachant pas être en contradiction avec le Divin » ; les choix qu'elle privilégie sont les mêmes que ceux du Divin. Le maître de Sogyal avait atteint un état de conscience où la question du choix – de croire qu'une alternative peut être meilleure qu'une autre – ne se pose plus. À un tel stade de perfection, selon les termes de Sogyal, tout choix est judicieux. Son maître est un exemple d'un esprit éclairé, dans la mort comme dans la vie.

CULTIVER LE DÉTACHEMENT ET ACQUÉRIR LA VISION SYMBOLIQUE

Scott et Helen Nearing et Sogyal Rinpoche sont des êtres qui ont su tirer profit de la force pouvant émaner d'un esprit détaché. Les mots ont cependant leurs limites lorsqu'il s'agit de décrire la conscience, à cause du caractère ineffable de la spiritualité. Tout comme l'exprime si bien ce *koan* zen : « Si vous pouvez désigner ce que c'est, alors ce n'est pas ce dont il s'agit. »

Je garde un souvenir précis du professeur qui m'a initiée aux pensées du bouddhisme et de l'hindouisme. En guise d'examen final, elle avait conduit ses cinq étudiants, dont j'étais, dans un lieu de retraite pour une fin de semaine en nous donnant des instructions précises : interdit de prononcer une parole et défense d'apporter une montre ou une horloge. Durant la nuit, elle allait réveiller un étudiant, lui demandait de se mettre en position du lotus et l'interrogeait. En quels termes un chrétien parle-t-il de la nature de Dieu ? Comment un bouddhiste s'exprime-t-il sur la nature de la réalité ? Quelle est la vérité sur la vie éternelle ? Quel but devons-nous atteindre dans cette vie ? Ses questions étaient pénétrantes ; elle ne cherchait pas à évaluer la qualité de nos réponses mais plutôt à mesurer notre attachement à l'une ou l'autre école de pensée. Si elle sentait que nous étions restés attachés à une vérité en particulier, elle concluait alors que nous n'avions pas saisi l'essence de son cours, c'est-à-dire que toutes les vérités se valent en tant que vérités. Leur enveloppe culturelle n'est qu'une illusion. Aux yeux de mon professeur, voilà à quoi correspondait essentiellement l'éveil de la conscience : c'était la quête d'une vérité dépouillée de toute forme sociale ou culturelle. Lorsque je réfléchis à l'influence qu'a eue ce professeur dans ma vie, je dois reconnaître qu'elle a préparé chez moi le terrain propice au développement de la vision symbolique.

De quelle manière pouvons-nous nous servir de notre esprit afin de raffiner notre faculté de perception et de savoir percer les illusions ? Comme c'est le cas avec tous les buts dignes d'être atteints, il est nécessaire d'adopter une forme de discipline quelconque afin de pouvoir faire des progrès. Le cas qui suit procure un exemple de ce qu'il ne faut pas faire si l'on veut entreprendre la tâche d'élargir sa conscience.

Oliver était un homme d'affaires très prospère, mais il était parvenu à un stade où il souhaitait aussi faire autre chose, quelque chose qui donnerait plus de sens à sa vie. Il s'engagea alors dans divers projets à caractère social, mais aucun de ceux-ci ne semblait lui convenir. Il pria afin d'être guidé pour comprendre enfin ce qu'il devrait faire de sa vie. Il finit par prendre rendez-vous avec un grand maître spirituel de renommée internationale. La rencontre dura dix minutes, pendant lesquelles celui-ci déclara à Oliver que la tâche de ce dernier était « d'attendre et de se préparer ». Par conséquent, il se mit à « attendre » – il attendit à Paris, à Rome, en Orient. Il logeait dans des hôtels cinq étoiles et sirotait des cappuccinos sur la Riviera. Il décida enfin que la consigne ne lui servait à rien. Il se remit à rendre visite à des organismes de charité et à signer des chèques pour les aider, mais cela ne suffisait pas à combler les désirs de son cœur. À mon avis, la directive que le maître spirituel avait donnée à Oliver était bien la seule que celui-ci ne pouvait réaliser par le biais de l'argent. S'il avait été capable « d'attendre », dans le sens spirituel du terme, de se recueillir et d'accepter de faire les quelques humbles pas qu'on lui demandait de faire, il aurait eu tout au moins un début de réponse à ses questions.

L'enjeu spirituel que représente « l'attente » et la possibilité de s'épanouir sur le plan individuel constituent une contribution plus importante que celle de financer la construction d'un nouvel hôpital. Voilà qui peut nous sembler difficile à comprendre. Nous avons l'habitude de n'accorder que peu de valeur aux choses invisibles ; nous devenons incapables de témoigner de la force qui se dégage d'une psyché saine. Par conséquent, le travail accompli par ceux et celles qui sont « en attente et en devenir » peut souvent sembler insignifiant.

Or, accepter d'être « en attente et en devenir » correspond sur le plan symbolique à « l'appel de l'ordination » – c'est-à-dire de laisser le Divin remuer cette partie de l'âme qui est essentiellement destinée à faire le bien d'autrui et le sien. L'exemple qui suit illustre bien en quoi consiste un tel cheminement spirituel, celui d'une femme qui en vint à être connue sous le nom de « Peace Pilgrim ». Elle se désigna elle-même par ce seul nom durant les vingt-cinq dernières années de sa vie (*Peace Pilgrim* signifie « pèlerin pour la paix » NdÉ).

Peace Pilgrim vivait une existence humble et recueillie, priant pour qu'on lui indique sa voie. À l'âge de cinquante-deux ans, sa voix intérieure lui conseilla d'entreprendre une marche incessante pour la paix ; c'était là les directives qu'elle avait reçues pour son ordination. C'est alors qu'elle se mit en route, avec pour seuls vêtements ceux qu'elle portait, « marchant jusqu'à ce que quelqu'un lui offre un endroit pour dormir et ne mangeant que ce qu'on lui offrait ». Sa vie devint un témoignage probant de la force que procurent la foi en Dieu et le fait de s'en remettre à Lui pour combler tous nos besoins.

En vingt-cinq ans de pèlerinage, Peace Pilgrim réussit à toucher des centaines de milliers de personnes ; le lien remarquable qu'elle entretenait avec le Divin était source d'émerveillement. Je l'entendis raconter deux histoires qui me touchèrent profondément. Un jour, alors qu'elle marchait sur une route de campagne, la température s'était soudainement mise à se refroidir. Elle n'était pas préparée à ce changement brusque et elle était transie jusqu'à la moelle. Elle entendit une voix lui dire : « Va te réfugier sous le prochain pont. » Elle obéit et, une fois sous le pont, découvrit une grande caisse, assez grande pour qu'elle puisse s'y coucher, dans laquelle il y avait un oreiller et une couverture. Peace Pilgrim me racontait cette histoire en pensant de toute évidence que je comprendrais que c'était Dieu qui avait déposé là ces objets.

Sa vie avait connu des cycles au cours desquels elle avait fait l'apprentissage du conflit, d'abord extérieur, puis intérieur. Après avoir confié sa vie à Dieu, elle reçut enfin la bénédiction d'être capable d'apprendre sans être visitée par le doute intérieur. Peace Pilgrim devint une source intarissable de sagesse et d'intelligence divine, attributs respectifs des sefirôt de Hôkma et de Bina. Elle devint l'exemple même d'une âme ayant reçu l'ordination, dotée d'une vision symbolique pénétrante, vivant en totale harmonie avec le Divin. Ses consignes à l'intention d'autrui étaient d'une authenticité désarmante : « Je ne mange pas de cochonneries et je ne pense pas à des cochonneries. » Traduction : Honorez le corps, l'esprit et l'âme.

Acquérir un esprit détaché est le travail de toute une vie, d'abord parce que c'est une entreprise difficile, et ensuite parce que cela nous conduit au cœur même de nos illusions et de nos peurs. Cette tâche commence par le dedans et constitue une démarche qui apporte inévitablement de nombreux changements dans notre vie. Je n'ai encore jamais rencontré personne qui s'y soit engagé et qui n'ait pas fait l'expérience de « l'attente », cette période durant laquelle l'univers intérieur est remodelé. Comme dans tout ce qui concerne les choses de l'âme, une fois que nous nous sommes engagés sur cette voie, il est impossible de rebrousser chemin.

Les directives qui suivent fournissent un point de départ pour qui cherche à cultiver un esprit détaché et à acquérir la vision symbolique, de même que la capacité de voir au-delà des illusions et de percevoir les énergies invisibles à l'œuvre. J'ai mis ces consignes au point en m'inspirant à la fois des sefirôt de Hôkma et Bina et du sixième chakra. Vous arriverez peut-être, en suivant ces instructions, à atteindre la vision symbolique et à vous rapprocher de la sphère du raisonnement divin.

• Pratiquez l'introspection et devenez conscient des croyances que vous entretenez et des raisons qui les justifient.

• Gardez l'esprit ouvert et apprenez à vous rendre compte des situations où celui-ci « se ferme ».

• Prenez conscience du fait qu'être sur la défensive ferme votre esprit aux idées nouvelles.

• Accordez à toute situation et à toute relation humaine une portée symbolique, même si vous ne vous sentez pas capable de comprendre tout de suite exactement de quoi elles retournent.

• Restez ouvert à l'inspiration et aux conseils qui pourraient vous être transmis par le biais de vos rêves.

• Cultivez une attitude de détachement. Prenez vos décisions en vous basant sur le jugement le plus sage auquel vous puissiez arriver, plutôt qu'en cherchant à en influencer le résultat.

• Gardez-vous de porter des jugements – non seulement à l'égard des gens et des situations, mais aussi en ce qui concerne l'ampleur ou la portée des tâches à accomplir. Souvenez-vous plutôt de la vérité supérieure qui suit : il est impossible de considérer tous les angles et tous les détails d'un problème à la fois, et de prédire les conséquences à long terme de nos actes.

• Apprenez à identifier les situations dans lesquelles vos pensées et vos gestes sont inspirés par une peur particulière. Adoptez immédiatement une attitude de détachement à l'égard de celle-ci en observant l'influence qu'elle opère sur votre esprit et sur vos émotions. Faites ensuite des choix qui affaibliront son emprise sur vous.

• Détachez-vous de ces valeurs qui prônent qu'une vie réussie n'est possible qu'à travers la réalisation de certains objectifs. Considérez plutôt que celle-ci est le fruit d'une démarche qui consiste à aspirer à la maîtrise de soi et à relever les défis qui sont mis sur notre route. Imaginez la réussite comme une force de nature énergétique plutôt que physique.

• Soyez à l'écoute de votre guide intérieur et ne cherchez pas à obtenir la preuve que la voie qu'il vous indique est juste. Plus vous aspirerez à obtenir cette justification, moins il est probable que vous l'obtiendrez.

• Accordez toute votre attention au moment présent – gardez-vous de vivre dans le passé ou de vous inquiéter de l'avenir. Apprenez à faire confiance à l'invisible plutôt qu'aux réalités tangibles.

L'ÉVEIL DE LA CONSCIENCE

S'éveiller à la conscience est une démarche qui n'a rien de facile. Ma vie me semblait beaucoup plus simple autrefois ; prendre conscience du poids et de la portée des choix que nous faisons entraîne inévitablement une prise de responsabilité. Abandonner sa part de responsabilité à autrui peut sembler, du moins momentanément, beaucoup plus facile. Une fois qu'on y a réfléchi cependant, il devient de plus en plus difficile de continuer à se faire des illusions à ce sujet.

Je suis de tout cœur avec les personnes qui ont entrepris une démarche visant à les affranchir de leurs attitudes négatives et des souvenirs douloureux. Celles-ci me disent : « Dites-moi comment, et je le ferai. » Nous sommes constamment à la recherche de l'exercice de méditation facile ou de recettes qui nous aideront à sortir du brouillard, mais la conscience n'opère pas de cette façon. Ironiquement, il existe en effet une méthode simple, seulement elle n'est pas facile à adopter : elle consiste à lâcher prise. Il vous faut abandonner toutes les idées que vous vous étiez faites sur ce à quoi votre vie devrait ressembler, et accueillir la vie qui se cherche une voie vers votre conscience.

Tant de personnes à la recherche de leur propre voie se retrouvent dans cet état incontournable, mais déroutant, qu'est l'attente. Le désir de se laisser guider par le Divin se fait sentir chez chacune d'elles, mais elles demeurent toutefois tourmentées par la peur qu'elles devront renoncer au confort physique si elles s'abandonnaient vraiment. Elles sont donc en attente, jusqu'à ce qu'elles acquièrent la force nécessaire pour s'affranchir de cette peur et accueillir cette vérité profonde : « tout se passera bien » – « bien » ne correspondant pas nécessairement à notre définition en tant qu'être humain, mais certainement à celle de Dieu.

Un homme appelé Toby prit un jour rendez-vous avec moi ; il souffrait de dépression grave, d'arthrite et d'impuissance. En scrutant son énergie, je reçus l'impression que sa santé avait commencé à se détériorer presque immédiatement après son cinquantième anniversaire. En fait, il croyait qu'une fois atteint cet âge, les meilleures années de sa vie étaient révolues. Je lui fis part de cette impression et il me répondit : « Mais regardez autour de vous. Les occasions d'affaires pour les hommes de mon âge abondent-elles ? Je vis maintenant dans la peur de perdre mon emploi au profit d'un plus jeune que moi ; qu'est-ce que je ferai si ça m'arrive ? »

Je conseillai à Toby d'entreprendre un programme d'exercices physiques pour qu'il se concentre d'abord sur la tâche de rétablir la santé de son corps. Il avait besoin de quelque chose qui lui ferait regagner des forces sur le plan physique et, par la même occasion, sur le plan moral. À ma grande surprise, il s'est montré ouvert à cette suggestion. Il avait différé la décision de devenir membre d'un centre sportif, me dit-il, mais il était d'accord pour le faire.

Puis je lui recommandai quelques ouvrages bouddhistes sur la nature de l'illusion, tout en lui demandant de réfléchir à l'âge et au temps en ces termes. Toby m'arrêta net : « Comment le temps peut-il être une illusion ? »

« Vous êtes en mesure de décider que vous ne vieillirez pas selon l'horaire établi. Vous pouvez jeter le calendrier par-dessus bord et vivre pleinement chaque journée qui s'offre à vous », lui ai-je répondu.

Toby se mit à rire. « Ce serait bien si les choses pouvaient se passer de cette manière », dit-il.

Je répliquai : « Alors essayez. Il vous sera toujours possible de redevenir vieux si ça ne marche pas. Mais essayez autre chose avant de vous y résoudre. » La légèreté nouvelle que j'avais perçue dans la voix de Toby me fit ajouter : « Vous rendez-vous compte que pendant quelques instants vous n'étiez plus déprimé ? »

Toby fit une pause. « Vous avez raison. Je ne m'étais pas du tout rendu compte que j'étais déprimé. »

« Et en ce moment précis, souffrez-vous de douleurs arthritiques ? » lui demandai-je.

« Je dois avouer que non, pas en ce moment. Il faut dire cependant qu'elles vont et viennent. »

« Mais dans l'instant présent, lorsque vous songez à la possibilité que vous pourriez vous sentir libre et heureux, vous n'êtes plus déprimé ni souffrant, n'est-ce pas ? »

« C'est exact. »

« Donc, en supposant que vous accordiez la préférence à une attitude positive et que vous posiez des gestes salutaires, vous vous sentirez de mieux en mieux et vous recouvrerez vos forces, y compris votre énergie sexuelle. »

Toby répliqua : « D'accord. Mais que se passera-t-il si je suis incapable de rester positif ? Tous mes problèmes referont surface, n'est-ce pas ? »

« C'est exact. »

« Vous êtes donc en train de me dire que je suis responsable de mes humeurs et de mon arthrite, et que la dépression ne fait qu'accroître la douleur. Tout cela dépend de moi. »

« C'est bien ce qu'il me semble. »

« Vous auriez dû vous faire avocate », répondit Toby. « Cela m'a donné à réfléchir. Je ferai tout ce que je peux. »

Je reçus une carte postale de la part de Toby quatre mois plus tard. Lui et sa femme étaient en croisière. On pouvait y lire : « Nous faisons un voyage merveilleux – jour et nuit. »

Il n'arrive pas souvent qu'une seule conversation suffise à transformer la vie de quelqu'un, mais Toby était préparé à analyser ses attitudes et à reconnaître qu'il avait choisi de se complaire dans le négativisme. Dans un cas comme celui-là, quand une personne accueille avec autant de spontanéité l'énergie de la sagesse, je ne peux m'empêcher d'imaginer que les forces spirituelles à l'œuvre dans notre champ énergétique, à l'exemple de Hôkma, la sefira de la sagesse, n'attendent qu'une occasion pour pénétrer notre conscience.

Carrie, une femme de trente-quatre ans, m'appela au téléphone en disant : « Quelque chose ne va pas. »

« D'accord, quel est le problème ? » demandai-je.

« Je ne suis plus capable de faire mon travail, ni de penser, ni de faire quoi que ce soit », répondit-elle.

En scrutant son énergie, je pris immédiatement note du fait que son esprit n'était pas « dans » son corps, pour m'exprimer de manière symbolique. Il était rempli d'images qui n'avaient rien à voir avec sa vie actuelle, mais qui évoquaient plutôt une vie spirituelle vécue dans la solitude, quelque part en campagne, dans une région éloignée.

« Qu'est-ce que vous lisez ces jours-ci ? » lui demandai-je.

Carrie me donna une liste de titres ayant tous un rapport avec la spiritualité. Puis elle me confia : « Je ne cesse de penser que ma place est au Nouveau-Mexique. J'y suis allée l'an dernier pour une retraite, et j'eus alors cette sensation merveilleuse que je devrais m'y installer. Je ne connais personne qui habite là-bas, mais je ne peux me défaire de cette idée. »

En discutant avec elle de ce sentiment, j'expliquai à Carrie, en me référant au symbolisme du sacrement de l'ordination, qu'il arrive quelquefois que des personnes se sentent attirées par un lieu, et qu'il serait peut-être sage de répondre à cet appel.

Carrie se mit à pleurer, disant se sentir terrifiée à la fois par l'idée de partir et par celle de rester. « J'ai l'impression que ma vie est là-bas et que tout ce que j'aurais besoin de faire, c'est de couper le cordon, mais je n'ai aucune idée de ce qui m'attend. »

Je lui demandai ce qui l'avait motivée à faire une retraite fermée.

Elle répondit qu'elle avait été très inspirée par l'histoire d'une femme qui avait déclaré à Dieu : « Montre-moi la vérité. Je ne désire rien d'autre. » Cette femme avait apparemment vécu une vie remarquable après avoir fait cette prière. « Je ne suis pas missionnaire, dit Carrie, mais j'aspire à vivre de manière authentique. Je n'ai pas le sentiment d'y arriver par mon travail de juriste à Detroit. J'ai du respect pour les gens avec qui j'exerce mon métier et je suis reconnaissante de pouvoir aider autrui grâce à celui-ci, mais ma vie n'a malgré tout pas de sens pour moi, et je ne peux plus continuer ainsi. »

Je lui répondis : « Ce n'est pas dans mes habitudes de dire aux gens où ils doivent habiter, mais je crois sincèrement que vous feriez mieux de suivre cette voix qui vous appelle. »

Carrie finit par déménager au Nouveau-Mexique. Elle abandonna le droit et, à sa grande surprise, une fois installée dans sa nouvelle maison, elle se sentit attirée par le métier de sage-femme ; c'est une idée qui ne lui avait jamais traversé l'esprit lorsqu'elle était à Detroit.

Elle m'écrivit plusieurs fois pour me donner de ses nouvelles ; à chaque lettre, elle parlait de la sensation de vivre qui se propageait peu à peu en elle. « Je sens un courant d'énergie parcourir mon corps à chaque fois que je m'approche d'une femme enceinte. Je commence à saisir la nature de cette substance qu'on appelle énergie. Lorsque j'habitais Detroit, j'avais rejeté cette idée comme étant le produit d'une imagination trop fertile, mais je crois maintenant qu'il existe au sein de notre univers une force consciente qui alimente la vie, et que cette force coule en nous », écrivit-elle dans une de ses lettres.

À mes yeux, Carrie avait trouvé là sa vocation. Les personnes dont la vie est à ce point inspirée m'émerveilleront toujours.

La quête de la conscience est une idée souvent plus attrayante en théorie qu'en pratique. Les livres et les conversations qui traitent de ce sujet nous permettent de rêver à la terre promise sans avoir à faire quoi que ce soit pour transformer nos vies. La notion même de terre promise suffit souvent à enthousiasmer les gens, du moins temporairement. Dans une certaine mesure, c'est exactement le jeu auquel ceux qui courent les conférences se prêtent – en s'intoxiquant de bonnes paroles, puis en retournant chez eux sans lever le petit doigt pour changer quoi que ce soit.

L'auteur britannique Graham Greene dut attendre deux ans et demi avant d'obtenir une entrevue de quinze minutes avec le mystique catholique *Padre* Pío, qui résidait dans un monastère en Italie. Ce dernier s'était acquis une réputation extraordinaire de « saint vivant », entre autres parce que les stigmates – les blessures du Christ – étaient apparus sur son corps alors qu'il était jeune prêtre. Au jour dit, Greene assista d'abord à une messe récitée par *Padre* Pío. Leur rendez-vous devait se dérouler après la messe. Mais Greene quitta l'église, se rendit à l'aéroport et prit un avion pour Londres. Lorsqu'on lui demanda pourquoi il ne s'était pas présenté au rendez-vous, il répondit : « Je ne suis pas prêt à subir l'influence que cet homme pourrait avoir sur ma vie. »

À un moment ou à un autre, l'esprit se sature d'information, et vient le moment où deux niveaux de réalité ne peuvent plus s'y chevaucher. En dépit de tous nos efforts, nous ne pouvons continuer ce va-et-vient entre vérité et illusion. Le changement viendra inévitablement nous tirer vers l'avant.

Il y a quelques années, je fis la rencontre d'un homme du nom de Dan ; celui-ci suivait un cours sur la conscience et la conduite des affaires. Il s'était dit avoir été très inspiré par la présentation du conférencier, qui avait démontré comment on pouvait mettre en application les principes holistiques en santé dans ce domaine ; par exemple, ce que pouvaient apporter une attitude positive et la force unifiée de l'esprit et du cœur. Durant les semaines qui avaient suivi la conférence, Dan avait partagé librement ses nouvelles connaissances avec ses collègues. Il croyait qu'il pourrait leur communiquer son enthousiasme et que tous se sentiraient inspirés à être mieux avisés dans leur travail.

L'optimisme de Dan fut mis à l'épreuve lors de la mise en œuvre d'un nouveau projet par la société. Il incita ses collègues à se représenter mentalement la réussite et l'abondance. Le premier jour, il alla même jusqu'à les réunir afin qu'ils fassent de la méditation en groupe. Suite à cela, son patron prit Dan à part pour lui demander de laisser ses nouvelles techniques de « magie » chez lui. Le projet n'eut pas le succès prévu, et Dan devint la cible de critiques incessantes, à un point tel qu'il finit par donner sa démission. Il sombra dans le désespoir au cours des mois qui suivirent. Puis, un jour, une de ses anciennes collègues demanda à le voir. Dan apprit que plusieurs employés de la société, témoins de son enthousiasme pour ces nouvelles idées, avaient cru qu'il était devenu membre d'une secte et s'en étaient inquiétés.

Cette conversation fit prendre conscience à Dan qu'il avait fait une erreur de jugement. Il avait cru que ses anciens collègues seraient tout aussi prêts que lui à adopter de nouvelles règles ; mais il n'en était rien. Il avait voulu que son milieu de travail devienne spontanément le reflet parfait des notions qu'il avait retenues de la conférence. Il sentait qu'il lui serait difficile de continuer à y travailler, ses nouvelles valeurs ne correspondant pas à celles qui étaient prônées par la société qui l'employait. Dan finit par accepter que son départ était en fait la meilleure chose qui lui soit arrivée parce qu'il lui permettrait de trouver un milieu de travail plus approprié ; peu de temps après, il se lançait sur une nouvelle voie.

Élargir sa conscience signifie que les règles qui nous orientent doivent changer, de même que les croyances que nous entretenons. Nos souvenirs et nos attitudes sont littéralement des règles qui déterminent notre qualité de vie de même que la force de nos liens affectifs. Chaque étape de cette démarche est marquée par une période d'isolement et de solitude, durant laquelle nous nous éveillons à un niveau de vérité plus élevé. Personne ne demeure cependant seul bien longtemps.

Les énergies qui émanent des sefirôt de Hôkma et de Bina nous propulsent de plus en plus profondément vers la conscience, et elles s'allient au désir profond de trouver notre vocation propre – celle qui nous mènera à l'ordination, cette voie grâce à laquelle nous saurons enfin mettre au service d'autrui le meilleur de notre esprit, de notre corps et de notre âme.

QUESTIONS POUR UN EXAMEN DE CONSCIENCE

Identifiez chez vous les croyances qui vous font interpréter de manière négative les actions faites par autrui.

Identifiez les comportements négatifs qui refont toujours surface dans vos rapports avec autrui.

Parmi vos attitudes, identifiez celles qui vous incitent à vous dévaloriser.

Quelles sont les croyances auxquelles vous vous accrochez toujours tout en sachant qu'elles sont fausses ?

Êtes-vous porté à juger autrui ? Si tel est le cas, identifiez les situations ou les rapports qui vous incitent à agir ainsi.

Vous trouvez-vous des excuses pour justifier un comportement négatif ?

Vous est-il arrivé de prendre connaissance de vérités plus profondes que celles qui vous sont familières et de vous sentir intimidé par elles ?

Quelles sont les croyances et les attitudes que vous aimeriez voir changer chez vous ?

Savez-vous faire preuve de détachement en pensant à votre vie ?

Les changements qui pourraient se produire dans votre vie, si vous vous engagiez sur la voie de la conscience, vous font-ils peur ?

Chapitre sept

LE SEPTIÈME CHAKRA :
NOTRE LIEN À LA SPIRITUALITÉ

Le septième chakra est le lien à notre nature spirituelle et permet à celle-ci de devenir partie intégrante de notre corps physique et de nous guider. Notre système énergétique dans son entier est animé par l'âme, et le septième chakra nous fait aspirer à établir une relation intime avec le Divin. C'est le chakra de la prière. C'est aussi le « coffre-fort » dans lequel s'accumule la grâce, sorte d'entrepôt de l'énergie découlant des pensées et des actions justes, de même que des actes de foi et de prière. Le septième chakra nous procure un lien avec la dimension transcendante de la vie.

Emplacement : Dessus de la tête.

Lien énergétique avec le corps physique : Le septième chakra est le point d'entrée de la force vitale qui se déverse sans cesse dans le système énergétique humain et qui provient de l'univers tout entier, de Dieu ou du Tao. Cette force est une nourriture pour le corps, l'esprit et l'âme. Elle est distribuée à travers les six chakras inférieurs et le corps physique, et relie celui-ci dans son entier au septième chakra. L'énergie qui se dégage du septième chakra exerce une influence sur l'énergie des systèmes principaux de l'organisme : le système nerveux central, le système musculaire et la peau.

Lien énergétique au corps affectif et mental : L'énergie du septième chakra génère la dévotion, les pensées prophétiques et édifiantes, les idées transcendantales et les liens mystiques.

Lien symbolique et perceptuel : Le septième chakra est le siège de la forme d'énergie la plus pure, qu'on peut appeler la grâce ou *prana*. Il accumule l'énergie produite par la prière et la méditation et protège notre faculté de vision symbolique. C'est le centre énergétique d'où émanent les illuminations, les visions et les intuitions spirituelles dépassant la conscience humaine ordinaire. Le septième chakra correspond à la dimension mystique dans laquelle un rapport conscient peut s'établir avec le Divin.

Peurs fondamentales : Les peurs associées aux enjeux spirituels tels que la « nuit obscure de l'âme » ; la peur de l'abandon spirituel, et la peur de perdre son identité et tout lien avec la vie et les gens qui nous entourent.

Forces fondamentales : La foi en la présence du Divin de même que toutes ses manifestations : l'inspiration, les intuitions liées à la guérison, un degré de confiance qui surpasse les peurs humaines habituelles ; la dévotion.

Lien aux sefirôt et aux sacrements : La sefira reliée au septième chakra est Keter, terme qui signifie « couronne ». Les traditions spirituelles orientales identifient le septième chakra comme celui de la couronne. Keter symbolise le « néant », l'énergie à partir de laquelle le matériel prend forme ; il est éternel, sans commencement ni fin. Le sacrement associé au septième chakra est l'extrême-onction, ce rite administré aux mourants. Sur le plan symbolique, l'extrême-onction représente l'acte de rappeler notre âme égarée dans les « recoins » de notre vie et dans tout ce qui est inachevé ; ou encore, l'acte de s'affranchir des regrets dans lesquels la conscience s'enlise, par exemple les paroles qui auraient dû être prononcées mais qui ne le furent pas, ou qui n'auraient pas dû être dites. L'inachevé se rapporte aussi aux relations auxquelles nous aurions voulu mettre un terme autrement, ou à des chemins que nous aurions voulu emprunter mais sur lesquels nous ne nous sommes pas engagés. Au terme de notre vie, nous mettons consciemment les souvenirs au repos, en assumant les choix que nous avons faits dans le passé et en renonçant définitivement à l'idée que les choses auraient pu se passer autrement. Voilà le sens profond de l'expression « rappeler son âme à soi » ; ce geste nous permet de quitter ce monde et de retourner entier vers la dimension spirituelle.

Les dernières paroles de Jésus sur la croix sont peut-être à l'origine de ce sacrement. Il déclara à sa mère et à Jean : « Femme, voici ton fils. Jean, voici ta mère. » Il porta ensuite son regard vers Dieu et dit : « Pardonne-leur, car ils ne savent pas ce qu'ils font » de même que « C'est accompli. Je remets mon âme entre tes mains. » De telles paroles servent à clore notre existence et nous préparent à assumer à nouveau notre identité spirituelle et éternelle.

Par ailleurs, mais toujours du point de vue symbolique, le rite de l'extrême-onction devrait être accompli à différentes étapes de notre vie lorsque, par exemple, nous nous trouvons à une croisée des chemins, et que nous nous trouvons forcés de nous détacher de quelque chose. Moins nous nous accrocherons au monde matériel, plus nous serons en mesure d'accéder consciemment à l'énergie de Keter, ou du chakra de la couronne, notre lien transcendantal au Divin.

Vérité sacrée : L'énergie du septième chakra nous incite à chercher à établir un lien avec le Divin dans tout ce que nous faisons. Cependant, ce désir de spiritualité diffère de celui qui nous fait pratiquer une religion. Celle-ci est d'abord et avant tout une expérience de groupe, dont le but est de *protéger ce dernier*, en particulier des menaces de nature matérielle : de la maladie, de la pauvreté, de la mort, des bouleversements sociaux et même de la guerre. La religion est ancrée dans les énergies des chakras inférieurs. La spiritualité, au contraire, est une expérience de nature *individuelle* dont le but est de s'affranchir des peurs qui habitent le monde matériel et d'établir un lien avec le Divin. La vérité sacrée qui découle du septième chakra nous indique qu'il faut *vivre dans le moment présent*.

La recherche personnelle d'un lien spirituel est une expérience qui nous secoue jusqu'au plus profond de notre être. La prière consciente ou inconsciente que nous formulons alors pourrait se résumer de la manière suivante : « Je ne recherche plus la protection du groupe auquel j'appartiens ni l'aide d'un intermédiaire. Je souhaite que Tu sois dans ma vie et la libère de tout obstacle – individu, lieu, occupation – qui pourrait m'empêcher d'établir un lien intime avec Toi. » Comme l'a écrit Maître Eckhart dans *L'âme ne fait qu'un avec Dieu*, le but ultime du mystique est de nature identitaire : « Dieu est amour, et celui qui aime est en Dieu et Dieu est en lui. »

Dans notre quête d'harmonie avec le Divin, nous demandons aussi que toutes les « illusions » soient chassées de notre vie, qu'elles soient de nature matérielle, psychologique ou affective. Une fois ce processus de détachement entamé, une voix s'éveille en nous qui fait concurrence à tout objet extérieur qui puisse avoir une emprise sur nous, nous tourmenter ou nous faire souffrir de « schizophrénie » sur le plan spirituel.

Un homme qui exerçait la profession de travailleur social prit un jour rendez-vous avec moi parce que, disait-il, il sentait la présence d'anges autour de lui. Il était habité par un sentiment d'impuissance dans son travail, ayant l'impression de ne rien faire qui puisse véritablement aider les âmes démunies et les désespérés qui défilaient dans son bureau. « Je suis rentré à la maison un soir et je suis tombé à genoux en disant : "Mon Dieu, es-Tu auprès de ces personnes ? Entends-Tu leurs prières ? Elles ont besoin de soutien, et je me sens si impuissant." Le jour suivant, au cours d'un rendez-vous avec une personne venue chercher de l'aide, j'aperçus soudain à ses côtés un ange qui souriait. J'étais stupéfait. Je continuai à parler comme si rien ne s'était passé, mais j'avais du mal à contenir le sentiment d'extase ridicule qui m'envahissait. Je ne cessais de répéter à ma cliente : "Croyez-moi, tout va rentrer dans l'ordre", elle me répondit : "Oui je le crois, je le crois honnêtement", et sortit de mon bureau en souriant. Je vois maintenant des anges partout. Je voudrais pouvoir dire aux gens que le Ciel est partout autour d'eux. Je vivais un tel désespoir avant de faire cette expérience. J'avais la foi, mais je me sentais également désespéré ; je sais que cela semble contradictoire, mais ce ne l'est pas. Je désirais simplement du plus profond de mon cœur pouvoir en faire davantage. »

L'ÉVEIL DE LA SPIRITUALITÉ

Beaucoup d'ouvrages traitent de la nature de la quête spirituelle, mais le plus connu demeure un des premiers qui ont été écrits : *La Nuit obscure*, écrit au XVIe siècle par saint Jean de la Croix. Cet ouvrage classique relate les étapes nécessaires pour se séparer de la tribu et de son esprit (selon les termes qui sont les miens) et établir un lien pleinement conscient avec le Divin. Chaque étape de l'itinéraire de l'auteur fut intensément marquée par l'expérience mystique de la transcendance de même que par la dépression, la folie et un isolement sans pareil.

Au sein de la tradition catholique, les œuvres de saint Jean de la Croix permirent aux individus de se séparer de l'expérience religieuse imposée par le groupe et d'individualiser leur croissance spirituelle. La vie monastique était devenue une façon de transcender les paramètres religieux habituels et de rencontrer Dieu directement. Dans les siècles qui suivirent, les Européens, en prenant contact avec d'autres cultures, se rendirent compte que, dans toutes les sociétés, la prière intense, l'introspection et l'autodiscipline pouvaient mener vers l'expérience mystique.

Les monastères et les ashrams, tout comme les dirigeants spirituels consacrés, œuvrent à « contenir » le pouvoir divin à l'intérieur de murs bien gardés. Les personnes ayant rapporté avoir eu des visions et entendu des voix, avoir fait une expérience peu ordinaire de la télépathie et avoir su guérir par la prière et le toucher sont aussi des gens qui ont jeûné jusqu'à tomber d'inanition, qui ont médité sans répit pendant des semaines et qui ont sombré dans des dépressions qui auraient conduit le commun des mortels au bord du suicide. Les témoins de tels parcours, même ceux vivant dans les monastères, ont tenu ces mystiques à distance, de crainte que « l'œil de Dieu » ne cligne en leur direction. Peu nombreux étaient ceux qui étaient véritablement capables de supporter un « contact direct » avec le Divin.

Le deuxième concile du Vatican, tenu dans les années 1960, représente un point tournant dans l'histoire du monde religieux occidental. Ce rassemblement des membres de la hiérarchie catholique mit un terme à des traditions vieilles de plusieurs siècles et les remplaça par une liberté spirituelle s'appliquant à tous sans égard aux antécédents religieux. Le terme *catho-*

lique dénote aussi «l'universalité» de la pensée – symbole particulièrement puissant, lorsqu'on considère que l'Église romaine et catholique a été la première tradition chrétienne. Désormais, sous l'impulsion de Vatican II, la structure fondatrice du pouvoir au sein du christianisme répandait le principe de la liberté spirituelle universelle.

Partout à travers le monde, les gens se mirent à remettre en question les limites de leurs propres traditions religieuses et à explorer les enseignements spirituels proposés par d'autres. Les femmes demandèrent à recevoir l'ordination; les chrétiens affluèrent vers les monastères bouddhiques zen et vers les ashrams hindous; les bouddhistes et les hindous allèrent voir du côté des enseignements chrétiens; les dirigeants religieux des traditions orientales et occidentales se rencontrèrent lors de visites officielles. Les barrières entre l'Orient et l'Occident étaient ainsi en train d'être démantelées, non seulement par des laïques rebelles mais aussi par des érudits comme le moine trappiste Thomas Merton, aujourd'hui décédé, qui, dans un ouvrage classique, *Journal d'Asie*, exposa la nécessité d'explorer les vérités réciproques du bouddhisme et du christianisme.

Pour les individus s'intéressant à la spiritualité, cette nouvelle liberté constituait un point tournant, en regard de la possibilité de «connaître Dieu»; une telle révolution ne s'était pas produite depuis la rébellion de Martin Luther. Les «profanes» apprirent à interpréter le sens profond des Écritures, ce qui contribua à affaiblir le rôle des prêtres et des dirigeants spirituels consacrés. Les murs des monastères, qui jusque-là avaient abrité la «lumière divine» la plus intense, «s'écroulèrent». Dans les années 1950, les Chinois envahirent le Tibet, ce qui força le dalaï-lama à s'exiler de son monastère. Cet exil constitue sans aucun doute l'un des épisodes les plus douloureux de l'histoire du Tibet ; il aura quand même permis aux enseignements du dalaï-lama et d'autres maîtres doués de circuler au sein des communautés spirituelles partout dans le monde et d'avoir une influence sur elles. La lumière divine fut libérée des monastères pour venir habiter d'innombrables « mystiques du monde » – des laïques pouvant embrasser ces enseignements extraordinaires dans leur vie personnelle.

Le mouvement de la religion vers la spiritualité que nous avons décrit ci-haut n'est pas simplement une nouvelle mode sur le plan culturel. Il s'agit plutôt d'une réorganisation archétypale au sein de la communauté planétaire, dont les membres ont maintenant accès aux vérités universelles grâce à la vision symbolique. Celle-ci comprend un sixième sens, l'intuition, qui sert à déceler les rapports qui existent entre tous les systèmes énergétiques de la planète.

Au cours d'un de mes ateliers, une femme parla du lien qu'elle ressentait avec la nature. « Chaque jour, en me préparant à travailler dans mon jardin, je prononce une prière pour invoquer l'aide des esprits gardiens de la nature ; je sens tout de suite que ces êtres énergétiques sont auprès de moi. Si quelqu'un m'avait dit qu'un jour je serais en train de raconter des choses comme celle-ci, je l'aurais traité de cinglé. Cependant, il y a cinq ans, je fus témoin d'un désastre environnemental et je connus une douleur comme je n'en avais jamais vécue auparavant. Je me sentais incapable de la surmonter, jusqu'au jour où, me promenant dans un bois, j'entendis une voix qui semblait venir de quelques centimètres au-dessus du sol. Celle-ci disait : "Aide-nous." Je me mis à pleurer parce que je compris du plus profond de mon âme que c'était le royaume de la nature qui me faisait signe. Ce soir-là j'appelai mon patron et j'abandonnai mon travail comme gérante de magasin. Je n'ai même pas réfléchi à ce que je ferais pour subvenir à mes besoins. Il fallait que je suive cette voix. Je prononçai donc une prière en demandant qu'on m'indique quelle voie suivre pour que je sois utile à la nature. Moins de deux semaines plus tard, une de mes connaissances me demanda si je ne serais pas intéressée à mettre sur pied une petite entreprise pour cultiver et vendre des herbes et des épices. Voilà le moment où ma vie a vraiment commencé, quant à moi. »

Ce sens intuitif du lien qui se propage à l'échelle planétaire nous fait peu à peu évoluer vers une conception *holistique* de la santé et de la maladie, de l'environnement et de la biodiversité, de l'altruisme et de la charité. Ce mouvement vers la cohésion de tous les éléments qui constituent le monde « dans sa globalité » découle de la diffusion de la lumière divine en son sein. Tout se passe comme si l'humanité avait « reçu l'ordre » d'évoluer sur le plan spirituel pour atteindre la vision holistique et se mettre au service d'autrui, le nombre de voies s'étant ouvertes pour ce faire étant infini.

Un mystique du nom de Jim Garrison œuvre dans la sphère politique, à l'échelle mondiale, dans le but de rassembler les peuples et les nations, et de créer un monde meilleur. Jim est âgé de quarante-quatre ans et il est président de la Fondation Gorbatchev et de l'International Foreign Policy Association, de même que président-directeur général de la Diomedes Corporation. Il est également théologien, ayant obtenu son doctorat de l'université Cambridge. On compte, parmi ses réalisations, d'avoir réussi à convaincre Mikhaïl Gorbatchev de mettre sur pied la Fondation Gorbatchev, d'avoir inspiré la création d'un pont spatial entre les astronautes américains et les cosmonautes de l'ex-Union soviétique, et d'avoir lancé le *First Global Forum*, une rencontre entre de nombreux leaders politiques – dont George Bush, Margaret Thatcher et Mikhaïl Gorbatchev – et des voix spirituelles puissantes comme Deepak Chopra et Thich Nhat Hanh, afin de discuter d'une vision nouvelle de la société. Jim est un visionnaire inspiré par la force de l'esprit humain.

Né en Chine de missionnaires américains, Jim a décrit dans les termes suivants sa première expérience spirituelle : « À l'âge de cinq ans, j'entrai par hasard dans un monastère bouddhique d'un petit village à Taïwan, et pour la première fois je vis un moine en train de méditer. Je vis qu'une mouche se promenait sur son visage ; j'étais fasciné parce que le moine ne bougeait pas d'un poil. La mouche s'envola et revint se poser sur son visage ; le moine resta imperturbable. Je me rendis alors compte que cet homme était ailleurs ; je m'assis dans le temple et je continuai à le contempler, tout en me demandant dans mon for intérieur : "Mais où peut-il bien se trouver ?"

« Le dimanche suivant, alors que mon père prononçait son sermon durant la messe, je me rendis compte que je ne croyais pas à ce qu'il disait. Je compris soudain que l'Orient cachait des vérités insoupçonnées et d'une grande richesse, et que c'était une culture qu'on devrait respecter plutôt que de chercher à la convertir. Je fus envoyé dans un pensionnat protestant, et à l'âge de sept ans je fus sévèrement battu parce que je refusais d'accepter ce que les missionnaires nous enseignaient sur Dieu. L'image du moine revint à ma mémoire, me rappelant qu'il était possible d'accéder à un endroit hors du temps et de l'espace ; c'est cette image qui m'aura permis de supporter ces années d'école.

« À l'âge de neuf ans, je me mis à contester certaines conceptions théologiques. Je me rappelle être venu au secours d'une petite fille catholique qui s'appelait Jackie et qui étudiait au même pensionnat. Les autres élèves lui avaient dit que, parce qu'elle était catholique, elle irait en enfer ; je répliquai que ceux qui croient en Dieu ne vont pas en enfer. Je déclarai que le fait qu'elle soit catholique n'était pas important, ce qui me valut d'être enfermé seul dans une cellule pendant deux semaines. Peu de temps après, une des religieuses du dortoir réunit dans une pièce tous les enfants, excepté moi, pour leur donner des bonbons en leur disant qu'ils en auraient davantage s'ils acceptaient de ne pas jouer avec moi jusqu'à ce que j'aie accueilli le Christ dans mon cœur. L'image du moine me revint une nouvelle fois à la mémoire, me rappelant qu'il existe un lieu hors du monde où l'on peut se réfugier pour survivre à celui-ci.

« Une fois que j'eus commencé à pénétrer ce lieu, je me mis aussi à en apprendre les vertus : lorsque vous êtes en présence de l'étroitesse d'esprit, votre tâche consiste à vous ranger du côté de la Lumière – à protéger autrui et à tenir tête à ceux qui ont des idées négatives. C'est de là que vient mon engagement envers la justice sociale. J'ai la conviction que nous sommes habités par l'Esprit, et que celui-ci œuvre à faire progresser l'espèce humaine. Je n'ai jamais travaillé à rien d'autre dans ma vie. J'attribue ma vie et mon travail spirituel à mon refus de renier l'authenticité de l'expérience que j'avais vécue auprès de ce moine. D'une certaine façon, j'ai dû ce jour-là le suivre là où il allait, dans ce lieu intérieur ; jamais depuis je n'ai pu me satisfaire de la conscience ordinaire. Je crois qu'il nous faut parfois méditer, parfois prier, et à d'autres occasions nous mesurer à ce qui se passe dans la rue, si je puis m'exprimer ainsi. Il y a des moments où il est nécessaire que nous vénérions la création et la multiplicité du Divin. Voilà la tâche que doit remplir l'esprit humain. »

L'existence de Jim est celle d'un mystique moderne. Son projet de réunir les leaders du monde au *First Global Forum*, dans le but « de réfléchir à la prochaine étape du développement de l'humanité », a démontré le potentiel de l'esprit humain : un individu seul peut, grâce à la foi, contribuer sensiblement au salut de la planète.

CRISE SPIRITUELLE ET DÉSIR DE DÉVOTION

Les symptômes d'une crise spirituelle sont presque identiques à ceux d'une crise de nature psychologique. En fait, puisqu'une crise spirituelle touche naturellement la psyché, un « mystique débutant » peut ignorer qu'il s'agit d'un trouble de cette nature et décrire ce qu'il ou elle vit en termes psychologiques. Les symptômes s'apparentant à une crise spirituelle sont différents cependant, et on en distingue trois principaux.

Le premier à apparaître correspond habituellement à une impression de vide quant au sens de la vie, qu'il semble impossible de combler par un simple remaniement des circonstances de sa vie. L'envie qui est ressentie est profonde ; ni la perspective d'une augmentation de salaire ou d'une promotion ni le mariage ou une nouvelle relation ne pourront la satisfaire. Les solutions habituelles n'exercent aucun attrait. Bien entendu, certaines personnes n'ont jamais trouvé un sens à leur vie, mais elles se trompent sûrement si elles croient qu'elles peuvent attendre sans bouger que celui-ci frappe tout simplement un jour à leur porte. Les personnes qui se plaignent sans arrêt et celles qui manquent d'ambition ne sont pas en proie à une crise spirituelle. En revanche, celles qui le sont sont habitées par la sensation que quelque chose en elles essaie de s'éveiller ; elles ne savent tout simplement pas comment réagir.

L'émergence de *peurs nouvelles et étranges* est le deuxième symptôme d'une crise de nature spirituelle. Ce ne sont pas des peurs normales, comme la peur d'être abandonné ou de vieillir ; vous avez plutôt l'impression de ne plus savoir *qui vous êtes*, de perdre le sens de votre *identité*. « Je ne sais plus exactement qui je suis ni ce que je désire dans la vie », dira habituellement une personne saturée de l'énergie du septième chakra.

Le troisième symptôme s'exprime par le désir de dévotion à un principe plus grand que soi. Parmi les nombreux manuels de psychologie en circulation aujourd'hui, peu traitent de ce désir fondamental de dévotion. Pourtant, sur les plans biologique et énergétique, nous éprouvons tous le besoin de nous relier à une source de pouvoir qui transcende les limites de l'être humain et les difficultés de celui-ci, une source de miracles et d'espoir en quelque sorte. La dévotion nous permet d'orienter une part de notre esprit conscient vers notre moi éternel inconscient, lequel est notre lien direct avec la présence divine. Même de brefs contacts avec cette dernière et sa puissance infinie suffisent à aider notre esprit conscient à s'affranchir de sa peur de la vie et à détourner notre attention du pouvoir de nature humaine.

Le besoin de dévotion à une puissance supérieure se fixe souvent sur des substituts inappropriés : une entreprise, un parti politique, une équipe sportive, un programme d'exercices physiques, ou même un gang de rue. De tels objets terrestres de dévotion finiront toujours par décevoir d'une manière ou d'une autre. Peu importe la quantité d'exercices auxquels vous pouvez vous astreindre, vous vieillirez malgré tout, même si votre santé en bénéficie. Par ailleurs, on pourrait expliquer une grande part de l'anxiété que les personnes ressentent après avoir été mises à pied par la société à laquelle elles avaient rendu de loyaux services, en avançant que cette loyauté s'apparentait inconsciemment à la dévotion. Nous nous attendons à ce que, en retour de notre dévotion envers les objets et les personnes, nos maux soient pris en charge ; or, nul être humain ni aucune organisation ne détiennent un tel pouvoir. Ce n'est toujours qu'une question de temps avant qu'un scandale ne frappe tout gourou, ministre ou prêtre qui cherche à monopoliser l'énergie de ses fidèles. Nous ne sommes pas destinés à avoir pour objet de dévotion les êtres humains ; la dévotion doit plutôt être dirigée vers le haut et nous entraîner avec elle.

La quête de sens, la perte d'identité de même que le désir de dévotion sont par conséquent les trois symptômes prédominants qui signalent qu'une personne s'est engagée dans une « nuit obscure ». À l'évidence, ces caractéristiques ressemblent à celles que manifestent les personnes qui se heurtent à des difficultés de nature psychologique. Ce qui distingue une crise de nature spirituelle, cependant, c'est le fait que la personne qui la traverse *n'est aucunement motivée par un désir de blâmer autrui* ; elle se rend compte plutôt que la cause se situe à l'intérieur d'elle-même. Le fait que les circonstances de la vie d'une personne ne lui conviennent plus est la *conséquence* de la crise spirituelle qu'elle traverse et non pas sa *cause*.

Un directeur spirituel qualifié peut soutenir une personne à travers une telle « nuit obscure », au cours de laquelle il lui faudra affronter des situations psychologiques d'une grande intensité. Une démarche conventionnelle de *counseling* consisterait à déceler les causes de la crise dans les rapports négatifs vécus durant l'enfance et ultérieurement. Bien qu'identifier ces circonstances négatives puisse certainement constituer une démarche utile, un directeur spirituel se donne d'abord comme objectif d'examiner les éléments du dialogue intérieur qui habitent une personne et qui ont trait aux questions spirituelles. En voici des exemples.

Parmi les questions que vous vous posez, lesquelles cherchent à éclairer le sens de votre vie ?

Quelles peurs entretenez-vous en ce qui concerne votre connaissance de Dieu ?

Considérez-vous que votre vie est dénuée de sens lorsque vous l'analysez à la lumière de critères spirituels ?

Quels sont vos fantasmes sur le plan spirituel ? Par exemple, croyez-vous que la quête spirituelle vous rend supérieur à autrui ou qu'elle vous attire de la part de Dieu une attention qu'Il n'accorde pas à ceux qui ne font pas preuve de la même dévotion ?

Avez-vous demandé, dans l'intimité de vos prières et de vos pensées, d'être éclairé sur les raisons qui font que vous éprouviez des difficultés à croire en Dieu ?

Avez-vous l'impression de vous être trompé d'une manière ou d'une autre quant aux choix que vous avez effectués ?

Avez-vous conscience d'avoir jamais transgressé vos propres règles sur le plan spirituel ?

Avez-vous déjà aspiré à la guérison ?

Avez-vous déjà désiré connaître Dieu plus profondément que vous ne le pouvez présentement ?

De telles questions ne sont pas du ressort de la psychologie courante. Il est possible de s'ouvrir aux réponses qui peuvent y être apportées en réorganisant sa vie de manière à se défaire des blocages mentaux et affectifs. L'expérience de « la nuit obscure de l'âme » s'intensifiera d'abord à la suite de tels changements. Elle sert à sonder le cœur et l'esprit, à affronter nos peurs et nos croyances, à analyser consciemment notre part d'ombre et à mettre à l'épreuve les faux dieux qui ne lâchent leur emprise sur la psyché humaine qu'après une lutte acharnée.

La maladie joue souvent un rôle catalyseur à l'égard de la transformation spirituelle et de la « nuit obscure ». Voici l'exemple de Per, un homme âgé de quarante-neuf ans, concepteur de paquebots de grande ligne ; sa carrière lui a été très profitable sur le plan pécuniaire. Pendant des années, Per voyageait de par le monde, travaillait avec des hommes d'affaires puissants et jouissait d'une vie sociale éblouissante. À l'âge de quarante-trois ans, il apprit qu'il était séropositif. Moins d'un an après ce diagnostic, il perdit sa mère, avec laquelle il entretenait des liens étroits. Ces deux traumatismes juxtaposés jetèrent Per dans le désespoir et la dépression.

Durant les années qui avaient précédé ces événements tragiques, Per n'avait pas de vie spirituelle à proprement parler ; cette dimension ne jouait aucun rôle dans sa vie, selon son propre aveu. Après la mort de sa mère, cependant, il était allé chercher du soutien auprès d'un pasteur, mais la religion qu'avait pratiquée sa famille ne lui apporta que peu de réconfort.

Per continua à travailler tout en prenant soin de ne rien révéler de sa condition physique et spirituelle. Il craignait que les gens découvrent qu'il était malade et se repliait de plus en plus sur lui-même. La peur et la solitude conduisirent Per au bord de l'effondrement. Il diminua sa charge de travail et décida qu'il lui fallait sortir de la ville pendant quelque temps. Il retourna alors dans la maison de campagne qu'avait habitée sa mère, située dans un coin assez isolé en montagne. Pour s'occuper, il se mit à rénover la maison. Durant la soirée, la seule chose qu'il avait à faire pour passer le temps était la lecture ; il partit un matin vers la ville la plus proche pour dénicher une librairie.

Per retourna à la maison les bras chargés d'ouvrages sur les thérapies alternatives et la spiritualité ; il se consacra pendant des mois à leur lecture et apprit que la méditation et la visualisation pouvaient avoir des effets bénéfiques sur le processus de guérison. Inspiré, il se mit à méditer ; au même moment, il changea ses habitudes alimentaires et adopta un régime macrobiotique strict. Son mode de vie ressemblait désormais à celui d'un moine.

À mesure que les mois passèrent, Per sentit revenir l'optimisme et l'espoir en lui. Il s'exerça à maintenir son esprit « dans l'instant présent » et fit tout son possible pour régler les choses restées en suspens dans sa vie. Au cours de ses méditations, il se mit à faire l'expérience d'un état de transcendance. Il ne savait pas au départ ce qui lui arrivait, mais les sensations qui le visitaient étaient merveilleuses.

Per se mit à lire des ouvrages sur le mysticisme et tomba sur des descriptions d'expériences mystiques qui ressemblaient à l'état qu'il avait atteint. En méditant, il sentit qu'il avait « visité le paradis », que son corps s'était séparé de son esprit et qu'il était entré dans une dimension où « l'extase allait au-delà de la conscience humaine ». Toutes ses peurs s'étaient dissipées et il s'était senti « vivant à jamais ».

Per prit la décision de reprendre le travail et chaque jour qui passait lui rendait de plus en plus de ses forces physiques. Il retourna consulter son médecin afin de faire un nouveau prélèvement sanguin, et bien que le virus du sida ait été toujours présent, son système immunitaire avait pleinement recouvré la santé. Per se décrit maintenant comme un être « plus vivant que jamais depuis que j'ai regardé la mort en face ». Toute sa vie est désormais axée sur sa pratique spirituelle, et son talent de créateur a atteint de nouveaux sommets.

« Je ne sais pas combien de temps il me reste à vivre, me confia Per, mais, en vérité, même si je n'avais pas ce virus, je n'en saurais rien. Je crois que c'est grâce à celui-ci que je suis bien portant sur le plan spirituel. Je vis plus intensément que jamais auparavant et je sens que j'ai un lien avec un lieu qui m'est plus réel que cette terre et cette vie. Si quelqu'un m'offrait toutes les connaissances et l'expérience que j'ai acquises, mais en précisant que pour en jouir je devrais devenir séropositif, je crois que j'accepterais parce que cette vie intérieure me semble beaucoup plus réelle que tout ce dont j'ai fait l'expérience jusqu'à ce jour. »

La quête spirituelle de Per traduit en quoi peut consister une « nuit obscure » ; elle démontre également que le pouvoir de l'âme peut surpasser celui du corps. Ses péripéties sont celles d'un homme ayant comblé, par la découverte d'une voie spirituelle, un désir essentiel, celui de la dévotion à une entité plus puissante que soi.

TRAVERSER LA « NUIT OBSCURE »

La foi, la prière et l'aide d'un directeur spirituel sont les trois éléments essentiels à la traversée de cette épreuve qu'est la « nuit obscure ». S'il n'est pas possible de se procurer un tel soutien, on peut alors se tourner vers les ouvrages sur la spiritualité. Trouver une personne capable de comprendre en quoi consiste une telle quête est analogue à découvrir un radeau de sauvetage. Je vous conseille de garder un journal de bord, d'écrire vos pensées et vos prières et, surtout, de vous accrocher à cette vérité : au bout de toute nuit obscure une voie illuminée nous attend.

Adonnez-vous quotidiennement à la forme de prière qui vous convient. La dévotion – je dis bien dévotion et non pas obsession – est une force extrêmement apaisante et réconfortante. Priez à des moments spécifiques de la journée : au lever et au coucher, et peut-être le midi. La qualité de votre prière dépend non pas du temps que vous y accordez mais de votre intention. Même cinq minutes chaque matin et chaque soir sont suffisantes. Si certaines prières en particulier vous apportent la quiétude, intégrez-les à votre pratique quotidienne.

Ron est un homme de cinquante-sept ans et un ex-prêtre catholique; il s'est gagné une renommée partout aux États-Unis parce qu'il a des dons de guérisseur. Il s'était découvert ce talent au début de sa carrière de prêtre, et il décrivit sa première expérience de la manière suivante.

« Au printemps de 1976 on m'avait demandé de faire une conférence sur la puissance de Dieu à l'intention de personnes provenant de croyances variées. Je me consacrais à cette époque à combler l'écart entre les différentes religions. Après ma conférence, un homme me demanda si j'accepterais de prier à l'intention des personnes malades dans l'auditoire. Je croyais qu'il me demandait de le faire dans l'intimité de mon domicile et je l'assurai donc de ma collaboration. L'homme se leva, se dirigea vers le podium et fit l'annonce suivante : "Ron serait heureux de prier pour la guérison des personnes malades qui sont ici présentes."

« Mon cœur cessa presque de battre lorsque j'entendis ces mots. Je croyais à la notion de puissance de Dieu d'un point de vue théologique, mais c'était tout autre chose de penser qu'Il avait le "pouvoir de guérir". Environ la moitié des quatre cents personnes présentes à la conférence s'avancèrent pour prier. Ne sachant trop que faire, je priai pour recevoir de l'inspiration et, intuitivement, je posai simplement mes mains sur les gens en laissant le pouvoir de Dieu opérer comme il se devait.

« Je me souviens clairement de la femme debout en face de moi. Je mis une main sur sa tête et, par habitude, je fis un signe de croix sur son corps avec mon autre main. Je ne sentais rien d'autre que la peur et traversai la foule rapidement pour sortir de là aussi vite que possible. Environ quatre mois plus tard, cette femme apparut à la porte de mon église ; elle était venue me dire ce qui lui était arrivé depuis le jour de la conférence. Elle avait d'abord senti qu'elle avait été traversée par un éclair et qu'une voix intérieure lui avait dit de retourner chez son médecin afin de subir de nouveaux examens. Elle obéit et apprit qu'elle était complètement guérie du cancer dont elle était atteinte. J'étais stupéfait.

« Ma vie prit un tournant imprévu à partir de ce moment. Je me consacrai à la guérison spirituelle. Les gens commencèrent à venir demander mon aide ; je ne savais trop comment m'y prendre, mais une ligne tirée d'une prière de saint François d'Assise s'imprégna dans mon esprit : "Fais de moi un messager de ta paix." Ces paroles me rappelaient que je devais m'abandonner à une force plus vaste, à laquelle je devais faire confiance. Je n'avais qu'à lui procurer un véhicule qui lui permettrait d'opérer. »

La « nuit obscure » de Ron s'amorça en 1987, après qu'il se rendit compte qu'il souhaitait quitter la prêtrise. Une série d'événements l'avaient porté à croire qu'il ne pouvait plus ni supporter l'atmosphère politique qui régnait dans l'Église ni adhérer à ses enseignements, parce qu'à ses yeux ceux-ci n'étaient pas compatibles avec ceux de Jésus.

« J'étais accablé par le désespoir, la dépression et le sentiment de ne pas être à la hauteur. Mais tout cela ne suffisait pas à me faire quitter l'Église ; j'avais peur de ce que les gens allaient dire, en particulier ma famille. Je vivais dans la crainte de l'esprit tribal mais finalement, lorsque je finis par le faire, je reçus le soutien de mes proches.

« Puis une autre série d'événements me forcèrent à me regarder en face et à affronter la solitude, une situation qui précipita la crise à suivre. J'étais convaincu que mon engagement à progresser sur le plan spirituel était sérieux; mais un conflit important se dessina entre un cardinal et moi. À la même époque, je reçus une invitation pour faire une apparition à la télévision, à l'émission de Joan Rivers. J'étais alors en pleine crise d'identité. J'avais été prêtre pendant vingt-cinq ans, mais elle me présenta en tant que guérisseur spirituel qui se sert de la prière pour guérir autrui. Ce fut comme si quelqu'un m'avait asséné un coup de massue et m'avait dit : "Voilà comment tu dois désormais te définir." À partir de ce moment, j'ai senti qu'un peu de lumière commençait à éclairer mon existence.

« Sur le vol de retour vers New York après cette émission, je pris la décision d'abandonner la prêtrise. Peu de temps après, je fis la rencontre d'un directeur spirituel qui me dit que j'arriverais à transcender la religion et que j'obtiendrais alors plus de crédibilité que lorsque j'étais prêtre; son commentaire m'a choqué. Bien que j'aie quitté la prêtrise institutionnalisée, je me sens toujours prêtre, dans le sens profond évoqué par le terme "ordination".

« En sortant de cette tombe dans laquelle je m'étais senti emmuré, je m'engageai sur la voie du guérisseur spirituel. Je me libérai de tout attachement dont j'étais conscient. Je conservai les vérités mystiques que j'avais apprises à l'époque où j'étais prêtre, mais je laissai de côté les enseignements religieux. De nouvelles voies s'ouvrirent immédiatement à moi, au sein de la communauté médicale, par exemple. »

Ron est désormais une autorité en matière de guérison, non seulement pour les personnes qui requièrent son aide mais aussi pour celles qui veulent apprendre à devenir guérisseurs. Les éclaircissements qu'il apporte sur la nature de la guérison par la prière peuvent nous être utiles à tous.

« Laissez-moi d'abord définir ce que j'entends par guérisseur consacré. Celui-ci est disposé à recevoir l'énergie de Dieu par la prière, et il l'utilise afin de guérir les individus et la planète. Nombre de personnes qui se définissent comme des guérisseurs, bien qu'elles soient de bonne foi, ne sont pas ce que j'appelle des guérisseurs "consacrés". Pour le devenir, il est nécessaire d'avoir traversé une "nuit obscure" et d'avoir eu le sentiment d'être abandonné par Dieu. Cet abandon peut être interprété à mon sens comme une question qui nous est posée par Dieu : "Ta foi en Moi peut-elle résister, même au cœur des plus sombres ténèbres ?"

«Cet abandon peut entraîner une rupture de l'âme, si bien que vous vous rendez compte que la seule voie hors de cet enfer consiste à se tourner vers Dieu et à accepter ses conditions, peu importent les exigences qui nous seront imposées à partir de ce moment. Le souvenir de cette "nuit obscure" demeurera dans votre esprit tel un point de référence ; vous resterez fidèle à Dieu, humble, et à jamais conscient du fait que la résurrection peut survenir à tout moment, peu importe l'obscurité de la nuit.

« Quel genre de personnes me demandent mon secours ? Ce sont surtout des personnes souffrant d'une maladie incurable – incidemment, la grande majorité d'entre elles se sentent abandonnées par Dieu de même que punies par Lui. Leur attitude exprime une acceptation des conditions qui leur sont imposées, mais elles ne font pas preuve de conviction. Elles vivent manifestement un conflit intérieur, mais elles sont terrifiées d'apprendre pourquoi, au-delà de la douleur physique, leur âme éprouve aussi une telle souffrance morale. Quelques-unes trouvent le courage de dire à Dieu, tandis que je prie pour elles : "Je suis prêt à accueillir Ta grâce et à en disposer comme l'a fait Jésus, afin de me guérir de mes peurs et d'accorder mon pardon à qui en a besoin." J'ai le sentiment qu'elles reçoivent alors la grâce capable d'enrayer la maladie.

« En quoi consiste exactement la guérison par la prière ? Elle signifie invoquer l'énergie de Dieu afin que Sa grâce nous touche de telle manière que nous nous sentions plus forts que la maladie.

« Toutes les maladies sont-elles guérissables ? Oui, bien sûr, mais cela ne signifie pas que toute personne atteinte *sera* inévitablement guérie. Un individu doit parfois subir une maladie parce que celle-ci l'aidera à faire face à ses peurs et à son négativisme. Quelquefois, il faut accepter que le temps de mourir est venu, tout simplement. L'ennemi n'est pas la mort, mais bien la peur de mourir. La mort est peut-être bien l'ultime expérience de l'abandon – voilà pourquoi nous sommes portés à tenter de joindre ceux qui sont partis avant nous, afin de nous assurer qu'un comité d'accueil nous attendra à notre arrivée.

« La conscience universelle qui caractérise le Nouvel Âge fera-t-elle en sorte que la guérison par la prière gagne peu à peu ses titres de noblesse ? La réponse est affirmative, pourvu que nous saisissions en quoi consiste la prière authentique. La prière représente le lien conscient qui nous unit à Dieu. La vraie prière ne consiste pas à se tourner vers Dieu dans le but d'obtenir quelque chose, mais à se trouver en Sa présence. Ce ne sont pas tant nos paroles que la vie que nous partageons avec Dieu qui compte. Lorsque nous parvenons à saisir cela, la prière devient alors "médecine de l'énergie".

« Les personnes qui me rendent visite doivent ensuite continuer à vivre dans la prière. Il est faux de penser que je détiens un pouvoir dont elles sont dépourvues, que je suis responsable de leur guérison. On croit que les prêtres ont un lien plus étroit avec Dieu que le commun des mortels, mais cela est une grave erreur. Chaque individu doit aspirer à une vie spirituelle responsable. Je peux aider à démarrer le véhicule, mais seule la personne concernée devra faire en sorte que celui-ci fonctionne bien. »

L'œuvre accomplie par Ron témoigne de la réémergence d'une forme de guérison qui a toujours existé et qui est prédéterminée : la guérison par la foi, dans le moment présent.

Notre but en ce monde consiste à transcender les illusions et à nous ouvrir au pouvoir inné de l'âme. Nous sommes responsables de ce que nous créons ; nous devons par conséquent apprendre à agir et à penser dans l'amour et la sagesse, et à vivre en nous portant au service d'autrui et de toute forme de vie.

QUESTIONS POUR UN EXAMEN DE CONSCIENCE

Quelles sont les questions auxquelles vous avez cherché des réponses au cours de vos méditations ou de vos prières ?

Quelles réponses à ces questions craignez-vous le plus ?

Marchandez-vous avec Dieu ? Êtes-vous plus enclin à Lui adresser des doléances qu'à exprimer votre reconnaissance envers Lui ?

Êtes-vous engagé sur une voie spirituelle particulière ? Sinon, sentez-vous le besoin d'en identifier une ? Votre énergie de dévotion est-elle canalisée vers des substituts ? Si tel est le cas, faites la liste de ceux-ci et analysez le rapport que vous entretenez avec eux.

Considérez-vous que le Dieu de votre religion est supérieur au Divin présent dans les autres traditions spirituelles ?

Attendez-vous que Dieu vous offre une explication sur les expériences douloureuses que vous avez vécues ? Si tel est le cas, identifiez quelles étaient ces dernières.

De quelle manière votre vie se transformerait-elle si Dieu décidait brusquement de répondre à vos questions ? Et que se passerait-il si la réponse était la suivante : « Je n'ai aucunement l'intention de t'éclairer sur ces questions à cette étape de ta vie » ? Que seriez-vous prêt à faire dans ce cas ?

Avez-vous déjà pratiqué la méditation et abandonné plus tard ? Si tel est le cas, quelles sont les raisons qui ont motivé cet abandon ?

Parmi les vérités spirituelles dont vous êtes conscient, quelles sont celles que vous n'honorez pas dans votre vie ?

La perspective d'établir un lien plus étroit avec le Divin vous effraie-t-elle à cause des changements que cela pourrait entraîner ?

GUIDE À L'INTENTION DES MYSTIQUES CONTEMPORAINS

Je ne suis, bien entendu, pas la première à annoncer que l'époque dans laquelle nous vivons est l'une des plus exaltantes qui aient été et qu'elle ne ressemble à aucune autre. Nous sommes en transition entre deux paradigmes sur le plan du pouvoir et entre deux réalités, l'une intérieure et énergétique, l'autre extérieure et matérielle. Nous sommes en voie de nous redéfinir en tant qu'êtres humains et de transformer notre rapport à l'autorité individuelle et spirituelle. Il semble inévitable que cette restructuration touche tous les aspects de la culture universelle, en accord avec la vérité fondamentale selon laquelle *Tout est un*.

Les crises qui saturent actuellement nos sociétés, et qui touchent toutes les nations sans exception de même que les organes et les systèmes de notre « corps universel », ont une portée symbolique fondamentale. L'empoisonnement nucléaire, les problèmes d'approvisionnement en eau, les préoccupations environnementales, la réduction de la couche d'ozone, sont des problèmes qui ont dépassé les frontières nationales. À l'échelle du macrocosme, la menace que représentent les désastres d'envergure planétaire nous force à forger de nouveaux rapports sur le plan politique, tout comme l'individu atteint de maladie grave doit mobiliser toutes ses forces afin de survivre. Nous sommes arrivés au terme d'une organisation du pouvoir fondée sur la notion selon laquelle il faut « diviser pour régner » ; des efforts sont déployés en vue de rallier les forces des diverses nations, afin de lutter ensemble pour la survie de l'espèce et entrer de plain-pied dans le prochain millénaire. « L'ère de l'information » marque l'avènement de la conscience universelle.

Les technologies de l'information sont une représentation matérielle des interactions qui se produisent au plan énergétique. Nous avons donné une forme matérielle à ce qui existait déjà au sein de nos champs énergétiques. Dans tous les secteurs, on a désormais recours aux connaissances sur l'énergie, qu'il s'agisse des modèles holistiques de santé, des programmes et des conférences sur « la santé et la croissance » offerts au sein des grandes sociétés, dont le but est de cultiver chez les employés une attitude positive ; ou encore, de l'entraînement des athlètes, les attitudes et les techniques de visualisation jouant un rôle aussi important que les aptitudes physiques. Quel que soit le facteur de motivation – l'argent, le désir de gagner ou la nécessité de vaincre une maladie –, il existe dans tous les domaines des pionniers qui se sont tournés vers l'énergie afin de trouver des solutions et d'obtenir des résultats probants.

Vue à travers la lunette du premier chakra, l'ère de l'énergie correspond pour notre civilisation à « l'ère de l'information », celle-ci prenant toujours plus d'ampleur grâce à l'informatisation des entreprises, des écoles et des foyers. Vue sous l'angle du septième chakra, en revanche, cette ère peut aussi être comprise comme une ère de la conscience pendant laquelle nous devrons recourir aux techniques de gestion de l'énergie que possède le mystique : la prière, la méditation, l'examen de conscience et le pouvoir de rassembler les êtres humains. Il est ironique de constater que ces deux ères coïncident ; de toute évidence, tous les êtres humains sont engagés sur une même voie.

CONSEILS À L'INTENTION DES MYSTIQUES CONTEMPORAINS

Adoptez un vocabulaire qui traduit le caractère unifié des choses.

Contemplez le monde à travers la lentille de la vision symbolique. Rappelez-vous que les barrières de nature matérielle et affective sont des illusions. Cherchez toujours à interpréter les situations en termes énergétiques.

Analysez les choix quotidiens que vous faites et les répercussions qu'ils peuvent avoir sur votre système énergétique. Ceci vous aidera à mieux déceler toute perte d'énergie qui pourrait être occasionnée par la peur ou par une pensée négative.

Étudiez le texte sacré du système bioénergétique (voir figure 6) pour vous en inspirer sur une base quotidienne. Demeurez conscient des sept vérités sacrées qui régissent le corps et l'esprit :

1. Tout est un.

2. Honorez-vous les uns les autres.

3. Honorez votre propre personne.

4. L'amour est puissance divine.

5. Subordonnez la volonté individuelle à la volonté divine.

6. Ne recherchez que la vérité.

7. Vivez le moment présent.

Ces maximes traduisent des vérités simples mais dotées d'une grande force ; elles vous aideront à faire converger votre esprit, votre corps et votre âme vers le point de rencontre avec la conscience divine. Elles vous serviront de guides, afin que vous puissiez prendre conscience des vérités que vous n'avez pas respectées, analyser toute perte d'énergie et rappeler votre âme à vous lorsque c'est nécessaire.

MÉDITATION QUOTIDIENNE

Enfin, faites de la méditation une pratique quotidienne, en concentrant votre attention sur chaque chakra, du premier en remontant vers le dernier, de même que sur les éléments suivants :

1. Posez-vous ces questions : « Suis-je en situation de perte d'énergie ? Si tel est le cas, quelle est la peur qui draine cette partie de mon corps de son énergie ? » Respirez profondément et coupez consciemment le lien entre votre énergie et cette peur.

2. Invoquez les énergies protectrices de chaque gardien spirituel, sacrement ou sefira, selon le chakra concerné.

3. Prenez conscience de l'énergie qui se dégage de chaque chakra et de l'activité énergétique en croissance dans cette partie du corps.

Procédez de la même façon pour chaque chakra, en tenant compte des points suivants :

Premier chakra : concentrez votre attention sur l'énergie de la sefira de Shekhinah et ressentez le lien qui vous unit à tout ce qui vit. Réfléchissez au sens du sacrement du baptême, tout en bénissant la vie que vous avez choisie et votre famille immédiate et étendue.

Deuxième chakra : concentrez votre attention sur la sefira de Yesôd et prenez conscience de l'énergie que vous avez libérée de cette partie de votre corps afin de créer. Si elle est contaminée – c'est-à-dire

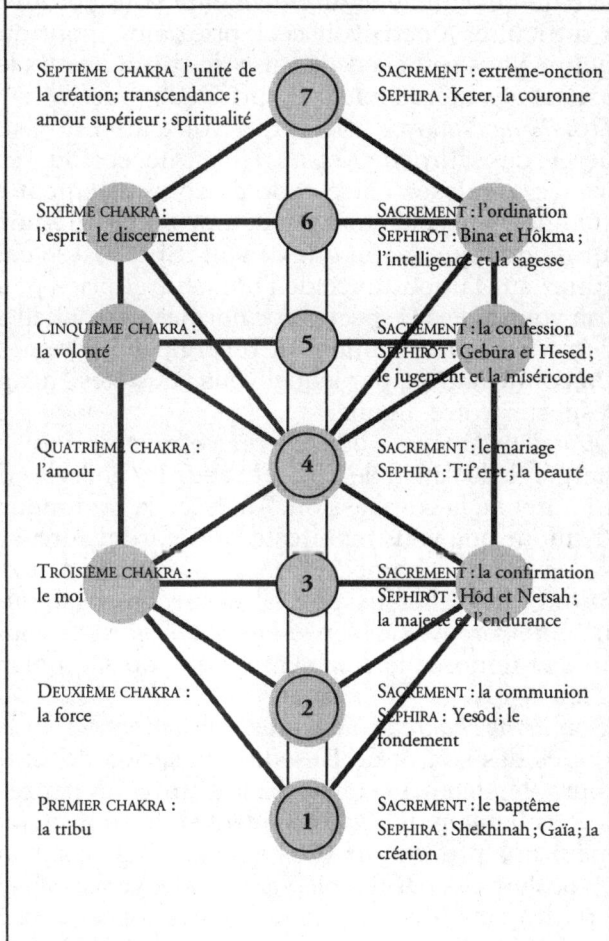

Figure 6 : Le système énergétique humain : correspondances

SEPTIÈME CHAKRA l'unité de la création; transcendance ; amour supérieur; spiritualité

SACREMENT : extrême-onction
SEPHIRA : Keter, la couronne

SIXIÈME CHAKRA : l'esprit le discernement

SACREMENT : l'ordination
SEPHIRÒT : Bina et Hôkma ; l'intelligence et la sagesse

CINQUIÈME CHAKRA : la volonté

SACREMENT : la confession
SEPHIRÒT : Gebûra et Hesed ; le jugement et la miséricorde

QUATRIÈME CHAKRA : l'amour

SACREMENT : le mariage
SEPHIRA : Tif eret ; la beauté

TROISIÈME CHAKRA : le moi

SACREMENT : la confirmation
SEPHIRÒT : Hôd et Netsah ; la majesté et l'endurance

DEUXIÈME CHAKRA : la force

SACREMENT : la communion
SEPHIRA : Yesôd ; le fondement

PREMIER CHAKRA : la tribu

SACREMENT : le baptême
SEPHIRA : Shekhinah ; Gaïa ; la création

imprégnée de peur et de négativisme –, repensez aux intentions qui vous incitent à agir. Réfléchissez à la portée du sacrement de la communion : voyez comment chaque personne autour de vous est l'incarnation d'un dessein de nature divine. Si vous éprouvez des difficultés à percevoir ceci, priez alors pour que l'énergie vous soit accordée afin de voir à travers les illusions qui exercent leur emprise sur vous.

Troisième chakra : concentrez votre attention sur l'énergie des sefirot de Netsah, l'intégrité, et Hôd, l'endurance. Analysez votre code de comportement et demandez-vous si vous avez compromis votre honneur de quelque façon que ce soit. Si tel est le cas, méditez sur l'importance de l'honneur et priez pour qu'on vous aide à respecter vos normes personnelles. Puis portez votre attention sur l'énergie du sacrement de la confirmation, par lequel vous vous êtes engagé à respecter votre dignité.

Quatrième chakra : concentrez votre attention sur l'énergie de la sefira de Tif'eret et sur les énergies de l'amour et de la compassion. Analysez la profondeur de l'amour que vous manifestez à l'égard d'autrui et de vous-même, y compris l'amour associé à l'acte du pardon. Puis réfléchissez à la mesure avec laquelle vous faites preuve de bienveillance à l'égard de vous-même et honorez le vœu symbolique du sacrement du mariage.

Cinquième chakra : concentrez votre attention sur les énergies des sefirôt de Hesed, la miséricorde, et de Gebûra, le jugement ; analysez la nature des pensées qui vous habitent à l'égard d'autrui et de vous-même. Songez aux propos que vous avez échangés ; si vous avez proféré des paroles blessantes, envoyez une énergie positive en direction des personnes concernées. Si vous avez prononcé des faussetés, reconnaissez mentalement que vous avez agi pour tromper autrui, scrutez la peur qui vous habite et qui donne naissance à de tels actes. C'est de cette manière que vous pouvez utiliser l'énergie du sacrement de la confession. Demandez à la Lumière de pénétrer au cœur de cette peur et de vous accorder le courage de ne pas répéter un tel geste.

Sixième chakra : concentrez votre attention sur l'énergie des sefirôt de Hôkma, la sagesse divine, et de Bina, l'intelligence divine, et continuez à analyser votre vie quotidienne. Demandez que l'on vous accorde la sagesse et la perspicacité nécessaires pour éclairer les situations qui vous troublent ou qui vous effraient. Rappelez-vous la promesse contenue dans le sacrement de l'ordination : chacun de nous a quelque chose à offrir, et nous serons guidés vers cette voie. Il est impossible de rater son but dans la vie.

Septième chakra : concentrez votre attention sur l'énergie de la sefira de Keter, le lien qui vous unit avec le Divin, et sur le sacrement de l'extrême-onction, en vous réconciliant de manière consciente avec tout ce qui reste inachevé dans votre vie. Permettez à l'énergie de Dieu de pénétrer votre esprit, votre corps et votre âme, et faites-la circuler dans tout votre être.

Cette méthode de méditation vous permettra de faire un bilan quotidien de la santé de votre corps, de votre esprit et de votre âme, et d'en sentir les bienfaits. À mesure que vous la pratiquerez, vous prendrez de plus en plus conscience de l'équilibre des forces à l'œuvre au sein de votre système énergétique.

De plus, rappelez à votre souvenir de façon régulière l'archétype de la terre promise. Celui-ci ne sert pas seulement à nous inciter à trouver des solutions matérielles et à court terme à nos problèmes ; il est aussi destiné à faire porter notre regard vers l'intérieur afin de prendre conscience du pouvoir qui y réside. Le pouvoir de l'âme nous permet de surpasser tous les dilemmes ; voilà en quoi consiste la promesse divine.

Grâce à cette autoévaluation, vous pourrez également exercer votre aptitude à lire le champ énergétique d'autrui et à vous laisser guider par l'intuition. Développer cette capacité exige que l'on en fasse une pratique quotidienne et qu'en temps de crise on y recoure toutes les heures. Ce simple acte conscient suffira à déstabiliser vos peurs et à fortifier votre esprit, s'il est accompagné d'une volonté réelle d'apprentissage face aux expériences de la vie.

Par-dessus tout, il importe qu'à mesure que vous vous familiariserez avec le langage de l'âme, vous établissiez aussi un code d'honneur à votre propre intention, qui doit tenir compte du caractère spirituel de votre constitution biologique. Cette ère de la conscience ne nous convie pas tout bêtement à concocter de nouvelles théories sur la spiritualité pour le seul plaisir ni à faire des jeux d'esprit en alliant la physique au bouddhisme zen. Nous sommes destinés à progresser vers la découverte de soi et la maturité spirituelle afin d'être préparés à vivre une vie pleine de sens pour nous-mêmes et nos proches.

Les Écritures sont en nous. La Divinité est en nous. Nous sommes la Divinité. Nous sommes l'église, la synagogue, l'ashram. Il suffit que nous fermions les yeux pour sentir que l'énergie qui émane des sacrements, des sefirôt et des chakras est à l'origine de notre propre force – cette même énergie qui active nos fonctions biologiques. L'ironie, c'est que dès que nous avons pris conscience de notre essence, il ne nous reste guère d'autre choix que d'accorder à la spiritualité la place qui lui revient dans notre vie.

REMERCIEMENTS

Un grand nombre de gens ont contribué à la rédaction de cet ouvrage et m'ont épaulée tout au long de ma démarche ; je veux les en remercier. Je suis profondément reconnaissante envers mon agent, Ned Leavitt, d'avoir ouvert la voie à ce projet, et pour l'intégrité et le talent dont il a fait preuve. Ma dette envers mon éditrice, Leslie Meredith, est infinie, d'abord à cause de son optimisme infaillible, de ses talents raffinés, de son esprit bienveillant et chaleureux. Mais surtout, elle aura toujours une place particulière dans mon cœur parce qu'elle a su comprendre la vision à laquelle je tentais de donner naissance dans cet ouvrage, notamment lorsque je décidai de réorienter le manuscrit en milieu de parcours et qu'elle accueillit cette idée sans difficulté. J'éprouve une grande admiration pour ses aptitudes académiques et pour le dévouement dont elle a fait preuve dans la diffusion du travail des auteurs, y compris le mien. Mes remerciements vont également à Karin Wood, éditrice adjointe, pour ses nombreux bons mots et son extraordinaire efficacité. Je dois beaucoup à Janet Biehl, qui a mis au service du livre son très grand talent de réviseure. À mon éditrice personnelle, Dorothy Mills, j'offre sincèrement mon affection et ma gratitude pour le soutien professionnel et l'amitié qu'elle m'a démontrés. Dorothy est devenue pour moi une source de force et d'optimisme, et jamais je ne cesserai de remercier le destin d'avoir permis que nos routes se croisent il y a plusieurs années.

Depuis plus de dix ans, je travaille en collaboration avec mon collègue de recherche, C. Norman Shealy. Celui-ci est également un de mes amis les plus chers, à la fois confident, conseiller et guide. Je ne ferais pas ce travail aujourd'hui si Norm ne s'était pas taillé une place dans ma vie. Les remerciements seuls ne suffisent pas à exprimer ma reconnaissance pour tout ce qu'il m'a apporté. À sa merveilleuse épouse Mary-Charlotte, qui est devenue une amie précieuse et une collaboratrice, je veux aussi exprimer ma profonde reconnaissance. Et à Roberta Howard, notre secrétaire aux talents de ceux-là nés sous le signe de la Vierge, je veux dire ma gratitude pour tout le soutien qu'elle nous apporte dans notre travail.

Je suis entourée d'amis que j'aime et admire, et dont les vies sont sans cesse pour moi une source d'inspiration. Il y a cinq ans, Christiane Northrup, médecin et auteure douée, me demandait de travailler avec elle. Ensemble, nous avons poursuivi notre apprentissage; son sens de l'humour et son énergie sont contagieux, tout comme l'est son engagement envers la médecine holistique.

Les paroles d'encouragement qui m'ont été prodiguées par Joan Borysenko à l'égard de mon travail m'ont toujours profondément touchée. Le docteur Mona Lisa Schulz, visionnaire et femme de génie, a su me communiquer le courage nécessaire dans les moments où j'en avais le plus besoin, et ses enseignements sur la guérison m'ont été précieux. Ron Roth, guérisseur doué, et Paul Fundson, ami cher, m'ont fourni l'essentiel du soutien spirituel qui m'est nécessaire. Je les remercie d'avoir été présents, particulièrement dans les moments difficiles, lesquels ont été nombreux depuis deux ans.

Peu avant d'entreprendre cet ouvrage, je faisais la rencontre de Clarissa Pinkola Estés et j'ai découvert en elle une amie pour la vie. Son esprit vif, sa sagesse, son génie et sa grandeur d'âme me sont extrêmement précieux, de même que la foi que nous partageons à l'égard de notre héritage spirituel commun. À Tami Simon, fondatrice de Sounds True Recording, je veux témoigner mon affection et ma gratitude profonde pour son soutien moral, son amitié, son esprit honorable et sa générosité.

Je voudrais aussi exprimer ma reconnaissance à l'égard d'Elmer Green, le « père » du « biofeedback », qui a joué le rôle de conseiller académique tout au long de ce projet. Son apport à la connaissance sur la conscience humaine est reconnu à travers le monde et ce fut pour moi un honneur d'avoir obtenu son soutien pendant toutes ces années au cours desquelles s'est déroulé mon travail.

Nancy W. Bartlett, magicienne de l'informatique, a accouru maintes et maintes fois à mon secours durant la rédaction de cet ouvrage. Je la remercie du fond du cœur pour ses visites et pour la patience dont elle a fait preuve malgré mon inaptitude à saisir les règles les plus élémentaires de l'informatique. Je remercie également la merveilleuse équipe du Danny's Deli de m'avoir fourni ma ration quotidienne de cappuccinos – sans cannelle. Vous ne saurez jamais à quel point votre chaleur et votre hospitalité m'ont fait sentir à nouveau chez moi dans le quartier où j'ai grandi.

Toute mon affection va à M.A. Bjorkman, Rhea Baskin, Carol Simmons, Kathalin Walker et toute l'équipe de The Conference Works. Le soin que vous mettez dans votre travail me touche plus que je ne saurais dire. Travailler en collaboration avec vous me procure un plaisir sans limites, non seulement parce que vous vous préoccupez sincèrement de mon bien-être, mais aussi à cause de l'honnêteté et de l'intégrité dont vous avez fait preuve dans nos relations d'affaires. Vous n'êtes rien de moins qu'une bénédiction dans ma vie.

Et à mes nombreux et chers amis si précieux, dont j'ai particulièrement apprécié la présence pendant la rédaction de ce livre, je voue une reconnaissance éternelle : Eileen Kee, Susie Marco, Kathy Musker, Reverend Suzanne Fageol, Davis Luce, Jim Garrison, Penny Tompkins, Lynne Bell, Carole Dean, Carol Hasler, Ron Roth, Paul Fundsen, Tom Williams, Peter Brey, Kaare Sorenson, Kevin Todeshi, John May, Sabine Kurjo, Siska Pothoff, Judy Buttner, Paula Daleo, Fred Matzer, DeLacy Sarantos, de même que les nombreuses autres personnes dont l'amitié m'est précieuse.

Je voudrais également exprimer ma gratitude sans bornes à toutes les personnes qui manifestent leur intérêt pour mon travail en participant à mes ateliers et à mes conférences. Les mots ne suffisent pas pour exprimer ma reconnaissance envers chacun et chacune d'entre vous, pour le rôle que vous avez joué dans le perfectionnement de ma démarche. Sans votre enthousiasme et vos réactions, j'aurais été incapable d'avoir l'inspiration nécessaire pour développer cette perspective et continuer à l'enseigner.

À toutes les personnes que j'ai négligées au cours des deux dernières années, à cause d'un horaire de travail qui m'a empêchée de répondre aux lettres et aux coups de téléphone, je présente mes sincères excuses.

Je voudrais de manière tout spéciale dire combien précieux m'ont été l'affection et le soutien des membres de ma famille, en particulier de ma chère maman. Je la considère comme une des bénédictions que Dieu m'aura accordées dans la vie. Ses soins, son amour, sa force de caractère, son grand cœur et son énergie illimitée ne m'ont pas seulement aidée à écrire ce livre mais aussi à accéder à la guérison. Son cœur est toujours demeuré ouvert à mes idées, peu importe à quel point elles pouvaient sembler radicales. Je garde un souvenir chaleureux de ces moments où nous avons discuté de mes nouvelles idées au sujet de Dieu, souvent jusque tard dans la nuit, alors que j'étais étudiante au doctorat. Jamais elle n'a essayé de me dissuader dans ma recherche de vérité. Elle a joué pour moi un rôle de modèle toujours inspirant en tant que femme dotée d'une connaissance intime de la force de la foi. Mon frère Edward, sa femme, Amy, et leurs enfants Rachel, Sarah et Eddie Jr., sont une source constante de joie, comme le sont mes nièces Angela et Allison, mon neveu Joey, ma belle-sœur Mary Pat et mon frère Joseph. C'est grâce à toutes ces personnes formidables que j'ai pu surmonter des périodes très difficiles ; savoir qu'elles m'entourent me comble de reconnaissance envers la vie. Vous faites tous partie de ce que « chez moi » signifie à mes yeux.

Je remercie mes chers cousins, pour qui j'ai tant d'affection, de leur soutien et de leur encouragement, bien que je me rende compte que la moitié du temps ils n'avaient aucune idée de ce que je faisais. Mais savoir qu'ils étaient derrière moi m'a toujours apporté du réconfort. Toute mon affection va donc à Marilyn et Mitch, Chrissy et Ritchie, Pam et Andy, Wanda, Mitchie, au père Len, à ma tante Virginia et à ma merveilleuse tante Gen, qui nous a récemment quittés pour aller vers l'au-delà. Je suis si heureuse que nous soyons là les uns pour les autres !

NOTES SUR L'AUTEUR

Caroline Myss est une conférencière d'avant-garde et de renommée internationale dans les domaines de la médecine énergétique et de la conscience humaine. Capable de déceler la maladie chez un patient par voie intuitive, elle pratique la médecine intuitive depuis 1982. Elle se spécialise dans l'accompagnement ; elle aide ses patients à comprendre les causes affectives, psychologiques et physiques de la maladie dont ils souffrent. Elle a acquis une solide réputation grâce à ses recherches innovatrices sur l'enseignement du diagnostic intuitif, entreprises en collaboration avec le docteur C. Norman Shealy, fondateur de l'American Holistic Medical Association. Caroline Myss et C. Norman Shealy sont également coauteurs des ouvrages *The Creation of Health : Merging Traditional Medicine with Intuitive Diagnosis* et *AIDS : Passageway to Transformation*. Madame Myss réside à Chicago.

PRÉSENCE DE DIEU
Neale Donald Walsch

Une sagesse extraordinaire nous entoure et nous guide

Suite à l'immense succès de *Conversations avec Dieu*, Neale Donald Walsch a donné un séminaire qui synthétise les idées essentielles de ses livres et donne une portée pratique à ses enseignements. *Présence de Dieu* en est la retranscription.

Le Dieu dont parle Neale Donald Walsch est un Dieu à la sagesse infinie. Il est ce Dieu dont nous rêvons tous : aimant, compréhensif, sensé, plein d'humour. Dieu souhaite que nous soyons heureux et que nous ne culpabilisions pas pour rien. Il est très loin d'un Dieu moralisateur. Néanmoins, il nous exhorte à ne pas laisser le temps filer et à prendre notre vie en main... avec son aide.

Présence de Dieu vous indiquera comment appliquer au quotidien les principes spirituels pour avoir une vie abondante, développer des relations amoureuses et amicales harmonieuses, être en meilleure forme, etc. Un livre fascinant et inspirant pour réussir pleinement sa vie sans culpabilité.

NEALE DONALD WALSCH

Auteur de *Conversations avec Dieu*, le premier tome d'une série de trois livres au retentissement mondial, Neale Donald Walsch témoigne de l'existence de Dieu à travers ses écrits et ses séminaires. Il est le président d'une fondation à but non lucratif dont le but est d'aider les gens à développer leur spiritualité.

UN RETOUR À L'AMOUR
Marianne Williamson

Manuel de psychothérapie spirituelle : désapprendre la peur, lâcher prise, aimer, pardonner

Un retour à l'amour détaille les principes fondamentaux qui modifient la vie en profondeur : le lâcher prise, le pardon, le sacré, la foi et l'amour comme réponses à la peur.

Pour Marianne Williamson, nos peurs nous poussent à ériger des défenses comme l'agressivité, la concurrence, l'égoïsme ou la déprime. Derrière chaque défense se cache pourtant une terrible demande d'amour.

C'est à cette demande que Marianne nous invite à répondre, qu'il s'agisse de nos relations, de notre travail ou de notre santé. Pas à pas, elle nous apprend à redécouvrir notre pureté d'origine, où la peur et le jugement n'existent pas. Là, le miracle de la transformation devient possible.

Ce livre est bien plus qu'un manuel de psychothérapie spirituelle. Marianne Williamson dévoile son parcours de femme blessée, d'être humain perdu et apeuré qui retrouve enfin la voie du véritable épanouissement et du charisme intérieur.

MARIANNE WILLIAMSON

Conférencière internationale, elle est à la tête de nombreuses associations d'aide aux malades et déshérités, et préside l'Alliance pour une Renaissance Globale, une association à but non lucratif qui vise à insuffler plus de spiritualité dans la politique. *Un retour à l'amour* est un best-seller qui fait date dans l'histoire de la thérapie et de la spiritualité.

OÙ TU VAS, TU ES
Jon Kabat-Zinn

Des recherches scientifiques récentes ont démontré que la pratique de la méditation et de la pleine conscience avait des effets remarquables sur le corps et l'esprit.

Au cours de la méditation, l'attention se porte sur le moment présent. Dans cet état, il n'y a pas de jugement, pas de passé, pas de futur, pas de pensées incessantes. Votre conscience est simplement là, dans le silence et le calme absolu.

Où tu vas, tu es s'adresse à toutes les personnes qui souhaitent commencer ou approfondir une pratique de la méditation pour se libérer du stress et trouver le chemin de la guérison.

En apprenant à vivre dans le présent et en éveillant votre conscience, vous aurez accès à des ressources de joie, de créativité, de santé et d'intelligence dont vous ne soupçonniez même pas l'existence.

JON KABAT-ZINN

Jon Kabat-Zinn est le fondateur d'une clinique de réduction du stress en association avec l'université du Massachusetts (États-Unis). Les succès obtenus à l'aide des techniques bouddhiques de méditation pour soigner les troubles physiques ou psychologiques et générer des changements positifs dans la vie l'ont amené à les enseigner au plus grand nombre.

LES GUERISONS MIRACULEUSES
Pierre Lunel

« *Chaque miraculé nous parle avec des mots simples et boule-versants des instants d'extase, de divine joie, d'évasion hors du corps souffrant, de leur esprit qui touche la lumière, de ce voyage vers un ailleurs infini, ciel, cosmos, hors de l'humaine condition limitée, douloureuse. Chaque miraculé dira cette puissance divine éprouvée en son être entier, esprit et corps. La lumière dont il est ébloui est bien au-delà de l'explicable.* »

De nombreux malades condamnés par la médecine guérissent de façon spectaculaire. Des cancers disparaissent. Des tumeurs graves se résorbent spontanément. Des paralytiques se lèvent et marchent. Pierre Lunel ouvre pour nous les étonnants dossiers des miraculés : qui sont-ils ? Qu'ont-ils vécu ? Quelle place prend la foi dans le processus de guérison ?

Avec cette impressionnante enquête dans les coulisses de Lourdes et les nombreux témoignages qui l'accompagnent se dessine un constat extraordinaire : les miracles existent bel et bien.
Un ouvrage passionnant qui conduit au cœur de révélations bouleversantes.

PIERRE LUNEL
Président de l'université de Paris VIII-Vincennes-Saint-Denis, professeur agrégé des facultés de droit, Pierre Lunel est l'auteur d'une douzaine de romans et de biographies, parmi lesquelles *L'abbé Pierre, l'insurgé de Dieu* et *Sœur Emmanuelle du Caire*, qui furent des best-sellers.

6931

Composition Chesteroc Ltd
Achevé d'imprimer en France (Malesherbes)
par Maury-Imprimeur le 7 mai 2013.
EAN 9782290334348
1er dépôt légal dans la collection : février 2004
N° d'imprimeur : 181783

Éditions J'ai lu
87, quai Panhard-et-Levassor, 75013 Paris
Diffusion France et étranger : Flammarion